抚 东 奏 稿（九）

阎敬铭 著

641. 藩运两库委员管解京协各饷片
同治五年三月十二日

再，东省应解各饷刻不容缓。司库万分支绌，上忙地丁，开征未久，解兑无几，设措更属为难；而各处待用孔亟，岂容坐视。随饬藩司于无可设法之中，勉筹陕西饷银二万两，委候补从九品李培丰解赴该省藩库交兑。又备曾国藩大营二月分饷银一万八千两，委候补府经历董绪昌解往徐州道衙门交纳转解。又筹银三千两及划解同治四年定安六月分余剩饷银六百七十一两二钱三分二厘，委候补从九品胡钟杰解交直隶大名粮台查收。又措臬司潘鼎新二月分饷银三万两、三月分柴薪银二千两，委候补从九品施春华解给备用。据运司卢定勋详报，奏拨京饷，前经解过二万两，兹又筹银二万两，同应交加平银三百两、饭食银三百两，委候补盐大使孙善继、汤兆镛管解，前赴户部兑收。除分咨查照并仍催分别缓筹报解外，理合附片陈明，伏乞圣鉴。谨奏。

642. 委员管解京协各饷片
同治五年三月二十八日

再，查本年上忙钱粮开征将及两月，虽经设法整顿，解兑终属无多，总缘捻匪窜入东境，远近震惊，难期输将踊跃，以致司库万分支绌。而京协各饷均系刻不可待，经臣督饬藩司移缓就

急，勉筹同治五年京饷银四万两，委候补未入流左得源解赴户部
交兑。又筹新疆经费银一万五千两，委候补从九品冯邦彦解往绥
远城将军衙门交纳转解。又筹直隶大名粮台三月分饷银三千
两，委候补未入流沈殿成解交该粮台查收。又筹伊犁专饷银一
万两，委候补从九品吴恩培解交山西藩库递解。又上年奏拨盛
京兵饷银四万两，已解过银二万两，兹又饬委候补县丞乔光缙
解银一万两，赴奉天部库兑收。据藩司丁宝桢先后详报前来。
除分咨查照并仍催续筹委解外，理合附片陈明，伏乞圣鉴。
谨奏。

643. 委员管解京协各饷片
同治五年四月二十五日

再，查京协各饷均系刻不可缓。经臣督饬藩司先其所急，勉
筹曾国藩三月分饷银一万八千两，委候补未入流王芝生解赴该督
行营交兑。又筹备臬司潘鼎新三月分饷银三万两、四月分柴薪银
二千两，委候补从九品刘润解交该司行营查收。又自本年正月为
始，每月应解盛京军饷银二万两，正月拨款前已解清，现筹二月
分饷银一万两，委候补主簿张祚堂解往奉天部库交纳。又据运司
卢定勋详报奏拨京饷，前经解过四万两，兹复筹银二万两，同
应交加平银三百两、部饭银三百两，又凑支内务府银一万两，
同加平等银三百三十两，委候补盐大使董溥、库大使沈崇礼解
赴部库交兑。又据东海关监督登莱青道潘霨禀，解本年京饷，
在洋税项下，支银五万两，同酌提三成船钞银二千四百八两四
钱九分、三成罚款银一百八十二两六钱六分三厘一毫，又提天
津防饷银二万两作为正、二、三月分之用，饬委在关当差之直
隶候补府经历成印、未入流李经，附搭外国轮船，由海运津，
分赴户部暨三口通商大臣、总理各国事务衙门交纳。除分咨查
照外，理合附片陈明，伏乞圣鉴。谨奏。

644. 青州满营兵米于章丘县应征大漕项下改拨片
同治五年四月二十五日

再，查青州满营兵米，向系在于邹平、长山、淄川、新城、章丘、济东、济阳、利津等八县漕米内，每年截拨米一万九千七百二十七石六斗一升二合一勺。现在通盘核计，除额运外，不敷米一千七十二石七斗九升四合四勺。缘处近年以来，续添支食俸米之世职骑都尉、云骑尉并八品监生等共有三十余员名之多，以致不敷支放。本应动拨仓谷碾运，现在附近青州各州县，均无仓谷可拨。所有同治五年不敷米一千七十二石七斗九升四合四勺，又邹平、长山二县同治三年缓征一五耗米七十五石七斗六升七合六勺，四年缓征一五耗米二十八石三斗一升六合三勺，以上共米一千一百七十六石八斗七升八合三勺，现饬最近青州之章丘县在于应征四年大漕项下如数改拨运青。据藩司粮道会详请奏前来。

臣复加查核，确系实在情形。惟上年动拨大漕，接准部复，不得援以为例。现在仓谷无存，而兵米为满洲营按日计口授食之需，万难延缓，不得不动用大漕，以资接济。系属额外动用，无款抵补，应请作正开销，俟运兑完竣，核实造报。

再，查同治三、四两年额运青州不敷及闰月等米共二千八百二十二石三斗七升六合四勺，前经臣奏明筹拨长山、邹平二县新漕。嗣据粮道具报该二县，除去额运兵米，所余无多，不敷解兑，现在禹成、陵县、平原等三县豆改米石项下改拨运青，以符原案，合并陈明。除咨部查照外，为此附片奏闻，伏乞圣鉴。谨奏。

645. 饬提仓款以济军饷片
同治五年五月十一日

再，东省上年筹办防剿，兵勇增多，饷需较巨，加以奉拨京协各饷，支款浩繁，关东协饷尤为紧要，司库钱粮实在入不敷出，年终之际尤为支绌。经臣札饬督粮道在于节年仓款项下凑拨银六万两，发交支应局委员撙节支放，以资接济。除由该粮道依限奏销并饬该局员入收造报外，谨附片陈明，伏乞圣鉴。谨奏。

646. 酌提东海关常税以济军需片
同治五年五月十四日

再，现在严扼黄、运河防，力筹堵剿，所有沿岸密布营垒，水师添造炮船，购买洋枪、洋炮，用款较前更巨。二、三月间贼扰曹属，纷窜两月，司库上忙钱粮，深虞短绌，运库课款，又因指拨京饷难资挹注，不得不先事预筹。查东海关所收常税，应有存款，上年曾经奏拨有案。兹拟仍在东海关常税项下，酌提银六万两，以济要需。除一面行知登莱道批解藩库备拨外，谨附片陈明，伏乞圣鉴。谨奏。

647. 委员管解甘肃等处协饷片
同治五年六月初二日

再，各处饷需均系刻不容缓，经臣督饬藩司丁宝桢先其所急，勉筹甘肃丙寅年兵饷银一万五千两，委候补县丞周铨英解往该省藩库交纳。又筹曾国藩四月份饷银一万八千两，委候补未入流刘容光前赴行营交兑。又筹臬司潘鼎新四月分饷银三万两、五月分柴薪银二千四，委候补县丞吴观涛解交该司行营查收。又筹直隶大名粮台四月分饷银三千两，委候补县丞张福海解交该粮台备用。又奉拨吉林俸饷银七万两，兹先委候补未入流宋端安解银一万五千两，交由奉天部库转解。又筹陕西饷银二万两，交来员候补县丞李钟祐解回。又委候补县丞单光熹解奉省三月分饷银一万两，前赴盛京将军衙门兑收。又据运司卢定勋详报，本年京饷前经解过六万两，现又筹银三万两，同应交加平银四百五十两、部饭银四百五十两，又奉提内务府供用银三万两，前已解过一万两，兹又凑银五千两，同平余等款，一并饬委候补盐大使汪杰、候补批验大使定泰分赴户部暨内务府上兑。又据东海关监督登莱青道潘霨申报，提出洋税银三万两，委在关当差之直隶候补县丞何嘉谟由海道运至营口登陆，探明盛京将军行营兑交。除分咨查照并仍催分别续筹报解外，理合附片陈明，伏乞圣鉴。谨奏。

648. 委员管解京协各饷分别交纳片
同治五年六月二十八日

再，京协各饷均系刻不容缓，现值上忙新赋停征之际，司库更形拮据，而拨解频仍，不得不先其所急。兹复督饬藩司续筹本年京饷银五万两，委候补县丞陶锡祺解部交纳。又筹奉省四月分饷银一万两，委候补从九品冯廷照解赴盛京将军衙门兑收。又筹银一万八千两，委候补未入流杜鹤瀛解至曾国藩行营交兑，作为五月分协饷。又委候补未入流阮焕管解臬司潘鼎新五月分饷银三万两、六月分柴薪银二千两，解交该司行营查收。又筹直隶大名粮台五月分饷银三千两，委候补县丞梁宝荣解交该粮台兑收。又筹甘饷银一万两，委候补未入流杜承懋解赴宁夏将军穆图善行营交纳。又筹甘省恤赏杂费银五千两，交给催饷委员前署镇番县知县张兆奭、巡检王文琳带解穆图善行营备用。除分咨查照并仍催分别续筹报解外，理合附片陈明，伏乞圣鉴。谨奏。

649. 委员管解京协各饷片
同治五年七月二十九日

再，东省进项惟以地丁为大宗。今岁各属征解上忙钱粮，半因军务倥偬，未能踊跃。现值停征期内，司库有出无入，竭蹶异常，而应协各处饷需待用孔殷，又难稍存漠视。经臣督饬藩司丁宝桢，于无可设法中，勉力筹备曾国藩饷银一万八千两，委历城县县丞陶振宗解往徐州道衙门交纳转解。又臬司潘鼎新饷银三万两，委候补从九品刘景庚解给该司行营备用。又直隶大名粮台饷银三千两，委候补未入流黄廷谟解交该粮台查收。以上三处协饷，均作为六月分应解之款。又委候补从九品黎锦明，领伊犁专饷银一万两，赴山西归绥道衙门兑收转解。又委候补知县吴增劭管解奉省五月分饷银一万两，赴盛京将军衙门交兑。又据运司详报，在于续收盐课加价项下支银二万两，同应交加平银三百两、饭食银三百两，委候补盐经历周颖曾、盐大使韩培德解交部库，并声明本年运库奉拨京饷共已先后五批解过银一十一万两。臣复查无异。除分咨查照外，理合附片陈明，伏乞圣鉴。谨奏。

650. 委员管解京协各饷片
同治五年九月初一日

再，东省进项，惟以地丁为大宗。各属解存上忙钱粮，业已罗掘殆尽，下忙开征未久，解兑寥寥，司库甚形竭蹶。而京饷不敢缓视，协饷亦催迫不已，经臣督饬藩司丁宝桢，于无可设法中，勉筹本年京饷银四万两，委候补县丞张葆诚解赴户部交兑。又委候补从九品陈鼎元管解曾国藩大营饷银一万八千两，前赴徐州道衙门交纳转解。又委候补未入流章肇松管解直隶大名粮台饷银三千两，前往该处支应局交兑。以上三处协饷，均作为七月分应解之款。又筹臬司潘鼎新七月分饷银三万两，七、八两月分柴薪银共四千两，均委候补县丞曹酉来解交济宁支应局备用。又据运司卢定勋详报，本年京饷先后解过银十一万两，兹又在于续收盐课加价项下支银二万两，同应交加银三百两、饭食银三百两，委候补盐大使黄樾、安庚辛解交部库兑收。又据东海关监督、登莱青道潘霨禀报，提出洋税银二万两，作为五、六、七、八四个月天津防饷之用，委候补典史江瑞采解往三口通商大臣衙门交兑。又前准部咨，奏准运库应解直省驳船生息一款，自同治五年起，于该年堰工加价项下提银二万两，前经筹备银七千两，饬委候补盐经历周颖曾、候补盐大使韩培德领解；兹又筹银五千两，委候补盐大使黄樾、安庚辛搭解，均赴户部交收。除分咨查照并仍催续筹报解外，理合附片陈明，伏乞圣鉴。谨奏。

651. 东省饷项酌提东海关粮道库银两片
同治五年九月初二日

再，东省饷项专倚钱粮，本年贼股两次入境，曹济受害实深，附近各府皆惊煌［惶］窜徙，秋水为害，处处受灾，民生疾苦，下忙钱粮难期踊跃。计自去春多事以来，司库每月出款近三十万两，入款不及三分之二，勉支持尚可周转者，乃甲子一岁稍为积存，现已提用殆尽。既本省之须供，复协饷之交责，远省犹可缓筹，如直隶、江南按期立索。近日清淮、陕西、奉天又各委文武数员至东守提，纷沓责备，应接不暇。协款过多，致本省不能多养兵勇，地方受害，此实微臣不职无以对东民者。现在司库极形支绌，必得早为筹计，而地方又无可设法。查东海关常税及粮道库钱粮，不得不先为挪用。应合东海关、粮道库各筹银六万两。该二处刻亦无此存款，应令陆续赶紧催收，稍有成数，随时移解司库接济，以便匀挪。除分饬外，理合附片具陈，伏乞圣鉴。谨奏。

652. 委员管解京协饷片
同治五年九月二十七日

再，京协各饷刻不容缓。下忙地丁钱粮开征以后，即值捻匪窜扰省西南一带，风鹤频惊，催输未能踊跃。兼以报灾之处多于往年，司库倍形拮据；而协饷催索亦殷，必须择要接济。经臣督饬藩司丁宝桢竭力勉筹本年京饷银四万两，委候补从九品孙沅解赴户部交克。又委候补未入流沈丙煌管解曾国藩大营饷银一万八千两，前赴徐州道衙门兑收转解。又筹直隶大名粮台饷银三千两，委候补县丞侯济源解交该处支应局交兑。以上二处协饷，均作为八月分应解之款。又筹臬司潘鼎新八月分军饷银三万两、九月分柴薪银二千两，均委候补未入流刘容光探明该司行营交纳。又勉筹清淮月饷银一万两，委候补县丞许新源解赴江南清淮一带，探明吴棠大营粮台交收。又前准部咨，令将东海关应解本年京饷改作吉林兵饷之用，当经行据该关监督登莱青道潘霨禀报，在于洋税项下，如数提银五万两，委在关当差之候补县丞何嘉谟，附搭外国轮船运至营口，再由旱路解交盛京户部查收转解。又据济东道卫荣光转据委理临清州知州张应翔具详奉拨内廷供用银三万两，先筹银一万五千两，报经臣司饬委候补从九品沈世祺解赴内务府衙门上兑。除分咨查照并仍催续筹报解外，理合附片陈明，伏乞圣鉴。谨奏。

653. 委员管解京协各饷片

同治五年十一月初六日

再，东省本年下忙新赋，自南捻窜扰，催输未能踊跃，即完善之区，亦多实欠，司库收数万分短绌。而京协各饷均系刻不可缓，必须竭力接济。经臣督同藩司移缓就急，勉筹本年京饷银四万两，又筹协直隶省九、十两月兵饷，改解部库银一万两，一并饬委候补县丞周元觐解赴户部交兑。又委候补典史陈锴管解曾国藩大营九月分饷银一万八千两，前赴徐州道衙门交纳转解。又筹臬司潘鼎新九月分军饷银三万两、十月分柴薪银二千两，均委候补县丞赵翰解往河南省城，探明该司行营交纳。又筹奉省六月分饷银一万两、七月分饷银一万两，分交来东催饷委员参将存山、防御德本、县丞王寿嵩、骁骑校景祥解赴盛京将军衙门兑收。又据运司卢定勋详报筹解本年第七批京饷银二万两，同加平银三百两、部饭银三百两，又凑解内务府银一万两、加平等款三百三十两，均委候补运库大使沈崇礼、盐大使彭塱，分赴户部暨内务府上兑。又措解奉天兵饷银一万两，委候补盐大使董溥，解赴盛京户部交纳。除分咨查照并仍催续筹报解外，理合附片陈明，伏乞圣鉴。谨奏。

三、报销

654. 僧格林沁军营粮台第四次截数报销折
同治二年五月二十五日

奏为大营粮台供支各款用过银两第四次截数报销，据详折奏祈圣鉴事：

窃照钦差大臣亲王僧格林沁粮台，先在山东济宁州安设，嗣因节节追剿，移至单县，又由单县移设河南夏邑县，俾官兵得以就近领饷，仍留制造各局于在济宁备办军火器械。所有军需销算事宜，在同治元年六月以前，经前任布政使清盛、兖沂曹济道卢朝安造报两次，嗣清盛降调离任，藩司贡璜会同卢朝安接办，复又造报一次，均经前抚臣谭廷襄核明具奏各在案。

兹自同治元年七月初一日接续前案起，至是年年底止，连闰七个月，遵照新定半年报销章程，先行截数确核。藩司贡璜接管之第二次，即系粮台之第四次报销。查大营京旗、满、绿官兵与吉林、黑龙江马队，哲里木等盟蒙古官兵，陕甘等省绿营，西安满洲各官兵内，有陆续遣撤者，有截留续调者，按册稽核，截至元年年底，计共八千六百七十三员名。又各起马勇、楚勇、练勇及收复圩寨选勇、投诚义勇，增裁不一，截至元年年底计共五千三百二十三名。所有各项支款，前经僧格林沁札饬查照天津定章办理，凡在营官员，各按品级支给应得分例。马队甲兵盐粮马驮等项，每名实银五两六钱五分三厘。京旗有马甲兵，每名亦月支实银五两六钱五分三厘，无马甲兵，除部给官票外，每名月支实银三两。绿营兵丁，除实带骑马每匹日支草干实银五分外，其盐粮驮折等项，天津章程系每名月支实银二两五钱一分四厘零、官票银三钱一分八厘零，因东省不用钞票，兵情苦累，经僧格林沁饬知，每名月支实银二两六钱，毋庸补放钞票。又骑驮马驼项下，每驼一只、每马一匹均各照例日支干银五分。满、蒙官兵例骑马匹照案裁四存六，绿营官员照例支给例马，兵丁则按实带骑马计算。又文职官员不论品级，同武职一二品马干全支官票，武职三品以下各官马干概支一半实银、一半官票。本省停用钞票，各官兵应得官票，俟凯撤后赴部补领。

又米折一项，向例官粳兵粟，今仍照案，官兵均以粟米折支，每石核计实银一两四钱，以归撙节。又制造军火、军装、器械及挖筑濠垒，均照例价请销，其不敷之项，照案帮贴，划归东省摊廉归补。又官兵追贼移师不定，除有马兵丁各骑官马外，至无马之兵以及步队兵丁远道驰驱，艰于跋涉，均各照章给予车辆，同运送军火粮饷之车，照例按里给价。又各队勇目、勇丁及新收投诚义勇，遵奉饬知，照依绿营兵丁口分，每名月支实银二两六钱，带队勇目与有马之勇所骑马匹，每匹日支实银五分，均不搭放钞票。

又得有勇号各官应领赏项，与历次打仗阵亡、受伤各官兵应领恤赏、伤赏内，除一半官票应由部补给外，其余一半实银，照章扣平支放，已领者先行造报，未领者续支另报。又攻剿金家楼等处圩寨奖赏出力官兵银一万两，系僧格林沁奏准给赏之项，应入正支造报。又添设正站腰拨，驰递往来紧要文报，照例两马一夫，所需夫马工料外备等项，查照本省驿站定例办理。又在营文员支过养廉银两，查照例案，作正造销，仍移藩司知照。又扣存各案减平银两，均已入正作收，余平一项，照章支销造报。

以上各款，自同治元年七月初一日起，至是年年底止，共用过银五十七万二千六百一十两二分六厘三毫，内应由外筹补银四万四千三百二十三两二钱二分九厘八毫，实在请销银五十二万八千二百八十六两七钱九分六厘五毫。查收款项下，共收过银五十二万六千五百一两八钱九厘七毫，今用过银五十七万二千六百一十两二分六厘三毫，计不敷银四万六千一百八两二钱一分六厘六毫，业经粮台先行设法筹垫，应由部按数拨还归款。又余平项下垫支银九十两二钱一分三厘一毫，并请一并筹拨归还。所有大营粮台自同治元年七月初一日起至年底止，供支各款用过银两，先行截数销算，为接管之第二次即系粮台第四次报销缘由，由藩司贡璜会同兖沂曹济道卢朝安造册具详，并声明同治二年正月初一日以后收支各款，俟届满六个月再行截数接续造报等情前来。理合恭折具奏。

同治二年六月十二日奉到回折："议政王军机大臣奉旨：'户部查复具奏。钦此。'"

655. 僧格林沁军营粮台第五次截数报销折
同治二年十一月初三日

奏为大营粮台供支各款用过银两第五次截数报销，据详恭折圣鉴事：

窃照钦差大臣亲王僧格林沁粮台，先在山东济宁州安设，嗣因节节进剿，大兵自东省而至河南，复至安徽之亳州、蒙城等处，收复各圩后提兵回东，剿办邹县教匪，并分兵剿灭淄川刘逆，又移驻东昌进攻宋景诗，除派员随营支应外，其后路粮台总局，先由济宁而移单县，继由单县移扎河南夏邑县，本年正月改驻江南锡山县，三月仍回济宁州驻扎，俾官兵得以就近领饷。所有军需销筹事宜，在同治元年以前者，经前任布政使清盛、兖沂曹济道卢朝安造报两次。嗣清盛降调离任，藩司贡璜会同卢朝安接办，复又造报两次，均经前抚臣谭廷襄暨臣先后核明具奏各在案。

　　兹自同治二年正月初一日接续前案起，至是年六月底止，计六个月，遵照新定半年报销章程，先行截数确核。藩司贡璜接管之第三次，即系粮台之第五次报销。查在营京旗、满、绿官兵与吉林、黑龙江马队，哲里木等盟蒙古官兵，陕甘等省绿营，西安满洲各官兵与各起马勇、楚勇、练勇及选用投诚义勇，陆续撤调，增裁不一，按册稽核，截至二年六月底止，计共一万二千八百余员名。其各项支款，前经僧格林沁札饬查照天津定章办理，凡在营官员，各按品级支给应得分例。马队甲兵盐粮马驮等项，每名月支实银五两六钱五分三厘。京旗有马甲兵，每名亦月支实银五两六钱五分三厘，无马甲兵，除部给官票外，每名月支实银三两。绿营兵丁，除实带骑马每匹日支草干实银五分外，其盐粮驮折等项，天津章程系每名月支实银二两五钱一分四厘零、官票银三钱一分八厘零，因东省不用钞票，兵情苦累，经僧格林沁饬知，每名月支实银二两六钱，毋庸补放钞票。又骑驮马驼项下，每驼一只、每马一匹均各照例日支干粮五分。满、蒙官兵例骑马匹照案裁四存六，绿营官员照例支给例马，兵丁则按实带骑马计筹。又文职官员不论品级，同武职一二品马干全支官票，武职三品以下各官马干概支一半实银、一半官票。本省停用钞票，各官兵应得官票，俟凯撤后赴部补领。

　　又米折一项，向例官粳兵粟，今仍照案，官兵均以粟米折支，每石核给实银一两四钱，以归撙节。又因军饷支绌，查照东省捐赈章程，在兖州等处设局收捐粮米，预备接济，旋以进兵蒙、亳，并入邹县山寨剿匪，遵饬宽备炒米，分给兵丁携带，其用过捐米数目，照例随案尽收尽除，入正造报。又因筹办南运引盐，接济军饷，奏明先由粮台酌筹运本动支捐米，发商变价应用，亦于收支款下分晰开报。又制造军火、军装、器械及挖筑濠垒，均照例价请销，其不敷之项照案帮贴，划归东省摊廉归补。又官兵追贼移师不定，除有马兵丁各骑官马外，至无马兵以及步队兵丁远道驰驱，艰于跋涉，均各照章给予车辆，同运送军火粮饷之车，照例按里给价，其守空一日喂养与帮贴不敷之项，由外摊廉归补。又各队勇目、勇丁及新收投诚义勇，遵奉饬知，照依绿营兵丁口分，每名月支实银二两六钱，带队勇目与有马之勇所骑马匹，每匹日支实银五分，均不搭放钞票。

又得有勇号各官应领赏项，与历次打仗阵亡、受伤各官兵应领恤赏、伤赏内，除一半官票应由部补给外，其余一半实银，照章扣平支放，已领者先行造报，未领者续支另报。又擒获捻首张落刑等犯，经僧格林沁奏准给发悬赏银一万两，又拿获捻首大老冤一犯赏银一千两、苏添福一犯赏银二百两，系由大营咨明户部给赏之项，均入正支造报。又奉饬拨解安徽抚臣唐训方军营兵饷银一万两，应于支款项下登除。又驻军处所不近官塘大道，添设正站腰拨，驰递往来紧要文报，照例两马一夫，所需夫马工料外备等项，查照本省驿站定例办理。又在营文员支过养廉银两，查照例案，作正造销，仍移藩司衙门知照。又扣存各案减平银两，均已入正作收，余平一项，照章支销造报。

以上各款，自同治二年正月初一日起，至是年六月底止，共用过银四十八万八千二百七两九钱九分八厘一毫，并用过米三千四百一石六斗五升。其用过银款项下内，应由外筹补银五万六百七十七两四钱六分九厘三毫，实在请销银四十三万七千五百三十两五钱三分八厘八毫。查收款项下，共收过银四十三万六千二百二十两七钱六分六毫，今用过银四十八万八千二百七两九钱八分一毫，计不敷银五万一千九百八十七两二钱三分七厘五毫，业经粮台先行设法筹垫，请由部按数拨还归款。又余平项下垫支银一十八两九钱九分三厘一毫，并请一并筹拨归还。所有大营粮台自同治二年正月初一日起，至是年六月底止，供支各款用过银两，先行截数销算，为接管之第三次即系粮台第五次报销缘由，由藩司贡璜会同兖沂曹济道卢朝安造册具详，并声明同治二年七月初

一自以后收支各款，俟由届满六个月再行截数接续造报等情前
来。理合恭折具奏。

656. 山东粮台第五、六、七次截数报销折
同治四年三月二十七日

奏为山东粮台收支各款，第五、六、七次截数报销，并核议简明
军需章程，分别开具清单，恭折具奏仰祈圣鉴事：

　　窃照钦差大臣亲王僧格林沁督军在豫、东、皖、楚等省剿
匪，系由山东设立粮台备办供支。所有军需报销，自咸丰十年十
二月起，截至同治元年年底止，均经核明奏报，并接准部复各
在案。

　　嗣于同治三年七月间，准户部咨，先后奏奉上谕："所有同
治三年六月以前各处办理军务，未经报销之案，准将收支总数开
具简明清单，奏明存案，免其造册报销。有统兵大臣省分，责成
统兵大臣办理；无统兵大臣省分，责成各该督抚办理。至开单有
案，事属创始，其中款目繁多，应如何分年分起核实开报之处，
各就实在情形，先行妥议章程具奏。其同治三年七月初十日以前
已经咨题到部，尚未核复之案，即由户部查照收支总数暂行存
案，毋庸题复，仍行文各该省，自行复加确核，遵照新章开单奏
报。至从前已经题复各案内有指款驳查之件，并着各该省详细查
明应删减者，核实删减；应声明者，据实声明，各归各起存案，
以归划一而杜流弊。钦此。"亟应钦遵办理。

　　查僧格林沁粮台供支各款，前准户部议奏，每届六个月报销
一次。除从前办至第四案报销止，均经先后具奏并准部复应毋庸
议外，所有同治二年正月初一日接续前案起，至是年六月底止，
第五案销册业经到部，尚未核复。又自同治二年七月初一日起，
至是年年底止为一起，作为第六案。又自三年正月初一日起，至
六月底止为一起，作为第七案。现已核定收支数目分别报销。

　　核计第五案支款项下共支银四十八万八千二百七两九钱九分八厘一毫，并用米三千四百一石六斗五升，收款项下共收银四十三万六千二百二十两七钱六分一厘五毫，计不敷银五万一千九百八十七两二钱三分六厘六毫。又余平项下垫支银一十八两九钱九分三厘一毫。

　　第六案支款项下共支银五十四万一千六百四十二两七钱八厘二毫，收款项下共收银四十八万四千七十二两六钱九分九厘七毫，计不敷银五万七千五百七十两八厘五毫。又余平项下垫支银二十两三钱一分六厘三毫。

　　第七案支款项下共支银五十一万三千七百一十四两三钱八分三厘四毫，收款项下共收过银五十万九千九百四十三两三钱二分四厘八毫，计不敷银三千七百七十一两五钱八厘六毫。又余平项下垫支银五十两三钱六分四厘三毫。均应照数拨还归款。

　　又查第五案总数内应筹补银五万六百七十七两四钱六分九厘三毫，第六案总数内应筹补银五万六千八百五十一两三钱四分四厘六毫，第七案总数内应筹补银五万七千一百二十二两八钱八分九厘四毫。东省军需案内，凡有例不准销用所必须实有确据各款，均系由外筹补，历经年所，遵办在案。兹查户部原议不准劝捐抽厘归补，并以同治三年六月以后为断。东省所议筹补与劝捐抽厘两不相涉，似与他省情形不同，若概行饬禁，此后军需用款，势难尽动帑项；如不设法筹补，又虑垫款日久虚悬。可否因事在同治三年六月以前，仍准照案摊提归补，俾免无着，其七月以后垫用各款另筹。如何办理之处，相应请旨敕部议复遵行。

　　除沿途州县应付款项统归通省军需案内另办外，所有僧格林沁粮台第五、六、七案收支各款，截数报销，并核议简明章程，理合恭折具奏，并分别开具清单，敬呈御览。

　　再，同治三年七月以后一切用款，仍饬赶紧造册报销。至六月以前收支细数，虽毋庸由部核销，仍应照依底案造具细款清册送部存案备查,庶前后次序衔接,可为续案销册根据。合并陈明,伏乞皇太后、皇上圣鉴训示。谨奏。

同治四年四月初十日奉到回折:"军机大臣奉旨:'户部复议具奏,单四件并发。钦此。'"

谨将东省供支僧格林沁粮台核议军需简明章程缮具清单,恭呈御览。

一从征文武官员各按品级照例支给盐菜银两,每员月支银自十二两至一两五钱不等。京城满营与驻防蒙古兵丁各月支盐菜银一两五钱。官兵之跟役各月支盐菜银五钱。绿营兵丁月支盐菜银九钱,照例加给银四钱。官之跟役不支盐菜,兵之跟役月支盐菜银五钱。至各官应得跟役系查照嘉庆二十年减定名数供支。

一官弁兵勇及跟役余丁每员名各日支口粮米八合三勺,向例官粳兵粟,今从撙节,概以粟米折支,每米一石折银一两四钱。

一满洲、蒙古、绿营官兵,照例分别给与骑驮马驼,官兵之跟役每五名合给驮马二匹从减,不另折夫。每驼一只、每马一匹,均各日支干银五分。满、蒙官兵之马,照案裁四存六。绿营官支例马,兵按实带骑马供支。

一马干项下应搭官票,查照直隶章程,文职不论品级,同一、二品,武职全支官票,三品以下武职均按银票各半分支。惟东省并无官票,遵照部议,暂行停给,俟凯旋另行报部核办。

一有马甲兵盐粮马驮等项,每名月共支银五两六钱五分三厘,无马甲兵月支实银三两,绿营兵丁月支实银二两六钱。各起马勇、楚勇、绿勇亦月支实银二两六钱。所骑马匹每匹月支实银一两五钱。以上支款,均系遵奉钦差大臣亲王僧格林沁酌定饬知之数供支。

一官兵分路剿贼,全资马力。因旗兵裁马四成,不敷更替,且有无马之兵,尤难徒步涉远。绿营情形相同。查照军需定例,旗兵每二名连跟役给车一辆，绿营外委马兵每三名连军装给车一辆，步守兵丁本无官马，每四名连军装给车一辆，每车每百里给脚价银一两，并遵照部定新章准给先期到站一日减成料草银四钱。

——供送军火粮饷需车转运，惟军营所在之地并无额设常车，须雇民车应用。查照东省军需成案，每车装载以八百斤为率，每百里给脚价银一两，并遵照部定新章准给先期到站一日减成料草银四钱。

——旗、绿各营阵亡、伤亡官兵应得恤赏，与阵伤之人验明等第应得伤赏，均系各按例定银数内，除一半官票由部补给外，其余一半实银照章减平支放。又官兵内有阵亡、伤亡、病故之人，照直隶章程官给棺木银四两，兵给二两，仍于应得恤赏项下扣除。

——官军扎营处所，挑濠筑垒，雇用民夫，用过土方工价银两，查照历届成案，每土一方，用夫二名，每名工价银五分，按照高深长宽丈尺核实支销。

——官兵盐粮银两，均系支用库平。此外恤赏、制造及一切军需用项，照章扣平支放。所有扣出减平银两，核入收款项下作正报收。

——供支大营军火粮饷，事务较繁，先于济宁安设粮台总局。嗣又遵调，节节移驻，并分设制造、收发及随营支应各分局，与大营所设营务、文案等处，均各分别安派经承贴写，以资办公。所有各营局月需工食、纸笔、油烛等项银两，照例于余平项下支销。

——各属协解料草，也已核价入收，惟系属库筹款垫办之项，应俟此次军需奏结后，由司库动项分饬各该州县领回归垫。如因司库支绌，一时无可筹发，应令将原动年款开册报部，就款开除，以清款项。

　　一调派军营办理粮饷暨查核销算事务，现任实缺人员照例各按本任应得养廉银数全分支给，造报请销。

　　一办理粮台并随营公局办差调派候补委用试用人员，因无养廉可支，本系各按品级，照例支给盐粮驮马。缘东省军需成案，以在本省办公未经请入正销，是以此次办理粮台咨部报销章程案内亦系议请归外筹补，第此次用兵所有粮台总局与前敌办差人员业已经历数省，所领盐粮驮马又系例支之数，应请作正开销。

　　一制造军火、器械、军装、锅帐、旗帜、号色，并铸造各种火器正销，应按例价造报。惟需用各色物料，多非附近军营出产，且因被贼滋扰，商贾不通，远道购求，其价无不昂贵，而例价不及时价十分之半。查东省军需成案，系于例价之外酌给加五帮价，归外筹补。此次办理粮台咨部报销章程案内，亦系议请援照办理。现奉裁除归补名目，而前项帮价实为用所必需，且事在三月六日之前，应请仍准摊提归补。

　　一雇用兵车及运送粮饷车辆，每次需数既多，又且急于星火，而乡民避贼迁徙，附近无车可雇；其远方应雇之车，相隔多在数百里之外。从前于应差一日外，准销先期到站二日，回空一日，后乃止准到站一日不及回空，每次所给脚价及减成料草银两实属不敷喂养。查东省军需成案，每银一两，另加津贴银六钱，归外摊廉弥补，此次咨部报销章程案内亦经援请照办。现奉裁除归补名目，而前项正价所减已多，实非津贴不可，且事在三年六月以前，应请仍准照案摊补。

　　一例外用项，如出力兵勇犒赏翎顶、银牌、猪、羊、米、面，并恤赏被难夫勇，及雇勇护台，与各营宽带马骡驼只所发工食喂养等项，虽因格于成例，实为用所必需，是以咨部章程案内援照东省向办成案议请归外筹补。现奉裁除归补名目，而用项未便无着，且事在三年六月以前，应请仍准摊提归结。

　　一同治三年六月以前未经报销军需业奉特旨，免其造册报销，至七月以后，一应军需，仍当于事竣之后造册，一切例款自当作正请销。惟酌加帮贴及例所不及之款，大致与前列各条相似，且系前案截限余剩未完事件，非如另案军需可比。如只准销补六月之前不及七月之后，似属一事两歧。今悉心酌核，如有例外增用巨款，自当专案先行奏请立案。倘止系前条所列帮贴及零星犒赏等项，或销或补，请即援照六月以前之案一律办理，俾免前后歧异。

以上章程十八条，均系查照例案核议，伏乞圣鉴。

谨将大营粮台第五次收支军需银两开具简明清单，恭呈御览。计开：

自同治二年正月初一日起，截至六月底止内：

一收直隶省拨解军饷银二万两。

一收河南省拨解军饷银十一万五千两。

一收山西省拨解军饷银六万两。

一收山东省拨解军饷银二十一万二千两。

一收南运引盐协济军饷银一万三千两。

前款查大营奏准试办南运引盐酌提盐厘接济军饷，据该局先后解银共如前数登明。

一收提用兖沂道库银六千两。

一收山东各州县解到亩捐银四千一百四十九两二钱二分一厘。

前款系菏泽县解到制钱合银九百九两九分九毫，曹县解到银二千二百七十两一钱五分二厘，成武县解到银六百九十七两二钱五分，定陶县解到制钱合银一千二百七十二两七钱二分七厘二毫，共合前数登明。

一收济宁州解到铺捐制钱合银五千九十三两八钱五分五厘。

前款查济宁州解到铺捐，自同治二年正月起至六月底止，陆续收过，以钱合银，共如前数登明。

一收山东捐输米粮七千石，发商变价银九千八百两。

一收山东捐输米粮三千四百一石六斗五升。

前二款查粮台援案收捐米石接济军食，嗣因移营赴皖，运解维艰，陆续发商，照章变价充饷。又备用炒米动支本色，应分别数目，入收登明。

一收单县绅士朱世守捐输银五千两。

一收扣存军需案内各案减平银八千九百七十七两六钱八分五厘五毫。

前款系此次各起车价项下减平银一千三百三十五两六钱九厘九毫，赏恤项下减平银一千三百四十九两八钱五厘，运送脚价项下减平银九百六十六两二钱二分六厘，养廉项下减平银一百二十两，制造项下减平银四千二百七十六两三钱六分五厘三毫，濠工项下减平银九百二十九两六钱六分七厘九毫三毫，共合前数登明。

以上统共收银四十五万九千二十两七钱六分一厘五毫，内除奉钦差大臣亲王僧格林沁札饬拨解安徽巡抚唐训方军营兵饷银一万两，又除奉札饬拨解都统德楞泰军营兵饷银三千两。

查德都统管带防剿官兵盐粮，向由山东藩库交解，前款应归通省军需另案造报登明。又除奏办南运引盐筹借运本陆续动用捐米发商变价银九千八百两。以上共登除银二万二千八百两，实在共收银四十三万六千二百二十两七钱六分一厘五毫。

支款项下，自同治二年正月初一日起，至六月底止内：

一支大营统带各官并随营员弁盐粮、驼干、马干等项银五千五百九十七两五钱九分五厘。

一支健锐营官兵盐粮、驼干、车价等项银八千二百十四两二钱五分二厘五毫。

一支内火器营官兵盐粮、驼干、马干、车价等项银九千六十七两七分三毫。

一支外火器营官兵盐粮、驼干、马干、车价等项银七千四百二十九两一钱六分四厘三毫。

一支八旗炮营官兵盐粮驼干等项银一千一百五十七两八钱二分一厘。

一支巡捕京营官兵盐粮、驼干、马干、车价等项银一万四百六十两六钱八分八厘四毫。

一支哲里木盟左右两翼官兵盐粮、驼干、马干等项银二万九千六百八十七两九钱三分六厘八毫。

一支昭乌达盟左右两翼官兵盐粮、驼干、马干等项银一万三千八十四两五钱六分一厘七毫。

一支土默特蒙古官兵盐粮、驼干、马干等项银八千五百五十八两二钱六分九厘九毫。

一支吉林各起官兵盐粮、驼干、马干等项银五万三千四百三十三两二钱六分四毫。

一支黑龙江各起官兵盐粮、驼干、马干等项银三万四千二百五十一两七钱七分八厘九毫。

一支察哈尔各起官兵盐粮、驼干、马干等项银九千一百五十两四钱五毫。

一支西安满营官兵盐粮、驼干、马干、车价等项银一万六千二百九十九两一钱二分九厘一毫。

一支陕甘整、齐、严、肃四营官兵盐粮、驼干、马干、车价等项银一万九千九百十六两四钱七分八厘一毫。

一支哲里木、昭乌达、土默特、吉林、黑龙江、察哈尔各营马队追剿贼匪备带炒米，共用米三千四百一石六斗五升。

前款查各营马队入山搜剿并追贼涉远，多因赤地荒山，每虞缺食，是以备带炒米，藉资应用，计动用捐输米石尽收尽除登明。

一支马勇口粮银一万一千九百七十二两七钱七分四厘七毫。

一支楚勇口粮银二万八千二百八十九两二分一厘二毫。

一支练勇口粮银一万五千九百六十四两五钱六分二厘一毫。

一支诚勇口粮银二万五千三百七十五两五钱五分九厘一毫。

一支奖赏、恤赏等项银二万三千四百九十六两七钱五分。

一支制造军火、军装、器械等项银七万一千二百七十二两七钱四分七厘八毫。

一支安设基站夫马工料等项银二千二百五十二两二钱八分三厘七毫。

一支运送军需脚价盘费等项银一万六千一百三两七钱六分七厘三毫。

一支节次移扎营盘挑挖濠工银一万五千四百九十四两六钱五分五厘。

一支办差文员养廉银二千两。

一支粮台暨随营办差各员盐粮马干银三千七百八十两四钱三分七厘。

前款系例支之项，因值经费支绌，历次报销均请归外筹补登明。

一支兵车帮价并先期一日守空料草银一万三千七百五十五两二钱一厘三毫。

一支制造军火、军装、器械五成帮价银三万三千一百四十一两八钱二分一厘。

前二款因系例外用项，历次报销均请归外筹补登明。

以上统共银四十八万八千二百七两九钱九分八厘一毫，内除收款项下共收银四十三万六千二百二十两七钱六分一厘五毫，计不敷银五万一千九百八十七两二钱三分六厘六毫，应请按数拨还，理合登明。

谨将大营粮台第六次收支军需银两开具简明清单，恭呈御览。计开：

收款项下，自同治二年七月初一日起，截至十二月底止内：

一收直隶陆续拨解军饷银三万两。

一收河南省陆续拨解军饷银一十三万五千两。

一收山西省陆续拨解军饷银四万两。

一收山东省陆续拨解军饷银二十一万五千两。

一收山东兖州支应局借拨银四千两。

一收山东金乡县亩捐银三百八两六钱四分。

一收山东鱼台县湖团垦地认价银二千二百四十八两四钱二厘。

一收山东各州县解交料草核银二万两。

前款查各州县办解料草价值贵贱不一，按照各处市集时价酌中核银如前数。再，此系属库先行筹款垫办之项，应俟此次军需奏结后，由山东藩库动项分饬各该州县领回归垫登明。

一收山东捐输米粮一万五千石，发商变价银二万一千两。

前款查粮台援案收捐米石接济军食，嗣因移营皖北，运解维艰，陆续发商，照章变价充饷登明。

一收山东兴安等县捐输银二千两。

前款查系兴安县候选训道尹杞泰捐银一千两，长山监生李守和捐银一千两，共如前数，业已另案请奖登明。

一收山东济宁州铺捐京钱一万六千四百一十一千六百三十四文，核银五千一百二十八两六钱三分五厘六毫。

前款查济宁州铺捐，自同治二年七月起至十二月底止，陆续完解钱文，按该州时价每京钱三千二百文易银一两核银如前数登明。

一收扣存军需案内各案减平银九千六百八十七两二分二厘一毫。

前款系此次各起车价项下减平银一千八百一十两九钱六分八

厘三毫，赏恤项下减平银一千三百二十四两五钱二分，运送脚价项下减平银一千一十七两六钱七分五厘，养廉项下减平银一百二十两，制造项下减平银四千四百八十二两七钱五厘八毫，濠工项下减平银九百二十一两一钱五分三厘，共合前数登明。

以上统共收银四十八万四千三百七十二两六钱九分九厘七毫，内除奉大营札饬拨给安徽臬司英翰军营借领兵勇口粮银三百两，实共收银四十八万四千七百二十二两六钱九分九厘七毫。

支款项下，自同治二年七月初一日起，截至十二月底止内：

一支大营统带各官并随营员弁盐粮、驼干、马干等项银五千九百四十四两一钱四厘。

一支内火器营官兵盐粮、驼干、马干、车价等项银一万一千二百八十四两四钱八分一厘一毫。

一支外火器营官兵盐粮、驼干、马干、车价等项银九千二百一十两九钱。

一支健锐营官兵盐粮、驼干、马干、车价等项银一万一千七百五十三两九钱五分一厘三毫。

一支八旗炮营官兵盐粮、驼干、马干、车价等项银二千四百二十一两五钱三分五厘三毫。

一支巡捕京营官兵盐粮、驮折、马干、车价等项银一万五百四十一两八钱二分六厘五毫。

一支直隶海口营官兵盐粮、驮折、马干、车价等项银一万八百二十七两三钱五分六厘四毫。

一支哲里木左右两翼蒙古官兵盐粮、驼干、马干银二万七千二百四十二两八钱四分九厘四毫。

一支昭乌达左右两翼蒙官兵盐粮、驼干、马干等项银一万九千七百四两九钱五分六厘一毫。

一支土默特蒙古官兵盐粮、驼干、马干等项银一万一千三百四十八两八钱七厘五毫。

一支吉林各起官兵盐粮、驼干、马干、车价等项银六万二千六百八十三两九钱六分八厘六毫。

一支黑龙江各起官兵盐粮、驼干、马干等项银四万八千六十四两五钱二分五厘五毫。

一支察哈尔各起官兵盐粮、驼干、马干等项银一万五千五百五十三两三钱三厘二毫。

一支西安满营官兵盐粮、驼干、马干、车价等项银八千一百七十一两七钱三分四厘一毫。

一支陕甘整、齐、严、肃四营官兵盐粮、驮折、马干、车价等项银一万九千一百九十一两六钱一分九厘五毫。

一支马勇口粮银一万一千六百五十五两四钱二分五厘一毫。

一支楚勇口粮银二万八千一百一十八两八钱四分五厘五毫。

一支练勇口粮银一万六千三百九十六两三钱二分四厘九毫。

一支诚勇口粮银二万三千五百七两二钱七分九厘二毫。

一支奖赏、赏恤等项银二万二千二百四十二两。

一支制造军火、军装、器械等项银七万四千七百一十一两七钱六分四厘。

一支运送军需脚价盘费等项银一万六千九百六十一两二钱五分七厘四毫。

一支节次移扎营盘挑挖濠工银一万五千三百五十二两五钱五分。

一支办差文员养廉银二千两。

一支粮台暨随营办差各员盐粮马干银三千七百三十一两二钱二分八厘。

前款系例支之项，因值经费支绌，历次报销均请归外筹补登明。

一支兵车帮价，并先期一日守空料草银一万八千三百七十九两一钱四分六厘四毫。

一支制造军火、军装、器械五成帮价银三万四千七百四十两九钱七分二毫。

前二款因系例外用项，历次报销均请归外筹补登明。

以上统共支银五十四万一千六百四十二两七钱八厘二毫，内除收款项下共收银四十八万四千七百七十二两六钱九分九厘七毫外，计不敷银五万七千五百七十两八厘五毫，应请按数拨还，理合登明。

谨将大营粮台第七次收支军需银两开具简明清单，恭呈御览。计开：

收款项下，自同治三年正月初一日起，截至六月底止内：

一收直隶省拨解军饷银一万两。

一收河南省陆续拨解军饷银一十八万两。

一收山西省陆续拨解军饷银七万两。

一收山东省陆续拨解军饷银二十万两。

一收山东各州县解交料草核银一万二千两。

前款查各州县办解料草价值贵贱不一，按照各处市集时价酌中核银如前数。再，此系属库先行筹款垫办之项，应俟此次军需奏结后，由山东藩库动项分饬各该州县领回归垫登明。

一收山东捐输米粮二万石，发商变价银二万八千两。

前款查粮台援案收捐米石接济军食，嗣因移营皖豫，运解维艰，陆续发商，照章变价充饷登明。

一收扣存军需案内各案减平银九千九百四十三两三钱二分四厘八毫。

前款系此次各起车价项下减平银一千七百四十六两七钱八分一厘八毫，赏恤项下减平银四百二十六两九钱三分，运送脚价项下减平银一千三百五十八两五钱三分九厘一毫，养廉项下减平银一百二十两，制造项下减平银四千六百十六两五钱六分九厘三毫，濠工项下减平银一千六百七十四两五钱四厘六毫，共合前数登明。

以上统共收银五十万九千九百四十三两三钱二分四厘八毫。

支款项下，自同治三年正月初一日起，截至六月底止内：

一支大营统带各官并随营员弁盐粮、驼干、马干等项银五千九百九十二两七钱三分六厘五毫。

一支内火器营官兵盐粮、驼干、马干、车价等项银一万四百九十六两五钱二分八厘一毫。

一支外火器营官兵盐粮、驼干、马干等项银八千六百四十两五钱九分五厘四毫。

一支健锐营官兵盐粮、驼干、马干、车价等项银一万四百七十五两三钱五厘八毫。

一支八旗炮营官兵盐粮、驼干、马干、车价等项银二千五百七十四两六钱七分一厘五毫。

一支巡捕京营官兵盐粮、驼干、马干、车价等项银一万三百三十八两三钱九分三厘九毫。

一支直隶海口营官兵盐粮、驼干、马干、车价等项银一万六千一十两一钱八分九厘八毫。

一支哲里木盟左右两翼官兵盐粮、驼干、马干等项银二万五千八百八十一两二钱三分八厘七毫。

一支昭乌达盟左右两翼官兵盐粮、驼干、马干等项银一万八千八百一两六钱九分五厘九毫。

一支土默特蒙古官兵盐粮、驼干、马干等项银一万九百九十二两四钱七分一厘二毫。

一支吉林各起官兵盐粮、驼干、马干、车价等项银六万二十一两六钱六分二厘九毫。

一支黑龙江各起官兵盐粮、驼干、马干等项银五万一千六百四十八两三钱七分二厘八毫。

一支察哈尔各起官兵盐粮、驼干、马干等项银一万四千五百九十二两三钱六分九厘九毫。

一支陕甘整、齐、严、肃四营官兵盐粮、驼干、马干、车价等项银一万八千四百四十七两三钱。

一支马勇口粮银一千八百八十七两七钱八分五厘一毫。

一支楚勇口粮银二万六千七百九十一两五分九厘一毫。

一支练勇口粮银一万二千七百八十六两一钱一分一厘八毫。

一支诚勇口粮银一万三千六百三两九钱五厘二毫。

一支奖赏、赏恤等项银七千一百一十五两五钱。

一支制造军火、军装、器械等项银七万六千九百四十二两八钱二分一厘三毫。

一支运送军需脚价盘费等项银二万二千六百四十二两三钱一分九厘一毫。

一支节次移扎营盘挑挖濠工银二万七千九百八两四钱一分。

一支办差文员养廉银二千两。

一支粮台暨随营办差各员盐粮马干银三千七百一十二两七钱七分六厘九毫。

前款系例支之项,因值经费支绌,历次报销均请归外筹补登明。

一支兵车帮价并先期一日守候料草银一万七千六百三十一两七钱七毫。

一支制造军火、军装、器械五成帮价银三万五千七百七十八两四钱一分一厘八毫。

前二款因系例外用项,历次报销均请归外筹补登明。

以上统共支银五十一万三千七百一十四两三钱八分三厘四毫,内除收款项下共收过银五十万九千九百四十三两三钱二分四厘八毫,计不敷银三千七百七十一两五分八厘六毫,应请按数拨还,理合登明。

657. 裁撤山东粮台第八次报销折

同治四年十月二十九日

奏为裁撤山东粮台，核明收支各款，第八次报销事竣，缮具清单，恭折奏祈圣鉴事：

窃照钦差大臣亲王僧格林沁督军在豫、东、皖、楚等省剿匪，系由山东设立粮台，委司道办理供支。上年九月间，前藩司贡璜交卸，经臣具奏，专派兖沂曹济道卢朝安一手经理，所有同治三年六月以前款目，业经分作七次报销，先后奏报在案。

兹自三年七月初一日接续前案起，至四年四月底止，又自五月前杭州将军宗室国瑞暂护钦差大臣关防起，至六月初十日裁撤粮台止，连闰共计十二个月零十日，亟应截数造报，即在兖州府设局，臣就近督饬局员，将一切收支银款，查照例案，分别核实报销。据总办粮台委员兖沂道卢朝安详称：在营京、满、绿官兵，与吉林、黑龙江、察哈尔各起马队，哲里木等盟蒙古官兵，陕甘等省绿营官兵，及各起马勇、楚勇、练勇、诚勇陆续檄调，增裁不一，按册稽核，至裁撤粮台之日，计共九千九百余员名。所有各项支款，前奉钦差大臣亲王僧格林沁札饬查照天津章程办理，凡在营官员，各按品级支给应得分例。马队甲兵盐粮马驮等项，每名月支实银五两六钱五分三厘。京旗有马甲兵，每名亦月支实银五两六钱五分三厘，无马甲兵，除部给官票外，每名月支实银三两。绿营官兵，除实带骑马每匹日支草干实银五分外，其盐粮驮折等项，天津章程系每名月支实银二两五钱一分四厘零、官票银三钱一分八厘零，因东省不用钞票，兵情苦累，奉钦差大臣亲王僧格林沁饬知，每名月支实银二两六钱，毋庸补放钞票。又骑驮马驼项下，每驼一只、每马一匹，均各日支干银五分。满、蒙官兵照案裁四存六，绿营官员照例支给例马，兵丁则按实带骑马计算。又文职官员不论品级，同武职一二品之马干全支官票，武职三品以下之马干概支一半实银、一半官票。本省停用钞票，各官应得官票，俟凯撤后由部补给具领。

又米折一顷，向例官粳兵粟，今照章程，官兵均以粟米折支，每石核给实银一两四钱，以归撙节。又制造军火、军装、器械及挖濠筑垒，均照例价支销，其不敷之项，划归东省摊廉弥补。又官兵追贼，移师不定，除有马兵丁各骑官马外，其无马马兵以及步队兵丁远道驰驱，艰于跋涉，均各照章给予车辆，同运送军火粮饷之车，照例按里给价，其守空一日，喂养与帮贴不敷，照案摊廉弥补。又各队勇目勇丁及选用诚勇，遵奉饬知，照依绿营兵丁口分，每名月支实银二两六钱，带队勇目与有马之勇所骑马匹，每匹日支实银五分，均不搭放钞票。

又历次打仗阵亡官兵，例有应得恤赏，因经费支绌，遵奉饬知，旗营每员先行酌支银二十七两，绿营每员名先行酌支银十七两，其余未领之项，应由各该旗籍报部补领。又历次打仗阵伤官兵，应得伤赏银两，内除一半官票由部补给外，其余一半实银，照章扣平支放。又军营因马匹短缺，奏准赴河北一带采买，所需马价，遵奉饬知数目支给应用。又在营办差文职各官实缺人员，照例支食全廉，候补、候选、试用人员，支给盐粮马驮。又本届扣存各案减平银两，均已入正作收，又余平一项，照章支销造报。

以上各款自同治三年七月初一日接续前案起，至四年六月初十日裁撤粮台止，共用过银一百一十七万一百一十一两九厘一毫，内应探廉弥补银八万一千二十六两五钱五分八厘六毫，实应作正开销银一百八万九千八十四两四钱五分五毫。查收款项下，除分拨登除各款已于总册清单内分晰声注外，实收银一百五万二千一百两四钱六分七厘二毫，今用过银一百一十七万一百一十一两九厘一毫，计不敷银一十一万八千一十两五钱四分一厘九毫，又余平项下不敷银四百五十四两八钱七分二厘，均经粮台先行设法筹垫。

查直隶省有欠解协饷银八十余万两，山西省有欠解协饷银六十余万两，河南省旧欠协饷银六十余万两，本年又新欠银十二万数千两，应请奏明请旨，勅下直隶、山西、河南等三省，各拨银五万两，解交山东藩库兑收，按数饬发归垫。除此次归垫外，余剩银两，并即收还三年六月以前垫款项下，俾资清理等情，详请具奏前来。

臣恭查同治三年钦奉上谕："所有同治三年六月以前各处办理军务，未经报销之案，准将收支款目总数，分年分起，开具简明清单，奏明存案，免其造册报销。其自本年七月起一应军需，凡有例可循者，务当遵例支发，力求撙节；其例所不及有应酌量变通者，亦须先行奏咨备案，事竣之日，一体造册报销等因。钦此。"钦遵在案。

兹将该粮台送到总细各册，复核无异。所有同治三年七月初一日接续前案起，至四年六月初十日裁撤粮台止，供支各款，除将销册咨部外，理合恭折具奏，并开列简明清单，敬呈御览。

至粮台筹垫各款，相应请旨，勅下直隶、山西、河南三省各拨银五万两，解交山东藩库兑收，照数饬发归垫，以清悬款。伏乞皇太后、皇上圣鉴训示。谨奏。

同治四年十一月十五日奉到回折："军机大臣奉旨：'该部议奏，单并发。钦此。'"

谨将山东大营粮台第八次报销事竣，核明收支各款，开具简明清单，恭呈御览。计开：

收款项下，自同治三年七月初一日接续前案起，至四年六月初十日裁撤粮台止：

—收直隶省陆续解协饷银六万两。

—收直隶省接济翼长苏克金军饷银二万五百两。

一收直隶省接济翼长恒龄军饷银一万八千两。

一收河南省陆续拨解饷银二十三万七千两。

一收河南省拨交炮局及归德镇买马银四千四百四十两。

一收河南省拨解善庆等营军饷交存粮台银一千一十七两五钱。

一收提用河南光州等州县地丁、税契、捐输等项共银四万三千九百八十二两六钱二分六厘。

一收提用河南南阳府税契银七千四百八十五两四钱三分七厘。

一收河南省拨解行营军饷银五千九百四十两。

一收山西省陆续拨解协饷银一十四万两。

一收湖北省陆续拨解军饷银二万八千八百六十两。

一收山东省陆续拨解月饷银六十五万两。

一收山东省拨解恩赏银五千两。

一收提用山东菏泽等县地丁厘金等项共银六千两。

一收山东沂水县垫发大营勇粮，以钱合银六百六两六钱。

一收山东运河道库拨款接济银四百两。

一收山东捐输粟米变价银八千九百三十四两八钱一分四厘。

一收山东济宁州铺捐钱文，合银三千七百六十三两五钱一分二厘。

一收山东济宁州捐输银七千二百两。

一收山东嘉祥县补解亩捐银四百两。

一收山东鱼台县捐输皮甬、棉衣银二百两。

一收山东鱼台县湖团垦地认价银一百二十七两二钱。

一收山东单县补交亩捐钱文合银三千六百两。

一收山东试办南运引盐提回运本银九千八百两。

一收山东试办南运引盐项下提充军饷银九万两。

一收前吉林副都统德楞额行营拨款银一千三十四两七钱。

一收漕运总督衙门接济军饷银三千两。

一收提用江苏沭阳县地丁银一千两。

一收本届扣存各案减平银三万一百五十七两三钱三分二厘二毫。

以上共收银一百三十八万八千四百四十九两七钱二分一厘二毫，内应除接济总兵陈国瑞等营兵勇饷需共银一十一万六千三百三十四两四钱三分应归各该支应省分立案造报，又除失鞘银一万五千两，又除备办钦差大臣亲王僧格林沁身后事宜银五千一十四两八钱二分四厘，又除专案报拨积存陈州府库银二十万两，均照奏案登除外，实共收银一百五万二千一百两四钱六分七厘二毫。

支款项下，自同治三年七月初一日接续前案起，至四年六月初一日裁撤粮台止：

一支大营统带各官并随营员弁盐粮马干等项银一万一千六百三十一两六钱五分五厘五毫。

一支内火器营官兵盐粮、马干、车价等项银一万九千九百三十九两九钱九分八厘六毫。

一支外火器营官兵盐粮马干等项银一万七千一百八十八两八钱六分五厘四毫。

一支健锐营官兵盐粮、马干、车价等项银一万八千五百五两二钱四分六毫。

一支八旗炮营官兵盐粮、马干、车价等项银四千二百五十六两六钱七分五厘一毫。

一支巡捕京营官兵盐粮、马干、车价等项银一万九千五百七十三两五钱一分七厘八毫。

一支直隶海口营官兵盐粮、马干、车价等项银二万八千八百四十一两六钱二分八厘二毫。

一支吉林各起官兵盐粮、马干、车价等项银九万八千一百九十两四钱五分五厘二毫。

一支黑龙江各起官兵盐粮马干等项银六万八千二百六十九两九钱五分九厘八毫。

一支吉林、黑龙江二起官兵盐粮马干等项银一万四千六百九两七钱五分七厘八毫。

一支察哈尔三四起官兵盐粮马干等项银一万九千八百六十四两三钱二厘六毫。

一支土默特官兵盐粮马干等项银一万四千九百五十四两五分五厘一毫。

一支哲里木左翼官兵盐粮马干等项银一万六千二百七十四两八钱八分七厘。

一支哲里木右翼官兵盐粮马干等项银一万九千七百八十九两八钱三分五厘一毫。

一支昭乌达左翼官兵盐粮马干等项银一万八千一百六十六两三钱三分七厘一毫。

一支昭乌达右翼官兵盐粮马干等项银一万三千一百七两五钱九分五厘三毫。

一支陕甘各营官兵盐粮、马干、车价等项银三万二千八百五十四两三钱七分五厘七毫。

一支内外火器、健锐、炮营等起扎营挑濠夫价银一万二百四两七钱四分。

一支巡捕京营官兵扎营挑濠夫价银四千七百五十两二钱。

一支直隶海口营官兵扎营挑濠夫价银七千三百八十二两三钱四分。

一支吉林各起官兵扎营挑濠夫价银一万八千三百一十三两三钱一分二厘五毫。

一支黑龙江各起与吉林、黑龙江二起官兵扎营挑濠夫价银一万五千一百九十八两七钱五分。

一支察哈尔土默特各起官兵扎营挑濠夫价银六千四十三两八

钱八分四厘。

一支哲里木左右两翼官兵扎营挑濠夫价银六千五百四十八两八钱五分。

一支昭乌达左右两翼官兵扎营挑濠夫价银五千五百六两三钱七分五厘。

一支陕甘各营官兵扎营挑濠夫价银八千七十三两九钱七分五厘。

一支马勇口粮银八千六百四十二两三钱七分四厘二毫。

一支楚勇口粮银四万九千三百四十八两四钱七分三厘九毫。

一支头起练勇口粮银一万五千九百八十一两一钱九分二厘六毫。

一支二起练勇口粮银一万二千一百九十一两九钱九分三厘三毫。

一支三起练勇口粮银七千九百八十八两一钱七分三厘九毫。

一支头起诚勇口粮银一万八千二百七十两五钱二分五厘二毫。

一支二起诚勇口粮银四万六千八百三十五两四钱四分二厘八毫。

一支三起诚勇口粮银七千六百八十五两三钱五分。

一支裁并新队头起练勇口粮银六千二百三十两三钱五分四厘二毫。

一支裁并新队二起练勇口粮银六千二百三十两二钱五分四厘二毫。

一支裁并新队二起练勇口粮银六千二百九十八两五钱七分七厘一毫。

一支裁并新队三起练勇口粮银七千二十四两六钱七分八厘四毫。

一支裁并新队四起练勇口粮银六千三百四两四钱二分一厘。

一支续招马勇口粮银三千二十三两八钱三分一厘三毫。

一支粮台暨随营办差交职各员盐粮等项银四千四百八十二两三钱九分七毫。

一支办差文职养廉银四千九百二十三两七分七厘。

一支奖赏、恤赏等项银七万七千八百三十三两。

一支制造火绳、铅丸、炮子等项银六万四千三百一十五两八钱四分一厘八毫。

一支制造枪炮器械等项银七万四千四百六十五两八厘九毫。

一支制造军装锅帐等项银四万六千五百六十六两八钱二分三厘八毫。

一支制造旗帜号衣等项银一万六千四百五十四两二钱四厘。

一支采买战马银三万六千三十五两三钱九分三厘。

一支运送军需脚价盘费等项银五万一百四十一两八钱五分五厘。

一支制造军火、军装、器械并旗帜号衣等项帮价银四万九千二百六十两八钱七分八厘八毫。

一支兵车帮价银三万一千七百六十五两六钱七分九厘八毫。

前二款因系例外用项，历次报销均请归外摊廉弥补登明。

以上统共支银一百一十七万一百一十一两九厘一毫，内除收款项下共收银一百五万二千一百两四钱六分七厘二毫外，计不敷银一十一万八千一十两五钱四分一厘九毫，请由直隶、山西、河南等三省欠款解协饷银内各拨银五万两，解交山东藩库兑收，按数饬拨归款。余剩之项，收还同治三年六月以前垫款项下，俾资清理，理合登明。

658. 军需总局第一次收支各款截数报销折
同治五年四月二十五日

奏为山东省军需总局第一次收支各款先行截数报销，缮具清单，恭折奏祈圣鉴事：

窃照前准部咨，钦奉上谕："所有同治三年六月以前军需总数，准其分年分起，开具简明清单，奏明存案，免其造册报销等因。钦此。"钦遵在案。

伏查东省军需，头绪纷繁，均应各归各案，以清界限。臣统督兵勇剿办匪徒，即在省城设局，派委妥员总司其事；各处驻扎兵勇饷需，由总局邻员前往适中之东昌、济宁设局监同支放。计自同治三年正月初一日起至六月底止，应遵半年报销章程，先行截数造报。

兹据在省司道转据军需总局提调、盐运使衔候补知府李家岱详称：查支发各款，除骧武各军另案造报外，其由总局支发之东省各绿营官兵、各项征勇一切支款，均照例案撙节支发。凡在营官员，各按品级支给应得分例。进征马步兵丁，每名月支盐莱银九钱，加给银四钱，防兵不加，各日支口粮米八合三勺。有马各兵，按实带骑兵，每匹日支马干银五分。外委与兵丁照例每二名核给驮马一匹，防兵不给。又口粮米折，官员粳米，兵役余丁粟米，按照市价核减，粳米每石折银二两，粟米每石折银一两四钱。制造军火器械，悉照例价请销，其不敷之项，照案帮贴，划归通省摊廉弥补。又官兵进剿，移营并无定所，除官员及有马各兵带骑本身马匹外，惟步队昼夜奔驰，艰于跋涉，均各照章给予车辆，同采买运送物料之车，照例按里给价，所有先期一日减料草与帮贴不敷之项，均由外摊廉归补。又东治各营楚勇，奏准每名日支口粮银一钱二分，每勇二名合给长夫一名，日支口粮银七分。各项练勇，仍遵奏案，每名日支口粮银一钱。带队队目、勇目各给骑马一匹，同马勇并步勇随带差马，每匹日支干银五分。又扣存各案减平银两均已入正作收，余平一项，照章支销造报。

以上各款，自同治三年正月初一日起，至六月底止，共用过银一十五万六千七百二十九两三钱九分四厘七毫七丝，内应由外筹补银二万一千七百四十九两三钱五分八丝，实在清销银一十三万四千八百八十两四分四厘六毫九丝。

查收款项下，共收过银一十四万二千二百一十二两二钱八分三厘二毫五丝，今用过银一十五万六千六百二十九两三钱九分四厘七毫七丝，计不敷银一万四千四百一十七两一钱一分一厘五毫二丝，业经由局设法筹垫，应按数拨还归款。又余平项下垫支银七百九十八两九钱九分八厘七毫八丝，亦应一并筹拨归还，并声明同治三年七月一日起至年底止，收支各款另行接续造报等情，详情具奏前来。

臣按照军需总局所送总细各册，将收支款目逐加复核，均属相符，请销各项，俱系力求撙节，毫无浮冒。除将销册咨部外，理合恭折具奏，敬缮简明清单，祗呈御览，伏乞皇太后、皇上圣鉴。谨奏。

谨将山东省军需总局第一次报销核明收支各款，开具简明清单，恭呈御览。计开：

收款项下，自同治三年正月初一日起，至六月底止：

一陆续收藩库银一十三万六千二百两五钱四分三厘六毫二丝。

一收厘局银三千三百三十三两三钱三分三厘。

一收扣存各案减平银二千六百七十八两四钱六厘六毫三丝。

前款系此次各起车价项下减平银七十五两六钱六分八厘二毫五丝，运送车辆项下减平银四百九十四两一厘七毫九丝，制造项下减平银二千九十七两五钱五分五毫五丝，濠工项下减平银一十一两一钱八分六厘四丝，共合前数登明。

统共收银一十四万二千二百一十二两二钱八分三厘二毫五丝。

支款项下，自同治三年正月初一日起，至六月底止：

一支抚济三营官兵盐粮等项银一千八百八十一两七厘八毫八丝。

一支兖中、右两营官兵盐粮等项银一千二百三十七两六钱六分四厘九毫三丝。

一支东昌营官兵盐粮等项银一千六百五十四两六钱四分七厘八毫四丝。

一支曹中、右两营官兵盐粮等项银一千八百四十九两二钱五分一厘二毫。

一支寿张营官兵盐粮等项银八百四十一两三钱四分三厘四毫。

一支东治中营楚勇口粮等项银一万四千四百四十四两八钱三分四厘九毫八丝。

一支东治副中营楚勇口粮等项银一万四千三百七十二两六钱九分五厘。

一支东治左营楚勇口粮等项银一万四千三百四十八两六钱五厘二毫二丝。

一支东治前营楚勇口粮等项银一万四千二百七十二两九钱七分八厘。

一支胜字营壮勇口粮等项银九千八百九十三两八钱七分五厘五毫六丝。

一支东胜营壮勇口粮等项银一万四十四两五钱八分五毫九丝。

一支威胜壮勇口粮等项银一千九百二十三两九钱三分六厘九毫六丝。

一支炮船练勇口粮等项银一千九百二十三两八钱七分五厘九毫。

一支临邑壮勇口粮等项银六百四十一两六钱八分七厘七毫二丝。

一支随营带勇办事文武员弁盐粮银二千一百七十两八分六厘五毫。

一支运送军火车脚等项银八千二百三十三两三钱六分三厘三毫。

一支制造军火军械等项银三万四千九百九十九两一钱七分五厘八毫。

一支濠工夫价银一百八十六两四钱三分四厘。

一支兵车帮价并先期一日减成料草银五千四百九十三两三钱三分三厘三毫三丝。

一支制造军火军械帮价银一万六千二百五十六两一分六厘七毫六丝。

前二款，因系例外用项，历次报销均请归外筹补登明。

以上统共支银一十五万六千六百二十九两三钱九分四厘七毫七丝，内除收款项下共收银一十四万二千二百一十二两二钱八分三厘二毫五丝外，计不敷银一万四千四百一十七两一钱一分一厘五毫二丝，又余平项下垫支银七百九十八两九钱九分八厘七毫八丝，应请一并按数拨还，理合登明。

659. 兖州随营支应局第二次截数报销折
同治五年四月二十五日

奏为山东兖州随营支应局第二次收支各款截数报销，缮具清单，恭折奏祈圣鉴事：

窃照前准部咨，钦奉上谕："所有同治三年六月以前军需总数，准具分年分起开具简明清单，奏明存案，免其造册报销等因。钦此。"钦遵在案。

伏查同治元年七月间，前抚臣谭廷襄统带兵勇驻扎兖州剿办教幅各匪，一切供支，即在兖郡设局，派员经理。所有元年七月起至十一月底止，收支各款，业经奏报在案。其自元年十二月初一日起，至二年四月谭廷襄交印之日止，又自四月初日臣离任之日起，至是年十二月底止，应钦遵谕旨，截数报销。

兹据在省司道转据前办兖州随营支应局委员、盐运使衔候补知府李宗岱详称：查得随营局支应各款，均系撙节支发，凡满、绿各营官员，各按品级支给应得分例。进征马守兵丁，每名月支盐菜银九钱，加给银四钱，各日支口粮米八合之勺。有马各兵，按实带骑马每匹日支干银五分。外委与兵丁均照例每二名核给驮马一匹。口粮米折，官员粳米，兵役余丁粟米，按照市价核减，粳米每石折银二两，粟米每石折银一两四钱。制造军火军械，均照例价请销，其不敷之项，照案帮贴，划归通省摊廉弥补。官兵进剿移营，并无定所，除官员及有马各兵带骑本身马匹外，惟步队昼夜奔驰，艰于跋涉，均各照章给予车辆，同运送军火物料之车，照例按里给价，所有先期一日减成料草与帮贴不敷之项，均由外摊廉归补。各项征勇，仍遵奏案，每名日支口粮银一钱，带队队目、勇目各给骑马一匹，同马勇并步勇随带差马，日支干银五分。又因军食缺乏，设局收捐米石，接续前案，兵勇一体支放收捐本色粟米，每名日支八合三勺，在于应得分例银内按价扣除；其存剩米五十三石四斗八升三勺二抄，不敷兵勇一日口食，尽数犒赏出力兵勇，颗粒无存。官员阵亡恤赏，照例支给。收买马匹价值，核实开报。又在营文员支过养廉银两，查照例案，作正造报。又扣存各案减平银两入正作收余平一项，照章支销造报。

以上各款，自同治元年十二月初一日起，至二年十二月底止，共用过银二十七万四百六十二两三钱二分四毫三丝，内应由外筹补银一万九千六百六十八两六钱一分五厘四毫七丝，实在请销银二十五万七百九十三两七钱四厘九毫六丝。查收款项下，共收过银二十三万八千三百一十二两八钱二分九厘二毫五丝，今用过银二十七万四百六十二两三钱二分四毫三丝，计不敷银三万二千一百四十九两四钱九分一厘一毫八丝，业经由局设法筹垫。又余平项下垫支银七百六十一两五钱八分五厘二毫九丝，应请一并按数拨还归款等情，详请具奏前来。

臣按照军需局册造收支款目，逐加复核，均属相符，请销各项，俱系力求撙节，毫无浮冒。除将各册咨部外，理合恭折具奏，敬缮简明清单，祗呈御览。伏乞皇太后、皇上圣鉴。谨奏。

谨将山东兖州随营支应局第二次报销核明收支各款，开具简明清单，祗呈御览。计开：

收款项下，自同治元年十二月初一日起，至二年十二月底止：

一陆续收藩库银一十九万三千二百五十七两四钱七分五厘六毫五丝。

一陆续收运库银五万三千二百六十六两六钱六分六厘。

一收滕县捐输银三百两。

一收扣存各案减平银二千七百一十五两五钱三分五厘六毫。

前款系此次各起车价项下减平银三百七十九两八钱六分九厘一毫五丝，文职全廉项下减平银二百六十两八钱四分六厘一毫五丝，恤赏项下减平银一十八两，马价项下减平银五十八两二钱，运送车脚项减平银二百七十五两三钱五分三厘一毫六丝，制造项下减平银一千六百一十九两八钱五分七厘七毫四丝，濠工项下减平银一百三两四钱九厘四毫，共合前数登明。

统共收银二十四万九千五百三十九两六钱七分七厘二毫五丝，内除拨解总兵陈国瑞军营饷银七千两，又除拨解钦差大臣亲王僧格林沁大营饷银二千两，又除拨解东昌分局饷银六百二十两五钱九分二厘，又除拨解沂州分局饷银一百六十两二钱五分六厘，又除拨解濮州饷银五百两，又除拨解峄县饷银一千两，以上共登除银一万一千二百二十六两八钱四分八厘，实在共收银二十三万八千三百一十三两八钱二分九厘二毫五丝。

支款项下，自同治元年十二月初一日起，至二年十二月底止：

——支抚济三营官兵盐粮等项银三千三百六十四两八钱三分五厘三毫六丝。

——支泰安营官兵盐粮等项银四千八百七十九两三钱七分四厘五毫五丝。

——支兖中、右两营官兵盐粮等项银二万七千五百八十八两八钱四分四厘三毫三丝。

——支沙沟营官兵盐粮等项银五千一百七十三两八钱六厘九毫八丝。

——支曹州、单县两营官兵盐粮等项银七千五百二十两六钱九分八厘八毫四丝。

——支登镇各营官兵盐粮等项银六百四十一两一钱二分七厘八毫五丝。

——支河标营官兵盐粮等项银七千七百六十一两九钱九分二厘二毫三丝。

——支张家口满营官兵盐粮等项银六十三两三钱一分一厘七毫二丝。

——支刑部员外郎刘锡鸿统带马步壮勇口粮等项银二万七千七百六十一两八钱二分二厘九毫九丝。

——支候补道黄良楷统带马步壮勇口粮等项银二千一百四十四两一钱六分二厘七毫三丝。

——支兖州府知府孙家縠统带马步壮勇口粮等项银四万七十八两二钱六厘三毫。

——支参将定顺统带马步壮勇口粮等项银三千六百八十两一分四厘三毫五丝。

——支游击姚长龄统带马步壮勇口粮等项银九千二百九十九两

九钱三分八厘一毫四丝。

一支守备刘志和管带马步壮勇口粮等项银三万五千七百五十四两五钱九分七厘五丝。

一支守备张大富管带马步壮勇口粮等项银二万三两八分七厘九毫九丝。

一支守备郭大胜管带马步壮勇口粮等项银一万一千一百四十三两九分二厘一毫二丝。

一支随营带勇办事文武员弁盐粮等项银五千七两一分七厘二毫八丝。

一支文武全廉银四千三百四十七两四钱三分五厘八毫七丝。

一支官员阵亡恤赏银三百两。

一支买马价值银九百七十两。

一支运送军火车脚等项银四千五百八十九两二钱一分九厘四毫。

一支制造军火军械等项银二万六千九百九十七两六钱二分九厘八丝。

一支濠工夫价银一千七百二十三两四钱九分。

一支兵车帮价并先一日减成料草银七千一百一十四两七钱一分七厘九毫四丝。

一支制造帮价银一万二千五百五十三两八钱九分七厘五毫三丝。

前二款，因系例外用项，历次报销均请归外筹补登明。

以上统共支银二十七万四百六十二两三钱二分四毫三丝，内除收款项下，共收银二十三万八千三百一十三两八钱二分九厘二毫五丝外，计不敷银三万二千一百四十九两四钱九分一厘一毫八丝，又余平项下垫支银七百六十一两五钱八分五厘二毫九丝，应请一并按数拨还，理合登明。

660. 东昌淄川随营支应局报销折

同治五年四月二十五日

奏为山东省东昌淄川随营支应局收支各款报销，缮具清单，恭折
奏祈圣鉴事：

窃照前准部咨，钦奉上谕："所有同治三年六月以前军需总
数，准其分年分起，开具简明清单，奏明存案，免其造册报销等
因。钦此。"钦遵在案。

伏查同治二年二月间，前抚臣谭廷襄由兖州统带兵勇驻扎东
昌剿办教逆，设局派员，随营支应，旋即移驻淄川。臣离任后，
克复淄城，复又移向东郡。计自二年二月起至十二月底止，收支
各款，应即钦遵谕旨，核实报销。

兹据在省司道转据前办随营支应局委员、盐运使衔候补知府
李宗岱详称：查得随营局支应各款，均系撙节之发，除将东治六
营用过银两另案造报外，凡满、绿各营官员，各按品级支给应得
分例。进征马守兵丁，每名月支盐菜银九钱，加给银四钱，各日
支口粮米八合三勺。有马各兵，按实带骑马每匹日支干银五分。
外委与兵丁，均照例每二名核给驮马一匹。口粮米折，官员粳
米，兵役余丁粟米，按照市价核减，粳米每石折银二两，粟米每
石折银一两四钱。制造军火军械均照例价请销，其不敷之项，照
案帮贴，划归通省摊廉弥补。官兵进剿，移营并无定所，除官员
及有马各兵带骑本身马匹外，惟步队昼夜奔驰，艰于跋涉，均各
照章给予车辆，同运送军火物料之车，照例按里给价，所有先期
一日减成料草与帮贴不敷之项，均请由外摊廉归补。各项征勇，
仍遵奏案，每名日支口粮银一钱，带队队目、勇目各给骑马一
匹，同马勇并步勇随差马每匹日支干银五分。犒赏兵勇银两，系
照奏明数目给发。又扣存各案减平银两入正作收余平一项，照章
支销造报。

以上各款，自同治二年二月初一日起，至是年十二月底止，共用过银二十万七千七百五十四两五钱八分九厘一丝，内应由外筹补银二万一千五百七十二两二钱八分三厘九毫一丝，实在请销银一十八万六千一百八十二两三钱五厘一毫。

查收款项下，共收过银一十八万四百七十七两二钱七分九毫三忽，今用过银二十万七千七百五十四两五钱八分九厘一丝，计不敷银二万七千二百七十七两三钱一分八厘一毫七丝，业经由局设法筹垫。又余平项下垫支银七百二十九两四钱三分二厘八丝，应请一并按数拨还归款等情，详请具奏前来。

臣按照军需局册造收支款目，逐加复核，均属相符，请销各项，俱系力求搏节，毫无浮冒。除将总册咨部外，理合恭折具奏，敬缮简明清单，祗呈御览。

谨将山东省东昌、淄川随营支应局报销核明收支各款，开具简明清单，祗呈御览。计开：

收款项下，自同治二年二月起，至十二月底止：

一陆续收藩库银一十一万二千三百八十二两二钱八分八厘五毫三丝三忽。

一陆续收运库银二万两。

一收粮道库银九千两。

一收临清关税银二千六百八十九两五分四厘。

一陆续收东昌支应分局银一万六百八十五两九分九厘七毫。

一陆续收厘局银三万四百四十一两二分一厘七毫。

一收扣存各案减平银二千六百七十九两八钱六厘九毫七丝。

前款系此次各起车价项下减平银四百六十三两五钱九分七厘九毫五丝，犒赏项下减平银四十二两，运送项下减平银二百一十两七钱九分七厘一毫一丝，制造项下减平银一千八百五十九两二钱一分三厘二毫七丝，濠工项下减平银一百四两一钱九分八厘六毫四丝，共合前数登明。

统共收银一十八万八千八百七十七两二钱七分九毫三忽，内除拨解东昌分局饷银五千两，又除拨解济安营饷银三千两，又除拨解湖南参将吴永鳌勇粮银四百两，以上共登除银八千四百两，实在共收银一十八万四百七十七两二钱七分九毫三忽。

支款项下，自同治二年二月起，至十二月底止：

一支抚济三营官兵盐粮等项银七千五百六十六两一钱六分一厘七毫三丝。

一支抚济三营官兵盐粮等项银四千七百一两七分九毫七丝。

一支东昌营官兵盐粮等项银三千二百六十七两六钱三分七丝。

一支曹中、右两营官兵盐粮等项银二千九百二十四两八钱四分八厘一毫三丝。

一支曹中、右两营官兵盐粮等项银二万二百一十六两三钱七分六厘八毫九丝。

一支临清、寿张两营官兵盐粮等项银三千六百八十一两六钱五分三厘六毫九丝。

一支登镇陆营官兵盐粮等项银三百九十二两六钱三分八厘四毫。

一支德州满营官兵盐粮等项银二千四百四十五两五钱一分三厘八毫六丝。

一支满、绿各营马队官兵盐粮等项银六千二百八十七两五钱二分六厘九毫九丝。

一支副将范正坦统带东胜队马步壮勇口粮等项银四千一百五十五两四钱八分八厘三毫七丝。

一支参将定顺统带前敌马步壮勇口粮等项银二万一千三百九两五钱七毫五丝。

一支参将玉秀统带前敌马勇口粮等项银八千七百六十九两五

钱三分三厘三毫六丝。

　　一支游击马秉阿统带忠靖等队马步壮勇口粮等项银三千六百一十四两六钱七分四厘二毫六丝。

　　一支游击石占鳌统带诚顺队马步壮勇口粮等项银二千五百六十一两二分七毫。

　　一支都司马春峤管带前敌马步壮勇口粮等项银一万八百一十五两五钱七分七厘六毫四丝。

　　一支都司杨通廉管带长胜队马步壮勇口粮等项银五千八百一十两一钱六分七厘一毫九丝。

　　一支守备韩登泰管带安东马步壮勇口粮等项银二千五百七十六两六钱一分五厘六毫四丝。

　　一支守备王安邦管带前敌马勇口粮等项银一千九百九十一两四钱四分二厘四毫六丝。

　　一支守备郭大胜管带前敌马步勇口粮等项银六千六百六十两六分四厘六毫三丝。

　　一支千总曹正榜管带东胜队马步壮勇口粮等项银一万九百八十六两五钱八分一厘四毫五丝。

　　一支守备方明管带随征马步壮勇口粮等项银七百二十五两七钱八分二厘六毫四丝。

　　一支把总张跻堂管带马勇口粮等项银六百一十二两六钱三分五厘九毫二丝。

　　一支千总武士林管带威胜马步壮勇口粮等项银五千三百三十二两七钱九分三厘八丝。

　　一支都司李元管带安东、济阳马步壮勇口粮等项银一千六百一十八两九钱八分三厘二毫九丝。

　　一支都司周森藻管带炮船练勇口粮等项银一千七百四十两四钱六分八厘九丝。

　　一支随营办事带勇文武员弁盐粮等项银八千四百七十一两七

钱三分七厘七毫八丝。

一支克复淄川县城，奏明兵勇赏项银七百两。

一支运送军火军械车脚等项银三千五百一十三两二钱八分五厘二毫五丝。

一支制造军火军械等项银三万九百八十六两八钱八分七厘八毫七丝。

一支濠工价银一千七百三十六两六钱四分四厘。

一支兵车帮价并先期一日减成料草银七千一百六十二两三钱八分一厘四丝。

一支制造帮价银一万四千四百八两九钱二厘八毫七丝。

以上统共支银二十万七千七百五十四两五钱八分九厘一丝，内除收款项下共收银一十八万四百七十七两二钱七分九毫三忽外，计不敷银二万七千二百七十七两三钱一分八厘一毫七忽。又余平项下垫支银七百二十九两四钱三分二厘八丝，应请一并按数拨还，理合登明。

661. 兖州随营支应分局报销折
同治五年五月二十一日

奏为山东兖州随营支应分局收支各款报销，缮具清单，恭折奏祈圣鉴事：

窃照前准部咨，钦奉上谕："所有同治三年六月以前军需总数，准其分年分起开具简明清单，奏明存案，免其造册报销等因。钦此。"钦遵在案。

伏查同治元年四月间，前抚臣谭廷襄调派兵勇督剿兖州教幅各匪，即在兖郡设立支应分局，派员经理。所有元年四月初六日起，至是年闰八月初三撤局前一日止，收支各款，应即钦遵谕旨，核实报销。

兹据在省司道转据前办分局委员、道衔候补知府现署莱州府事晏方琦，督同滨州知州李铭舟、惠民县知县薛燦、候补知县丁堃详称：查得此案军需，悉系照例支放。凡在营官员，各按品级支给应得分例。进征马守兵丁，每名月支盐菜银九钱，加给银四钱。外委与兵丁照例每二名核给驮马一匹，马兵按实带骑马，每匹日支干银五分。口粮米折，官员粳米，兵役余丁粟米，按照市价核减，粳米每石折银二两，粟米折银一两四钱。制造军火器械，例价不敷，照案加给帮贴，划归东省摊廉归补。官兵进剿，移营并无定所，马兵各乘本身例马，惟步队艰于跋涉，给予车辆，照例按里给价，所有先期一日减成料草与帮贴不敷之项，均请内外摊廉归补。雇募征勇，仍遵奏案，每名日支口粮银一钱，带队队目、勇目各给骑马一匹，同马勇并步勇随带差马各日支银五分。又扣存减平银两，入正作收，余平一项，照章支销造报。

以上各款，自同治元年四月初六日起，至闰八月初三日止，共用过银三万五千六百九十二两九钱五分八厘三毫九丝，内应由外筹补银三千九百四十六两七钱一分八厘五毫七丝，实在请销银三万一千七百四十六两二钱三分九厘八毫二丝。查收款项下，共收过银二万七千九百八十五两四钱二分六厘三丝，今用过银三万五千六百九十二两九钱五分八厘三毫九丝，计不敷银七千七百七两五钱三分二厘三毫六丝，业经由局设法筹垫。又余平项下垫支银一百四两五钱六分九厘三毫八丝，应请一并按数拨还归款。再，因饷需支绌，尚有陆续积欠兵勇盐粮等项银二千四百八十六两二钱四分一厘六毫八丝，容俟如数领出另行造报，合并声明等情，详请具奏前来。

臣按照军需局册造收支款目，逐加复核，均属相符，请销各项，俱系力求撙节，毫无浮冒。除将总册咨部外，理合恭折具奏，敬缮简明清单，祗呈御览。

谨将山东省兖州支应分局军需报销，核明收支各款，开具简明清单，祗呈御览。计开：

收款项下，自同治元年四月初六日起，至是年闰八月初二日止：

一陆续收藩库银二万一千八两八钱四分二厘二毫三丝。

一收兖州随营支应局银六千五百两。

一收淄川支应分局银六十两。

一收扣存减平银四百一十六两五钱八分三厘八毫。

前件系此次各起车价项下减平银二百一十五两五钱五分一厘五丝，制造项下减平银二百一两三分三厘七毫五丝，其合前数登明。

统共收银二万七千九百八十五两四钱二分六厘三丝。

支款项下，自同治元年四月初六日起，至是年闰八月初二日止：

一支兖中、右两营头起官兵盐粮等项银五千七百二十二两六钱四分四厘九毫八丝。

一支兖中、右两营二起官兵盐粮等项银五千三百一十二两八钱五分五厘八毫九丝。

一支沙沟营官兵盐粮等项银三千一百一两九钱一分一厘二丝。

一支千总刘志和管带长胜队壮勇口粮等项银一万四千一百三十六两二钱一分九厘六毫一丝。

一支随营办事带勇文职盐粮等项银一百二十二两六分二厘五毫二丝。

一支制造军火军械等项钱银三千三百五十两五钱四分五厘八毫。

一支兵车帮价并先期一日减成料草银二千三百八十八两七钱一分四厘七毫七丝。

一支制造帮价银一千五百五十八两三厘八毫。

前二款因系例外用项，历届报销，均请归外筹补登明。

以上通共支银三万五千六百九十二两九钱五分八厘三毫九丝，内除收款项下共收银二万七千九百八十五两四钱二分六厘三丝外，计不敷银七千七百七两五钱三分二厘三毫六丝。又余平项下垫支银一百四两五钱六分九厘三毫八丝，应请一并按数拨还，理合登明。

662. 东昌支应分局收支军需各款截数报销折
同治五年五月十一日

奏为山东东昌支应分局收支军需各款截数报销，缮具清单，恭折奏祈圣鉴事：

窃照前准部咨，钦奉上谕："所有同治三年六月以前军需总数，准其分年分起开具简明清单，奏明存案，免其造册报销等因。钦此。"钦遵在案。

伏查同治元年，前抚臣谭廷襄统带兵勇督剿东昌匪徒，派委东昌府知府秦际隆兼管分局支应事务，旋又改委候补知府李德增接办，嗣因该员丁忧，复令秦际隆经理。计自元年十月二十四日起，至十二月二十日移交候补知府蒋斯崶接办之日止，凡有收支各款，应即钦遵谕旨，截清开报。

兹据在省司道转据该委员等详称：查得东昌分局一切收支款项，均系按照例案核实支放。凡在营官员，各按品级支给应得分例。进剿马步兵丁，每名月支盐菜银九钱，加给银四钱，各日支口粮米八合三勺。有马各兵，按实带骑马每匹支干银五分。外委与兵丁均照例每二名核给驮马一匹。口粮米折，官员粳米，兵役余丁粟米，按照市价核减，粳米每石折银二两，粟米每石折银一两四钱。制造军火，均照例价请销，其不敷之项，照案帮贴，划出请归东省摊廉归补。官兵进剿，移营并无定所，除官员及有马各兵带骑本身马匹外，惟步队昼夜奔驰，艰于跋涉，均各照章给予车辆，照例按里给价，所有先期一日减成料草与帮贴不敷三项，均请由外摊廉归补。各项征勇，仍遵奏案，每名日支口粮一钱，带队队目、勇目各给骑马一匹，同马勇并步勇随带差马，每匹日支干银五分。又扣存减平银两，入正作收，余平一项，照章支销造报。

以上各款，自同治元年十月二十四日起，至是年十二月二十日止，共用过银一万三千四十七两三钱三分九厘二毫一丝，内应由外筹补银一千四十一两一钱三分七厘三毫三丝，实在请销银一万二千六两二钱一厘八毫八丝。

查收款项下，共收过银一万一千六百二十七两二钱七厘一毫，今用过银一万三千四十七两三钱三分九厘二毫一丝，计不敷银一千四百二十两一钱三分二厘一毫一丝，业经设法筹垫。又余平项下，垫支银五十八两六分六厘二毫五丝，应请一并按数拨还归款等情，请奏前来。

臣查军需局所送清册，按照收支款目，逐加复核，均属相符。凡有请销各项，俱系遵照例案，力求搏节，毫无浮冒。除将总册咨部外，理合恭折具奏，敬缮简明清单，祗呈御览。

谨将山东东昌分局收支军需银两，开具简明清单，恭呈御览。计开：

收款项下，自同治元年十月二十四日起，至十二月二十日止：

一收前办局务候补道呼震移交银一千八百二十六两一钱九分六厘九毫五丝。

一收藩库银九千两。

一收兖州随营支应局银四百八十一两一钱九分二厘。

一收厘局银二百七十八两九钱七分二厘。

一收扣存减平银一百一十三两六钱二厘五毫。

　　前款系此次各起车价项下减平银三十七两七钱四分九厘，制造项下减平银七十五两八钱五分三厘五毫，共合前数登明。

　　统共收银一万一千六百九十九两九钱六分三厘四毫五丝，内除移交接办局务候补知府蒋斯崿银七十二两七钱五分六厘三毫五丝，实在共收银一万一千六百二十七两二钱七厘一毫。

　　支款项下，自同治元年十月二十四等日起，至十二月二十日止：

　　一支抚济三营官兵盐粮等项银一千六百二两一钱九分六厘五毫九丝。

　　一支东昌营官兵盐粮等项银一千五十五两四钱八厘四毫七丝。

　　一支曹中、右两营官兵盐粮等项银三千五百一十九两一钱九分三厘二毫一丝。

　　一支寿张营官兵盐粮等项银一百九十六两五钱二分二厘二毫六丝。

　　一支炮船兵勇盐粮等项银七百九十一两五钱二厘五毫七丝。

　　一支威胜队壮勇口粮等项银一千三百三十一两八钱一分九毫。

　　一支济阳练勇口粮等项银二千八十八两四分九厘一毫六丝。

　　一支随营办事带勇文武员弁盐粮等项银一百五十七两二钱九分二厘七毫二丝。

　　一支制造军火等项银一千二百六十四两二钱二分五厘。

　　一支兵车帮价并先期一日减成料草银四百五十三两二钱七分二厘七毫。

　　一支制造军火等项帮价银五百八十七两八钱六分四厘六毫三丝。

　　前二款因系例外用项，历次报销，均请归外筹补登明。

　　以上统共支银一万三千四十七两三钱三分九厘二毫一丝，

内除收款项下共收银一万一千六百二十七两二钱七厘一毫外，计不敷银一千四百二十两一钱三分二厘一毫一丝。又余平项下垫支银五十八两六分六厘二毫五丝，应请一并按数拨还，理合登明。

663. 东昌支应分局核实报销折
同治五年五月十一日

奏为山东东昌支应分局已故知府蒋斯峟经手收支各款核实报销，缮具清单，恭折奏祈圣鉴事：

窃照前准部咨，钦奉上谕："所有同治三年六月以前军需总数，准其分年分起开具简明清单，奏明存案，免其造册报销等因。钦此。"钦遵在案。

伏查同治元年，前抚臣谭廷襄统带兵勇剿办东昌教逆各匪，一切支应事宜，当在东昌设立分局，派委候补知府蒋斯峟承办。臣履任后，复令一手经理。嗣该员于二年八月初一日病故，所有收支各款，饬委盐运司衔候补知府李宗岱代办报销。

兹据在省司道转据该委员详称：查得蒋斯峟自同治元年十二月二十一日起，至二年七月底止，一切收支各款，悉心稽查，均系按照例案，核实支放。凡在营官员，各按品级支给应得分例。进征马守兵丁，每名月支盐菜银九钱，加给银四钱，各日支口粮米八合三勺。有马各兵，按实带骑马每匹日支干银五分。外委与兵丁，照每二名核给驮马一匹。口粮米折，官员粳米，兵役余丁粟米，按照市价核减，粳米每石折银二两，粟米每石折银一两四钱。制造军火器械，均照例价请销，其不敷之项，照案帮贴，划出请归东省摊廉归补。又官兵进剿，移营并无定所，除官员及有马各兵带骑本身马匹外，惟步队昼夜奔驰，艰于跋涉，均各照章给予车辆，照例按里给价，所有先期一日减成料草与帮贴不敷之项，均请由外摊廉归补。各项征勇，仍遵奏案，每名日支口粮银一钱，带队队目、勇目各给骑马一匹，同马勇并步勇随带差马，每匹日支干银五分。又扣存各案减平银两，入正作收，余平一项，照章支销造报。

以上各款，自同治元年十二月二十一日起，至二年七月底止，共用过银七万四千六百二十六两三钱一分七厘二毫九丝，内应由外筹补银四千一百三十七两七钱四分一厘一毫二丝，实在请销银七万四百八十八两五钱七分六厘一毫七丝。

查收款项下，共收过银六万七千五百三十九两一钱八分九厘三丝，今用过银七万四千六百二十六两三钱一分七厘二毫九丝，计不敷银七千八十七两一钱二分八厘一毫六丝，业经蒋斯崶设法筹垫。又余平项下，垫支银五百一十六两六钱八分一厘九毫三丝，应一并按数拨还该家属归款等情，详请具奏前来。

臣按照军需局册造收支款目，逐加复核，均属相符，请销各项，俱系力求撙节，毫无浮冒。除将总册咨部外，理合恭折具奏，敬缮简明清单，祗呈御览，伏乞皇太后、皇上圣鉴。谨奏。

谨将前办东昌支应分局已故候补知府蒋斯崶收支军需银两开具简明清单，恭呈御览。计开：

收款项下，自同治元年十二月二十一日起，至二年七月底止：

一收前办局务前东昌府知府秦际隆移交银七十二两七钱五分六厘三毫五丝。

一陆续收藩库银七万七十五两二钱八分一厘。

一收东昌随营支应局银五千两。

一收兖州随营支应局银七百两。

一收厘局银二千二百一十七两五钱四分七厘三毫。

一收扣存各案减平银四百五十八两七钱四厘八丝。

前款系此次各起车价项下减平银一百五十八两八钱五分，制造项下减平银二百九十九两八钱五分四厘八丝，共合前数登明。

统共收银七万八千五百二十四两二钱八分八厘七毫三丝，内除拨解济安营银三百两，又除拨解东昌随营支应局银一万六百八十五两九分九厘七毫，以上共登除银一万九百八十五两九分九厘七毫，实在共收银六万七千五百三十九两一钱八分九厘三丝。

支款项下，自同治元年十二月二十一日起，至二年七月底止：

一支抚济三营官兵盐粮等项银五千二百一十八两六钱八分五厘七毫五丝。

一支东昌营官兵盐粮等项银三千四百一两八钱六分九厘六毫九丝。

一支曹中、右两营官兵盐粮等项银九千七百七十一两九钱四分五厘八毫八丝。

一支临清营官兵盐粮等项银一千三百二十五两五钱八分八厘四毫二丝。

一支寿张营官兵盐粮等项银一千五百二十两九钱九分四厘六毫五丝。

一支炮船兵勇口粮等项银一千三百两三钱六分二厘七毫一丝。

一支游击禄彰统带威胜队马步壮勇口粮等银六千三百七十六两五钱九分三厘九毫八丝。

一支游击石占鳌统带诚顺队马步壮勇口粮等项银一万二千一百四两三钱一分七厘九毫一丝。

一支都司朱登峰统带马步壮勇口粮等项银九千三百九十一两二钱四分二厘。

一支把总宋景春管带马勇口粮等项银八百二两四钱一分六厘二毫一丝。

一支军功董道平管带忠靖等队马步壮勇口粮等项银四千六百

三十二两六钱七分三厘四毫八丝。

一支守备程斗山管带各队马勇口粮等项银三千八百九十七两六钱三分四厘四毫。

一支经制潘成礼管带济阳练勇口粮等项银四千三百九十九两八钱五分四厘七毫二丝。

一支随营办事带勇文武员弁盐粮等项银一千三百四十六两八钱二分八厘三毫七丝。

一支制造军火器械等项银四千九百九十七两五钱六分八厘。

一支兵车帮价并先期一日减成料草银一千八百一十三两八钱七分二厘。

一支制造军火等项银二千三百二十三两八钱六分九厘一毫二丝。

前二款因系例外用项，历次报销，均请归外筹补登明。

以上统共支银七万四千六百二十六两三钱一分七厘二毫九丝，内除收款项下共收银六万七千五百三十九两一钱二分八厘二毫六丝。又余平项下垫支银五百一十六两六钱八分一厘九毫三丝，应请一并按数拨还，理合登明。

664. 山东东治六营第一次截数报销折
同治五年五月十一日

奏为山东东治六营第一次收支各款先行截数报销，缮具清单，恭折奏祈圣鉴事：

窃照前准部咨，钦奉上谕："所有同治三年六月以前军需总数，准其分年分起开具简明清单，奏明存案，免其造册报销等因。钦此。"钦遵在案。

伏查臣于同治二年督剿东省教捻各匪，当因兵力过单，奏明派令副将陈锡周等六员随带弁勇，分赴湖北枣阳等处招募劲壮楚勇，编列哨队，分立东治六营，每营征勇五百名，共三千名，来东攻剿。当将收支各款饬委盐运使衔候补知府李宗岱妥为经理。计自二年四月初八日起，至是年十二月底止，应即钦遵谕旨，先行截数报销。

兹据在省司道转据该委员详称：查楚军征勇，遵照奏案，每名日支口粮银一钱二分，每勇二名给长夫一名，日给银七分，仍照东勇章程，随带差马每匹日支干银五分。凡在营官员，各按品级支给应得分例。口粮米折，官粳役粟，按照市价核减，粳米每石折银二两，粟米每石折银一两四钱。制造军火军械，均照例价请销，其不敷之项，照案帮贴，划归通省摊廉弥补。又扣存减平银两，入正作收，余平一项，照章支销造报。

以上各款，自同治二年四月初八日起，至是年十二月底止，共用过银一十二万一百六十一两四钱三分三厘四丝，内应由外筹补银五千七百四两三钱六分九厘七毫三丝，实在请销银一十一万四千四百五十七两六分三厘三毫一丝。查收款项下，共收过银一十一万一千九十一两四钱三分三厘四丝，计不敷银九千六十九两七钱八分五厘二毫四丝，业经由局设法筹垫。又余平项下垫支银一百一两四钱五分七厘六毫三丝，应请一并按数拨还归款等情，详请具奏前来。

臣按照军需局册造收支款目，逐加复核，均属相符，请销各项，俱系力求撙节，毫无浮冒。除将总册咨部外，理合恭折具奏，敬缮简明清单，祇呈御览，伏乞皇太后、皇上圣鉴。谨奏。

谨将山东东治六营第一次军需报销核明收支各款，开具简明清单，恭呈御览。计开：

收款项下，自同治二年四月初八日起，至十二月三十日止：

一陆续收藩库银一十一万三百五十五两六钱。

一收扣存制造项下减平银七百三十六两四分七厘七毫。

统共收银一十一万一千九十一两六钱四分七厘七毫。

支款项下，自同治二年四月初八日起，至十二月三十日止：

一支东治六营官弁楚勇口粮等项银一万九千二十三两九钱二分六厘一毫三丝。

一支东治中营楚勇口粮等项银一万三千三百三十两九钱三分三厘九毫六丝。

一支东治副中营楚勇口粮等项银一万三千三百三十两四钱六分七厘七毫六丝。

一支东治左营楚勇口粮等项银一万三千二百三十六两九钱九分五厘四毫。

一支东治右营楚勇口粮等项银一万四千四百七十七两八钱六分一厘四毫。

一支东治前营楚勇口粮等项银一万三千二百六十四两四钱五分七厘六毫。

一支东治后营楚勇口粮等项银一万四千四百七两八钱九分七厘八毫九丝。

一支随营办事带勇文武员弁盐粮等项银一千一百一十七两六分一厘四毫。

一支制造军火军械等项银一万二千二百六十七两四钱六分一厘七毫七丝。

一支制造军火军械等项银五千七百四两三钱六分九厘七毫三丝。

前项帮价因系例外用项，历次报销均请归外筹补登明。

以上统共支银一十二万一百六十一两四钱三分三厘四丝，内除收款项下共收银一十一万一千九十一两六钱四分七厘七毫外，计不敷银九千六十九两七钱八分五厘三毫四丝。又余平项下垫支银一百一两四钱五分七厘六毫三丝，应请一并按数拨还，理合登明。

665. 山东济安五营第一次截数报销折

同治五年五月十一日

奏为山东省济安五营第一次军需收支各款截数报销，缮具清单，恭折奏祈圣鉴事：

窃照前准部咨，钦奉上谕："所有同治三年六月以前军需总数，准其分年分起开具简明清单，奏明存案，免其造册报销等因。钦此。"钦遵在案。

伏查藩司丁宝桢前在湖南省奉旨招募湘勇到东剿办教捻各匪，分立济安五营，当将收支各款饬委盐运使衔候补知府李宗岱妥为经理。计自同治二年正月二十五日起，至三年六月底止，应即钦遵谕旨，截数报销。

兹据在省司道转据该委员详称：查五营文武员弁勇丁长夫，共计一千五百四十五员名，一切支款，均照例案撙节支发。凡在营官员，各按品级支给应得分例。勇丁遵奉奏准章程，每名日支口粮银一钱三分，每勇二名给长夫一名，日支银一钱。又添募东勇三百四十九员名，仍遵奏案，每勇日支口粮银一钱，均各随带差马，每匹日支干银五分。口粮米折，官粳役粟，按照市价核减，粳米每石折银二两，粟米每石折银一两四钱。制造军火器械，均照例价请销，其不敷之项照案帮贴，划归通省摊廉弥补。又扣存减平银两，入正作收，余平一项照章支销造报。

以上各款，自同治二年正月二十五日起，至三年六月底止，共用过银一十一万五千九百两三钱七分九厘二毫七丝，内由外筹补银四千七十一两五钱九分八厘九毫，实在请销银一十一万一千八百二十八两七钱八分三毫七丝。

查收款项下，共收过银一十一万四千二百三十五两五钱四分七厘六毫，今用过银一十一万五千九百两三钱七分九厘二毫七丝，计不敷银一千六百六十四两八钱三分一厘六毫七丝，业经设法筹垫，应请按数拨还。又余平项下垫支银七百四十两九钱五厘二毫三丝，应请一并筹拨归还，并声明同治三年七月初一日以后军需即当接续造报等情，详请具奏前来。

臣按照军需局册造收支款目，逐加复核，均属相符，请销各项，俱系力求撙节，毫无浮冒。除将总册咨部外，理合恭折具奏，敬缮简明清单，祗呈御览，伏乞皇太后、皇上圣鉴。谨奏。

谨将山东省济安五营第一次军需截数报销，核明收支各款，开具简明清单，恭呈御览。计开：

收款项下，自同治二年正月二十五日起，至三年六月底止，内：

一收湖南省总局银二万五千两。

一收湖南省藩库银五千两。

一收河南省藩库银五百两。

一陆续收山东省藩库银七万九千九百一十两一钱八分。

一收东昌随营支应局拨银三千两。

一收东昌支应分局拨银三百两。

一收扣存制造项下减平银五百二十五两三钱六分七厘六毫。

以上统共收银一十一万四千二百三十五两五钱四分七厘六毫。

支款项下，自同治二年二月二十五日起，至三年六月底止，内：

一支官弁盐粮、湘勇口粮等项银一万二千三百七十九两四钱七分七厘六毫六丝。

一支济安五营官弁盐粮、湘勇口粮等项银八万三千四百二十一两八分五厘七毫四丝。

一支东勇口粮等项银二千五百九十八两三钱三分三厘八毫一丝。

一支随营文武员弁盐粮等项银四千六百七十三两七钱五分六厘四毫九丝。

一支制造军火军械等项银八千七百五十六两一钱二分六厘六

毫七丝。

一支制造军火军械等项五成帮价银四千七十一两五钱九分八厘九毫。

前款因系例外用项，历次报销均请归外筹补登明。

以上统共支银一十一万五千九百两三钱七分九厘二毫七丝，内除收款项下共收银一十一万四千二百三十五两五钱四分七厘六毫外，计不敷银一千六百六十四两八钱三分一厘六毫七丝。又余平项下垫支银七百四十两九钱五厘二毫三丝，应请一并按数拨还，理合登明。

666. 山东骧武军马队军需第一次截数报销折
同治五年九月初一日

奏为山东省骧武军马队军需第一次收支各款，先行截数报销，缮具清单，恭折奏祈圣鉴事：

窃照前准部咨，钦奉上谕："所有同治三年六月以前军需总数，准其分年分起开具简明清单，奏明存案，免其造册报销等因。钦此。"钦遵。业将同治三年六月以前各起报销，分案开单奏报在案。

兹查骧武军马队，系奏明挑选额兵，配骑掺拣，编为中左、前左、后左三营，以备防剿。各兵原额虽有马战守余之分，现均编归马队，一律给与马干，并将原营坐饷赴司照领，由局转发，另归马队专案销算，一切收支各款，系委盐运使衔候补知府李宗岱妥为经理。计自同治二年十一月初二日起，至三年六月底止，应即钦遵谕旨，先行截数报销。

现据军需总局司道转据该委员详称：查中左、前左、后左三营官兵，共五百八十四员名。凡在营官员，各按品级支给应得分例。马战守兵每名月支盐菜银九钱，马兵之余丁每名月支盐菜银五钱，各日支口粮米捌合三勺。马战守余各兵一律，每名给马一匹，日支干银五分。口粮米折，官员粳米，兵役余丁粟米，按照市价核减，粳米每石折银二两，粟米每石折银一两四钱。又兵丁坐饷，马兵月支银二两，仍照常年支放兵饷定章，除朋银一钱、二成银三钱八分，实支银一两五钱二分；战兵月支银一两五钱，除朋银五分、二成银二钱九分，实支银一两一钱六分；守兵月支银一两，除朋银三分、二成银一钱九分四厘，实支银七钱七分六厘；余兵月支银九钱，除二成银一钱八分，实支银七钱二分；如遇小建，按日核扣。所有应除朋银、二成、小建等项银两，均由藩司衙门坐扣，另案报部。又制造军火军械，均照例价请销，其不敷之项，照案帮贴，划归东省摊廉。扣存减平银两，入正作收，余平一项因未支销，经书二食亦入收款造报。

以上各款，自同治二年十一月初二日起，至三年六月底止，共用过银二万二百一十五两八钱三分六厘四毫，内应由外归补银二千三十三两八钱七分四厘三毫九丝，实在请销银一万八千一百八十一两九钱六分二厘一丝。

查收款项下，共收银一万八千四百一两九钱二厘六毫三丝，今用过银二万二百一十五两八钱三分六厘四毫，计不敷银一千八百一十三两九钱三分三厘七毫七丝，已由局设法筹垫，应请按数拨还归款等情，请奏前来。

臣按照军需局册造收支款目，逐加复核，均属相符，并无浮冒。除总册咨部并饬将同治三年七月初一日以后军需销款赶紧接续造报外，理合恭折具奏，敬缮简明清单，祗呈御览，伏乞皇太后、皇上圣鉴。谨奏。

谨将山东省骧武军马队军需报销第一次收支各款，开具简明清单，恭呈御览。计开：

收款项下，自同治二年十一月初二日起，至三年六月底止：

一收前省城支应总局银三百两。

一续收藩库银一万七千七百九十五两七钱二分八厘。

一收扣存制造项下减平等项银三百六两一钱七分四厘六毫三丝。

统共收银一万八千四百一两九钱三厘六毫三丝。

支款项下，自同治二年十一月初二日起，至三年六月底止：

一支骧武军中左营马队官兵盐粮马干坐饷等项银三千四十三两七钱五分五厘七毫。

一支骧武军前左营马队官兵盐粮马干坐饷等项银七千五百三十八两二钱七分六厘五毫九丝。

一支骧武军后左营马队官兵盐粮马干坐饷等项银三千二百二十六两六厘三毫二丝。

一支制造军火军械等项银四千三百七十三两九钱二分二厘四毫。

一支制造军火军械等项帮价银二千三十三两八钱七分四厘三毫九丝。

前款因系例外用项，历次报销，均请由外归补登明。

以上统共支银二万二百一十五两八钱三分六厘四毫，内除收款项下共收银一万八千四百一两九钱二厘六毫三丝外，计不敷银一千八百一十三两九钱三分三厘七毫七丝，应请按数拨还，理合登明。

叁·军功奖恤

一、褒奖

667. 请奖出力员弁民团片
同治二年十一月十四日

再，东省连年兵燹，数郡骚然，仰仗天威，得僧格林沁一军，将淄川、白莲池、东昌次第扫荡，厥功甚伟，早在圣明洞鉴。第念本省员弁、兵勇、民团，于淄川等处，亦尚有竭力攻围，节次打仗、堵御之人，故阵亡者经臣随时奏请赐恤，未查出者现在确核汇辨。其前云南提臣傅振邦、前登州镇总兵曾逢年，皆系统带本省兵勇之员，均经僧格林沁具奏给奖在案。其余在事之员弁、兵勇，当准傅振邦、曾逢年咨送及各路统兵官、地方官禀报出力者，臣因各路均未蒇事，迭经先后存记。目下东省全境稍清，臣自维无分寸之功，而员弁、兵勇、民团，当僧格林沁大军未至之先，从征已历有时日，既至之后，亦随同堵剿，迨僧格林沁大军南下之后，搜捕亦有微劳，臣未忍尽令湮没。且南捻时虞蠢动，防剿更自需人。又总兵陈国瑞招安沂属降匪，彼时均畏该总兵威严，权时受抚，实未尽革面洗心。臣访有闻知，惟有不动声色，饬该府县密为布置安辑之方。然此等匪徒，非德可化，终恐尚烦兵力。伏莽未能尽去，兵事尤须讲求。臣为策励人材缓急可用起见，可否仰恳天恩俯准臣将淄川、白莲池、东昌三处出力之员弁、兵勇、民团汇案奏奖。出自逾格恩施，臣未敢擅便，理合附片陈恳，恭候命下遵行，伏乞圣鉴。谨奏。

668. 酌保攻下淄川等处出力文武员弁折[①]
同治三年四月十四日

奏为遵旨酌保淄川、东昌、白莲池、沂州等处出力文武员弁，核实拟奖，开缮清单，恭折仰祈圣鉴事：

窃臣于同治二年十一月十七日奉上谕："淄川等处随同僧格林沁官军剿匪出力之官绅人等，均系著有微劳。惟僧格林沁前次请奖，所部员弁人数无多，原以赏功之典宜从核实。所有淄川等处随同出力各员弁，著阎敬铭择尤汇保，毋许冒滥等因。钦此。"仰见圣明于鼓励戎行之中仍寓综核名实之意，伏读之下，

---

① 有关这类保奖折片较多，今只选淄川等数篇，以为举例，余均删。

钦感莫名。遵即分饬各路带兵大员，核实办理。先后傅振邦、曾逢年、丁宝桢、保德等分别禀核前来。

臣查东省教匪倡乱于兖属，宋逆煽变于东昌，刘逆麇踞于淄川，各路员弁均能奋力堵剿，迭遏凶锋。迨僧格林沁带军东来，复随同克服城寨，奋勉立功。厥后大军南下，搜捕余匪，擒斩共计四五千人。刻下东省全境肃清，尚有微劳足录。惟查僧格林沁所保无多，臣何敢不遵旨从实核拟，以免冒滥。当将各路军营及臣部东治各营存记劳绩各案，细加核阅，其劳绩稍次者，均行悉予汰撤，谨择其尤为出力文武各员弁，分缮清单，详注军绩，恭呈御览。伏恳天恩俯允所请，量加奖励，则该员弁等仰荷恩施，益知感奋，臣亦得缓急可恃以收群策群力之效。

除将各属之阵亡及出力之弁兵、团勇人等，容臣详加核实再行分别咨部办理外，所有遵保淄川等处出力文武员弁，分别核拟，吁恳给奖各缘由，理合恭折具奏。

酌保克复淄川等处出力文员清单六十三员名

谨将淄川、东昌、兖州等处攻剿出力及搜获匪首出力文职各员，开缮清单，恭呈御览。

前济东泰武临道呼震。该员在东昌军营督率有方，不辞劳瘁，拟请交部从优议叙。

试用道林士琦。该员在淄川、东昌前敌军营督队进攻，尤为出力，拟请赏加盐运使衔。

道衔署东昌知府曹丙晖、道衔候补知府李宗岱。该二员均在淄川、东昌两处军营筹兵、筹饷，督饬将士，所向有功，均拟请赏加盐运使衔。

候补知府王继庭。该员攻剿前敌异常出力，秋后搜捕余匪尤为有功，拟请免补知府，以道员用。

奏调来东云南候补知府原选云南县知县龚易图。该员在东昌军营催队攻剿，洞悉戎机，拟请开知县本缺，并赏戴花翎。

知府衔同知直隶州用博山县知县樊文达。该员剿退博山贼匪，并在淄川军营督队进攻，拟请赏戴花翎。

同知衔署济南府同治候补知州陈兆庆、记名同知拣发知州杨济。该二员均在淄川、东昌两处随营攻剿，不避艰险，均拟请赏加知府衔。

候补知县张廷扬，拟请免补知县，以知州遇缺即补。候补知县管晏，拟请补缺后，以同知直隶州用。同知衔候补知县丁堃、同知衔分发知县丁彦臣，均拟请赏加运同衔。以上四员，均在淄川、东昌两处随营催队攻剿，不辞艰辛，实为出力，张廷扬尤为奋勉。

奏调来东湖南尽先直隶州知州惠庆。该员随同臬司丁宝桢在东昌军营督队打仗，身先士卒，尤为出力，拟请免补直隶州，以知府留东补用。

云南定远县知县何亮清，拟请到省后，以直隶州遇缺即选，并赏戴蓝翎。同知衔候选知县刘时霖，拟请免选知县，以同知留东补用，并赏戴蓝翎。同知衔即用知县王成骧，拟请赏戴蓝翎。以上三员，均随臬司丁宝桢在东昌军营率队攻剿，刘时霖搜拿余匪，实属尤有出力。

同知衔山西候补知县仓尔壮，拟请仍归山西候补班前补用。江西试用知县马映奎，拟请仍归原省，不论繁简，遇缺即补。试用知县陈昆兰，拟请以本班尽先即补。委用知县龚葆、署淄川县知县张锡纶、候选知县张荫桓，均拟请赏加同知衔。拣选知县大挑二等白定甲，拟请赏加五品衔。坐选邱县知县陈用宝，拟请留东坐补原缺。已革观城县知县苏汝镜，拟请开复知县原衔。同知衔捐升知县历城县县丞黄咸宝、知县用候补府经历陈文显，均拟请赏戴蓝翎。试用县丞戴杰，拟请本班遇缺即补；委用未入流张光宙，请补缺后以县主簿、州吏目用，均请赏戴蓝翎。以上十三员均在东昌、淄川两处分派各营随办营务，均能随队进剿，奋勉立功，实属尤为出力。

州判董莆、候补县丞裕凯、升用知县分缺先用县丞李熙、候补县丞赵光祖、候补布库大使陈家骏、候补从九品嵇文瀚，以上六员，均在淄川、东昌两处防守营盘，运送军火，均无贻误，均拟请赏加六品衔。

候选从九品朱云钦，拟请免补本班，以府经历县丞留东遇缺即补。附生权执中，拟请赏戴蓝翎。以上二员，在淄川、东昌带队追剿贼匪，昼夜不息，实属奋勇出力。

候补典史刘埙，拟请补缺后以主簿用。分缺先用吏目张履祥，拟请补缺后以府经、县丞用。选用从九品未入流穆宗滨，拟请以从九品分发省分遇缺即补。附贡生赵湜、文生杨树猷、文生赵为淇，均拟请以训导不论双单月遇缺即选。监生李致中、监生雷泽春、监生范景贤、文童李敦信、文童杨培昌，均拟请以从九品不论双单月遇缺即选。俊秀金策西、何翼堂，均拟请以未入流不论双单月即选。武生范景唐，拟请赏给六品顶翎。以上十四员，均在东昌堂邑柳林集、范家寨昼夜带勇督剿宋逆，奋勇立功。

分缺先用知府晏方琦，拟请赏加道衔。试用同知邵琦，拟请归候补班补用。试用州同陈奏勋，拟请归候补班补用。候选县丞孙振翻，拟请分发省分补用。以上四员，均在兖州守城，备历艰辛，奋勉出力。

知府用候补直隶州知州署费县知县王成谦。该员于同治二年七月间，带队攻剿邹县宝泉崮，阵斩逆党数百名，攻破寨圩，擒获教匪头目程四虎及匪首刘希贤、谢玉庭等正法，余党一律解散，曾经奏明在案。该员越境剿匪，搜穴擒渠，实属异常出力。拟请服阕后，免补直隶州以知府留东即补。

知府用候补直隶州署兰山县知县长赓。该员于沂属教匪盘踞之时，带勇越境，悉力扫除，攻克多圩，地方得以安静。现筹善后，搜捕余匪，不遗余力，实为胆识兼伏，尤为出力。拟请服阕后，免补直隶州，以知府留东即补。

同知衔代理邹县知县张体健，同知衔署泗水县知县王其慎。该二员于教匪肆扰之时，均能策励兵勇，堵剿兼施，不遗余力，均拟请赏加知府衔。

同知衔冠县知县孙善述。该员尽力搜捕，擒斩最多，并迭获匪首杨殿申、杨俭等及余党百余名，又协获匪首张广德及朱登峰逆属，实为异常出力，拟请以同知直隶州用，并赏戴花翎。

聊城县知县郑纪略。该员督勇防堵，并密派丁役，购线踩迹，拿获宋逆母妻各逆属，擒匪多名，拟请补缺后以同知直隶州用。

堂邑县知县董槐。该邑为宋逆窝穴，伏匪甚多。该员实力搜捕，擒斩无遗，实为出力，拟请赏加同知衔。

郓城县知县陈烈、东平州知州王锡麟、平阴县知县李澳。以上三员，拿获逆首薛法起、于得成即于四元帅，并协获张广德各等名，又搜捕余匪甚多，均拟请交部从优议叙。

酌保克服淄川等处出力武弁清单八十二员

谨将东昌、淄川、白莲池等处攻剿出力武职各员，开缮清单，恭呈御览。

副将衔署沂州协副将候补参将范正坦，拟请免补参将以副将用。青州满营镶白正蓝旗协领喜昌，拟请赏加副都统衔。蓝翎佐领塔克苏堪，拟请以参领升用，并请赏换花翎。蓝翎防御平云，拟请赏换花翎。已革青州营参将忠顺，拟请开复原官。已革游击衔都司王安邦，拟请开复原官原衔。游击马秉阿，拟请赏还顶戴。都司郭大胜，拟请留东以游击用。守备马春峤、张大富，均拟请以都司用。守备李鹏霄、白云彪、宋保清三员，均拟请以都司升用。守备韩登泰，拟请加游击衔。千总曹正榜，拟请留东以守备用，并加都司衔。世袭云骑尉邱国恩，拟请免报满以守备候补。千总孙杰、罗荣升、胡长胜、傅介寿，均拟请以守备用。守备用千总高登云，拟请以守备尽先补用。骁骑校保塔，拟请以防御尽先补用。前锋达春布，拟请以骁骑校升用。已革千总王世俊，已革把总王庆清、周廷兰，已革骑都尉王汝忠，已革外委阮海龄、姚修，均拟请开复原官。已革外委王连升，拟请开复顶戴。千总王天柱、程楠森，世袭恩骑尉张秉纶，均拟请加守备衔。以上共三十三员，均在淄川、兖州军营带队杀贼，奋勇冲锋，斩馘杀生，尤为出力。

副将陈锡周，拟请以总兵用。参将衔游击王心安，拟请以参将留于山东尽先补用。参将宋延德，拟请赏加副将衔。游击雷显扬、刘汉秀，均拟请以参将用。都司王正起，拟请留东以游击补用。以上六员分带东治、楚勇六营，在东昌、淄川督队剿贼，奋勇打仗，斩馘多名，实能不避矢石，奋勉立功。

游击衔李占春，拟请以游击补用。守备汪宗发，拟请以都司尽先补用。守备衔千总张明有，拟请以守备尽先补用，并加都司衔。蓝翎千总邓占林，拟请赏换花翎，并加守备衔。尽先守备唐文箴、马凌霄，均拟请加都司衔。千总邵开富、金国彦，均拟请以守备尽先补用。蓝翎千总胡占魁，拟请以守备尽先补用，并赏换花翎。世袭云骑尉任金吉，拟请以守备用。千总余全胜、胡泰，均拟请以守备用。把总王萃、王三元、杨正才，均拟请以千总尽先补用。以上十五员均在东昌、淄川军营随队打仗，奋勇立功，实为出力。

四川补用副将冯翊翔，拟请以总兵用。候补游击黄兆升，拟请以参将留于山东尽先补用，并赏加副将衔。蓝翎都司沈玉贵，拟请以游击补用，并赏换花翎。千总刘家兴，拟请以守备留东补用，并赏加都司衔。以上四员，均系分带济安各营，在东昌、堂邑前敌，紧逼贼巢，竭力攻剿，擒获匪馘多名，又分拨各属搜捕余匪，擒斩无数，均属异常奋勉出力。参将莫有升，拟请赏加副将衔。参将戴鸿仁，拟请以参将留东尽先补用。都司冯义德，拟请以游击留东尽先补用。都司周森□，拟请以游击留东补用。都司周茂胜，拟请以游击用。都司许长管，拟请以都司尽先补用。守备刘文彩、张文贵、许有亮、王明亮，均拟请加都司衔。千总师洪亮、吴国勋、杨泗滨、赵德和，均拟请以守备补用。以上十四员，均在东昌、堂邑军营带队冲锋，身先陷阵，奋勇杀贼，实属奋勇出力。

参将柏祥，拟请赏加副将衔。署沙沟营都司姚鸿烈，拟请以游击用。游击衔即补都司冯胜林，拟请免补都司，以游击尽先补用。蓝翎守备杨酉林，拟请赏换花翎。千总武士林、张玉阶、李顺、李维中，均拟请免补千总以守备用。以上八员，均在兖州、东昌军营杀贼立功，奋勇出力。

直隶候补游击刘玉堂，拟请以参将升用。该员协同东阿县知县拿获宋景兰、郭军会等著名逆首三名。

参将何楚隆、都司李友胜，均拟请以原官尽先补用。该二员派令带勇缉拿抗粮围城巨匪王汶训，越境密缉，立即擒获，实属搜捕尽力。

669. 保举攻下淄川人员遵照部议更正折
同治四年二月

奏为陈明部驳保举人员，遵议更正，并劳绩较著之员，仍请分别准照原保，以示鼓励，仰祈圣鉴事：

窃臣前将淄川、东昌军务攻剿出力文武员弁汇案请奖，恭折具奏，于同治三年四月二十二日奉旨允准，当经吏、兵二部恭录知照，钦遵在案。

兹准吏部咨开："山东军务出力各员，有与奏定章程不符，应行驳正，于同治三年十二月初九日具奏，奉旨：'依议。钦此。'"钦遵。抄单知照到臣。查单内称"查照章程，各项劳绩出力保举，除攻克城池擒斩要逆，其余不准保奏免补、免选本班、越级保升、及归候补班补用。湖南直隶州知州惠庆，应俟补缺后以知府用。知县张廷扬，应俟补缺后以知州即补。从九品朱云钦，应俟选缺后，未入流张光宙、吏目张庆祥应俟补缺后，均以应升之缺升用。县丞戴杰，应专归本班尽先补用。所请免补、免选、越级保升及归候补班之处，均无庸议。知县仓尔壮，应声明何项候补。马映奎等五员，应令另行核奖"各等因。

臣查部定章程，原所以分别劳绩等差，考核必求详慎，臣自应遵照办理，以符定制。惟查各员内，惠庆由湖南直隶州知州经升任巡抚臣毛鸿宾奏调，随升任藩司丁宝桢，自楚带勇来东，即在行营前敌打仗冲锋，同治二年七月，阵斩贼蒇李江案内，经臣奏明。知县张廷扬，先在淄川支应局，后派赴东昌魏家湾办运草料，经丁宝桢见其勤干，密派擒捕红旗逆首张洛红，并同惠庆率队搜捕匪逆许先倾等多名，即系臣二年八月二十五日奏明各营搜杀一千余名案内出力之员。从九品朱云钦，先在淄川行营前敌随同攻克淄城，及赴东昌派令管带马队，与佐领塔克苏堪追贼，九月间曾在小井庄杀贼获胜。该员于淄东事竣后，仍令搜捕马贼多名，至今未尝息鞍，均有历次禀报在案。以上三员，系曾经攻克城池，擒斩要逆，核之部定章程，尚属相符。臣前保攻剿出力各员，系汇案列单，是以未经将该三员原案缕述。今奉部驳正，理合详陈。伏恳天恩俯准将该三员仍照原保，惠庆请免补直隶州知州，以知府留东补用；张廷扬请免补知县，以知州即补；朱云钦请免选本班，并请专归府经历留东补用，出自逾格鸿慈。该员等愈知感奋驰驱，臣亦得收指臂之助。至张光宙、张履祥、戴杰三员，应遵照部议更正；邵琦、马映奎、仓尔壮、陈奏勋、孙振翩、穆宗滨等六员，应遵照部议，声明另核请奖。并缮具清单，恭呈御览。

同治四年二月十四日奉到回折："议政王军机大臣奉旨：'惠庆等三员，著仍照阎敬铭原保官阶，给予奖叙。邵琦等六员，著照所请，改给奖叙。余依议。该部知道。单并发。钦此。'"

谨将遵照部议，另行核奖各员，缮具清单，恭呈御览。

试用同知邵琦，守城奋勉出力，请改奖以本班尽先补用。江西试用知县马映奎，随队进剿，奋勉立功，请改奖补缺后以同知即补。知县仓尔壮，随队进剿，奋勉出力，该员系捐纳分发山西试用知县，应请以本班尽先补用。试用州同陈奏勋，守城奋勉出力，请改奖本班尽先补用。候选县丞孙振翩，守城奋勉出力，请改奖归部遇缺即选。选用从九品未入流穆宗滨，查该员前在湖北，于咸丰十一年防守省城出力，经大学士官文等保奏，以从九品未入流不论双单月选用在案，今在淄川、东昌堵剿出力，请改奖以从九品归部遇缺即选。

670. 请奖擢东治营官王心安片
同治四年四月二十六日

再，东省兵勇难恃，实缘将领乏材，择能独当一面者，苦无其选。兹查有东治营参将王心安，自随臣来东两年，尚有知识，才本可造。前经臣派抚峄县大泛口运河，四月十一日遇贼匪万余，该参将以五百人猝当大敌，冲突来往，杀贼百余名，生擒十九名，救出裹胁多名，转战四五十里，官军仅伤亡四人，整队不乱。僧格林沁目击，极将其能。该参将斩馘或功微，其能镇定全军，进退有法，平日治军极为整肃，在东省将领实为出群，亟宜赏不逾时，以励戎伍。相应请旨将参将王心安留东，以副将无论何项缺出，遇缺尽先升补。如蒙俞允，应请明旨宣示，以昭奖励。臣为鼓励人材起见，谨附片陈明，伏乞圣鉴。谨奏。

671. 保奖嘉祥县守城出力各员折
同治四年九月二十六日

奏为遵保嘉祥县御贼守城出力官绅，恭折仰祈圣鉴事：

窃本年五月二十一日，臣附片具奏嘉祥解围，该县竭力固守，以待援师，官绅士民，容臣查明核奖，钦奉上谕："嘉祥县官吏绅民，著阎敬铭即行查明请奖等因。钦此。"当即饬令该管济宁州迅速查明详报，并饬嘉祥县开具拟奖员名籍贯履历，以防冒滥。兹据该州县开册禀请前来。

臣查五月间逆捻大股攻扑嘉祥，该官绅士民等固守十数日之久，齐心矢志，力保孤城。地方官克尽守土之职，绅民亦知敌忾同仇。仰荷恩纶，赏功必速。谨择尤为出力者，具缮清单，恭呈御览。可否俯如臣请以昭奖劝之处，出自天恩。其余五月间济宁等处守城出力官绅，容臣查明续行请叙。至嘉祥各处出力武弁兵丁团勇，即行咨部核奖。所有遵旨保奖嘉祥县守城出力官绅缘由，理合恭折具奏，伏乞皇太后、皇上圣鉴训示。谨奏。

嘉祥守城出力文员保案

谨将嘉祥县御贼守城官绅，开具名单，恭呈御览。

同知衔署嘉祥知县委用知县黄景晟，拟请以知县不论班次遇缺即补，并赏花翎。嘉祥典史汪本镐，拟请赏加六品衔。翰林院五经博士曾广莆，拟请赏加五品衔。候选训导刘成章，拟请以训导遇缺尽先即选。候选县丞李存廉，拟请以县丞遇缺尽先即选。候选教谕李启泰，拟请以教谕遇缺即选。理问衔候选训导曾毓镡、候选训导张裕德，均拟请以教谕尽先选用。候选府经历李春泽，拟请以府经历尽先选用。增贡生王省巳、廪生王秀升、文生刘楷、文生董晋华，以上四员，均请以训导选用。监生曾昭吉、从九品衔张雨阡、从九品衔陈向春、监生崔允聚、六品军功朱宝森，以上五名，均请以从九品选用。

672. 济宁大营粮台出力委员恳予奖励折
同治四年十一月

奏为济宁大营粮台事竣，酌保尤为出力委员，恳恩分别奖励，恭折奏祈圣鉴事：

窃照前钦差大臣亲王僧格林沁统兵剿贼，由山东省备办粮台，当在济宁州安设分总各局，调派委员分司供支，迨后大营移驻河南，历在皖、楚、豫、东四省地方往来追剿，各局亦随营移地节节跟踪前进。溯自咸丰十年冬间起，至今时阅五年，在事各员，或综司文案，或经管银钱，或管办粮草、军械及车马人夫等项，历经寒暑，不避艰危；且能杜弊省费，颇效指臂之助。嗣将粮台裁撤，改设报销局，复令查核销算收支各款，业经一律清楚。查同治元年截办初二两次报销事竣，经前抚臣谭廷襄开单请奖；二年，因随剿出力，经僧格林沁褒奖。迄今又阅两年，将粮台通案事务清理完竣，各该员始终勤奋，核与部议当差二年准予褒奖章程相符。除将其次各员由外酌奖外，兹将尤为出力员名，谨缮清单，敬呈御览。合无仰恳天恩俯赐分别给予奖励，出自逾格鸿施。

至总办粮台兖沂曹济道卢朝安，办事勤勉，供支无误，并知节省，积存钱粮；该道系记名臬司大员，应如何奖叙之处，未敢擅拟，恭候钦定，合并声明。为此恭折具奏，伏乞皇太后、皇上圣鉴。谨奏。

谨将济宁粮台出力各员，敬缮清单，恭呈御览。
山东奏留蓝翎河南候补知府盛桂林，请俟补缺后以道员用。

蓝翎知州衔知县用候补县丞邵玉如、五品衔知县用候补县丞王启宇，均请赏加运同衔。

五品蓝翎指分山东试用通判袁兰祥，请俟补缺后以知州用。

附贡生卢华杰，请以训导不论双单月遇缺尽先即选。

书识候选从九品郭培镜、县丞用候选从九品刘寅东，均请俟选缺后以应升之缺升用。

673. 酌保省城军需总局各员折

同治五年六月二十八日

奏为酌保省城军需总局委员，恳予奖励，以昭激劝，仰祈圣鉴事：

窃照山东省城历年设有筹防、支应、军械、捐输、厘税、军火各局，名目纷繁，稽查不易。臣到任后，因军务尚未告竣，于同治三年春间，与司道核议，将各局归并一局，名为军需总局，委正佐各员分任其事，委候补道员总办其要，由司道总核其成，裁其冗员，去其浮费，较前稍有条理。其随营粮台给发防剿马步兵勇口粮，亦由局支应，仍责成原办之员一手经理。至各营所需军火较多，且时须协拨他省，亦令该员督率制办，用过价值，与支应各项一并依限核实报销。计自是年正月为始，迄今两年有余，各员于应管事宜，均能认真经理，并无贻误，应办报销，亦经分年分案次第核办，经臣另为核奏在案。该员等矢勤矢慎，尚属著有微劳。且时逾二年，与部定请奖章程相符。据司道等择其尤为出力者，酌拟奖叙，具详请奏前来。臣复加查核，并将所请较优及劳绩稍次者酌加删改，谨另缮清单，可否仰恳天恩给予奖励之处，出自逾格鸿慈。所有酌保省城军需总局委员缘由，谨恭折具奏。

同治五年七月十四日奉到回折："军机大臣奉旨：'该部议奏，单并发。钦此。'"

谨将山东军需总局尤为出力委员，拟请奖叙衔名开具清单，恭呈御览。

济南府知府萧培元。该员承办各局，勤廉率属，历年督造军火，接济各路军营，撙节著实，均无贻误。

花翎盐运使衔候补知府李宗岱。该员提调各局，兼理营务，支应通省粮饷军火，并于攻剿吃紧时，督运前敌，源源接济，现又办结支应报销八案，尤为精核。

候补知府王继庭。该员前以道员总理营务，立局之初即总办一切，筹兵饷、办捐、办厘，任怨任劳，精详勤能，居心廉正，办理两年，诸务就绪。

以上三员均拟请以道员用。

同知衔历城县知县陶绍绪，拟请赏加知府衔。该员承办各局，矢勤矢慎，二年无懈。

同知衔坐补邱县知县陈用宾，拟请赏加运同衔。候补知县周毓南，拟请赏加同知衔。蓝翎运同升用同知直隶州候补知县丁堃，拟请赏换花翎。尽先补用县丞戴杰，拟请补缺后以知县用。以上四员，办理前敌支应粮饷、军火，冲锋冒险，接济攻剿，毫无贻误。

大挑知县郝值恭，拟请归本班尽先遇缺即补。该员办理厘务，剔除积弊，筹办本省军火，并协济邻省，均无贻误。

同知衔候补知县增瑞，拟请赏加运同衔。同知衔在任候选知县历城县典史王恩湛，请以知县留东补用，仍令缴三班分发银两。该二员监制军械火器，昼夜督工，全省军营借利攻剿，兼能接济庆阳等处军火。

蓝翎知府衔莒州知州陈兆庆，拟交部从优议叙。该员办理全省历年奖恤各案，积牍一清。

同知衔陵县知县樊维垣、同知衔武城县知县盛洪钧，拟请交部从优议叙。该二员筹办军械多年，嗣设总局，复奉委制运各营军火。

大挑知县王廷锦，拟请赏加同知衔。题补曹县知县刘大壮，拟请交部从优议叙。六品衔补用巡检嵇文瀚、候补从九袁锜，均拟请俟补缺后以县丞用。升缺升用分缺先州吏目张履祥、新班遇缺补用典史陈兰、升补典史汪文彦，均拟请赏加六品衔。该七员分办厘务，公正廉勤，日有起色，借资军饷。

候补县丞陈曾守，拟请以本班遇缺即补。该员管理军火，于防守吃紧之际，昼夜驻守火药局，不辞劳险。

书吏徐化明、刘仙航、艾方培、王钧、郭梦龄、杨文林、刘纪云、扈坊、王金兰、武春池，均拟请以从九品不论双单月选用。该书吏等承办军务紧要文件，并办结报销八案，始终奋勉。

尽先守备左哨千总杨攀桂，拟请以都司用。该备随营防剿，侦探贼情，护运军火粮饷，不辞艰险。

二、旌恤

674. 署峄县知县阵亡请立专祠折
同治二年八月三十日

奏为知县阵亡，忠勇卓著，恳恩准于死事及原籍地方建立专祠，并将阵亡勇役一并附祀，仰祈圣鉴事：

窃臣于七月十三日，业将署峄县知县张振荣剿匪阵亡，附片奏明，十八日奉旨："张振荣著交部从优议恤。钦此。"当经恭录转行钦遵在案。

兹据兖沂曹济道卢朝安详称：署峄县知县张振荣，前任台庄县丞，即能不避艰险，剿贼立功。迨升署峄县，益加奋勉，防剿南捻，固守城池，擒歼棍匪，攻破贼寨，并将最险之云谷山贼巢平毁。自咸丰十一年十月署任日起，迄今殉难之日止，与捻、棍、幅各匪接仗四十余次，斩获匪首及羽党不下数千人，皆该员亲冒矢石，冲锋陷阵。

本年六月间，又在恶石口迤南光光泉地方，以众寡不敌，力竭受伤倒地，尤复骂贼不屈，持刀跃起，手刃数贼，与勇役赵文元、韩秉兰、刘春、孙保田、于得功等一同被害。该员身受多伤，洞胸断膊，割裂唇耳，极为惨酷。阖邑绅民，纷纷哭奠，呈恳建祠等情，并据该道将该员战功四十余次，开折呈送前来。

臣详加复核。该员平素居官，民情爱戴；历年苦战，忠勇著称；临难忘身，至死不屈，洵为文员中罕见之才，殊堪庙食一方，以从民望。为此仰恳天恩准将直隶州用署峄县知县张振荣，在于死事及江苏丹徒县原籍地方，各建立专祠，并同时阵亡勇役赵文元等一并附祀，出自逾格鸿施。除将该员履历、事实咨部查照外，理合恭折具奏。

675. 莱州府属阵亡绅团并殉难妇女请旌恤折
同治二年七月十五日

奏为查明莱州府属阵亡绅团丁勇并殉难妇女，吁恳分别旌恤，恭折具奏仰祈圣鉴事：

窃照咸丰十一年秋间，南捻窜扰山东，所有被害男妇，经前抚臣谭廷襄分饬查报，已将登州府属阵亡绅团并殉难妇女，奏请旌恤在案。兹据莱州府属之掖县、平度、潍县、昌邑、胶州、高密、即墨等七州县查明阵亡团长有职衔者二百二十员名，无职衔者四十三名，阵亡丁勇八千六百九十三名，殉难妇女三千六十四口，由筹防局司道核明，分别造册，具详请奏前来。臣复查无异。合无仰恳天恩俯准敕部将阵亡有职衔之团长，照阵亡例从优议恤；无职衔之团长，照武生阵亡例议恤；阵亡丁勇一并议恤，并准其入祀昭忠祠。至殉难妇女，均请照例旌表，建立总坊，并入祀节孝祠，以广皇仁而彰节义。除将各册咨部，并饬查未到各属另行核办外，理合恭折具奏。

同治二年八月初三日博平行营奉到回折："议政王军机大臣奉旨：'均著照所请，分别旌恤。钦此。'"①

676. 青州府属阵亡绅团并殉难妇女请旌恤折
同治二年十一月十九日

奏为查明青州府属阵亡绅团并殉难妇女，吁恳分别旌恤，恭折具奏仰祈圣鉴事：

窃照咸丰十一年秋间，南捻窜扰山东，各属被害男妇迭经分饬查报，已将登州、莱州两府之阵亡绅团并殉难妇女，先后奏请旌恤在案。兹据青州府属之益都、博山、临淄、博兴、高苑、乐安、寿光、昌乐、安邱、诸城等县查明，堵剿南捻，阵亡团长有职衔者一百二十九员名，无职衔者五十八名，阵亡团丁七千八百三十五名，殉难妇女一千五百六十二口，由筹防局司道核明，分别造册，具详请奏前来。臣复查无异。合无仰恳天恩俯准敕部将阵亡有职衔之团长，照阵亡例从优议恤；无职衔之团长，照武生阵亡例议恤；阵亡团丁一并议恤，均准其入祀昭忠祠。至殉难妇女均请照例旌表，建立总坊，并入祀节孝祠，以广皇仁而彰节义。除将各册咨部并饬查未到各属另行核办外，理合恭折具奏。

677. 省西各属阵亡绅团并殉难妇女请旌恤折
同治二年十一月十九日

奏为查明省西各属阵亡绅团并殉难妇女，吁恳分别旌恤，恭折具奏仰祈圣鉴事：

窃照咸丰十一年间省西各属教匪滋事，其间被害男妇，迭经分饬查报。兹据聊城、堂邑、博平、莘县、冠县、寿张、濮州、

---

① 此类回折朱批，大致相同，仅采一条，余皆删。

朝城、临清、邱县等州县，查明剿匪阵亡之团长有职衔者六十员名，无职者二十八名，阵亡团长二千一百五十三名，殉难妇女一百五十八口，由筹防局司道核明，分别造册，具详请奏前来。臣复查无异。合无仰恳天恩俯准敕部将阵亡有职衔之团长，从优议恤；无职衔之团长与阵亡团丁，分别照例议恤，均准其入祀昭忠祠。殉难妇女均请照例旌表，建立总坊，并入祀节孝祠，以广皇仁而彰节义。除将各册咨部并饬查未到各属另行核办外，理合恭折具奏。

678. 淄川阵亡绅团并殉难妇女请旌恤折

同治三年三月二十五日

奏为查明淄川县阵亡绅团并殉难妇女，吁恳天恩分别旌恤，恭折奏祈圣鉴事：

　　窃照淄川一县，被扰年余，其城乡被害男妇，或杀贼捐躯，或守贞死难，均属克全节义，未便任其湮没不彰。臣于克服后，即饬地方官详细查报。兹据署淄川县知县张锡纶查明阵亡绅士董珍等十七名，阵亡团丁五百八十四名，殉难妇女二百七十口，由军需总局司道核明造册，详请具奏前来。臣复核无异。合无仰恳天恩俯准敕部将阵亡绅士董珍等从优议恤，阵亡团丁同殉难妇女，分别照例旌恤，以广皇仁而彰节义。除俟续有查出另行办理并将册咨部外，理合恭折具奏。

679. 临清州殉难绅团妇女请旌恤折

同治三年七月十五日

奏为查明临清州殉难绅民、妇女，吁恳天恩分别旌恤，恭折具奏仰祈圣鉴事：

　　窃照咸丰四年间，临清州城失陷以后，殉难男妇数以万计，历任抚臣迭饬地方官设局详查，期无遗漏。兹据陆续查明殉难官绅五十六员名，殉难团丁八千七百三十一名，殉难妇女七千六百四十一口，由军需总局司道核明，分别造册，详请具奏前来。臣查该绅民、妇女，于城陷之际，或从容尽节，或慷慨捐躯，均属深明大义，未便任其湮没。合无仰恳天恩俯准敕部分别照例旌恤，以广皇仁而彰节义。除册咨部外，理合恭折具奏。

680. 文生杨鸣谦阵亡请建立专祠折
同治三年七月十五日

奏为文生办团剿匪阵亡，请旨从优赐恤，并准其建立专祠，恭折奏祈圣鉴事：

窃据东昌府知府曹丙辉督同堂邑县知县董槐禀称：自咸丰十一年春教匪滋事以后，该县柳林团团总文生杨鸣谦，刚直勇敢，屡挫贼锋。同治元年冬，降众张锡珠等迭次窜扰，杨鸣谦率丁堵剿，始终相持，为贼所畏。二年春，逆匪宋景诗百计诱胁，屹然不屈。迨三月二十四日，宋逆率众直薄柳林，杨鸣谦列队与战，力竭阵亡。今里人追感其捍患之功，痛惜其死事之惨，公恳请予优恤，并准士民建立专祠等情，由军需总局司道核明，具详前来。

臣查杨鸣谦捐躯就义，捍卫有功，洵属可嘉可悯。合无仰恳天恩俯赐将堂邑县阵亡团总文生杨鸣谦追赠府经历，饬部从优议恤，并准其建立专祠，同时阵亡团丁并殉难妇女一并附祀，以彰节义而顺舆情。为此恭折具奏。

同治三年七月二十七日奉到回折："议政王军机大臣奉旨：'杨鸣谦著照府经历阵亡例交部从优议恤，并准其建立专祠，阵亡团丁等一并附祀。钦此。'"

681. 东昌府属阵亡绅团并殉难妇女请旌恤折
同治三年八月初一日

奏为查明东昌府属阵亡绅团并殉难妇女，吁恳分别旌恤，恭折奏祈圣鉴事：

　　窃照咸丰十一年暨同治元年，东昌府属被害男妇，业经臣分饬查报两次，汇案奏请旌恤。兹又据该府所属之聊城、堂邑、茌平、清平、莘县、馆陶、冠县、高唐、恩县等州县查明，该两年暨同治二年阵亡团长，有职衔者九十二员名，无职衔者三十八名，阵亡团丁二千六百九十四名，殉难妇女一百三十口，由军需总局司道核明造册，具详请奏前来。臣复核无异。合无仰恳天恩俯准敕部将阵亡团长从优议恤，阵亡团丁同殉难妇女分别照例旌恤，以广皇仁而彰节义。除将各册咨部并饬查未到各属另行办理外，理合恭折具奏。

682. 济南府属阵亡绅团并殉难妇女请旌恤折
同治三年十月十六日

奏为查明济南府属阵亡绅团并殉难妇女，吁恳分别旌恤，恭折奏祈圣鉴事：

　　窃照咸丰十一年秋间，南捻窜扰山东，蹂躏甚广，业将登、莱、青等属被害男妇先后奏请旌恤，声明未报之处，饬查另办。兹据济南府属之历城、章丘、邹平、长山、齐东、长清、德州、德平等州县查明，是年秋间阵亡团长，有职衔者六十五员名，无职衔者四十七名，阵亡团丁六千六百四十七名，殉难妇女一千九百六十七口，由军需总局司道核明造册，具详请奏前来。臣复核无异。合无仰恳天恩俯准敕部将阵亡团长从优议恤，阵亡团丁同殉难妇女分别照例旌恤，以广皇仁而维风化。除将各册咨部并饬查未到各属另行办理外，理合恭折具奏。

683. 阵亡官绅兵勇及殉难妇女请旌恤折
同治四年三月二十七日

奏为查明阵亡官绅兵勇并殉难妇女，吁恳分别旌恤，恭折奏祈圣鉴事：

窃照军兴以来，各属阵亡绅团并被害妇女，迭经汇案奏请旌恤，未报之处，仍饬随时查报。兹据各营查明阵亡守备杨春华等八员，阵亡马守兵六十九名，阵亡勇丁九十八名；又博山县阵亡团长武生王保清等十九名，阵亡团丁一百八十三名，殉难妇女三十五口；又淄川县阵亡团丁四名，由军需总局司道核明造册，详请具奏前来。臣复查无异。相应请旨敕部将阵亡守备杨春华等、阵亡武生王保清等一并从优议恤，阵亡兵勇、团丁同殉难妇女分别照例旌恤，以广皇仁而彰节义。除催查未报各属另行办理并将各册咨部外，理合恭折具奏。

684. 兖州府属阵亡团绅并殉难妇女请旌恤折
同治四年三月二十七日

奏为查明兖州府属阵亡绅团、兵勇并殉难妇女，吁恳分别旌恤，恭折奏祈圣鉴事：

窃照同治元年，兖州府属迭被匪扰，其阵亡殉难男妇，屡经檄饬查报。兹据曲阜、邹县、泗水、峄县、汶上、寿张等县查明阵亡团长有职衔者八十五员名，无职衔者三十名，阵亡团丁四千四百七十名，阵亡兵勇二十一名，殉难妇女一千七十口，由军需总局司道核明造册，详请具奏前来。臣复核无异。相应请旨敕部将阵亡团长从优议恤，阵亡团丁、兵勇同殉难妇女分别照例旌恤，以广皇仁而维风化。除将各册咨部并饬查未报各属另行办理外，理合恭折具奏。

685. 沂州府属阵亡绅团并殉难妇女请旌恤折
同治四年闰五月初九日

奏为查明沂州府属阵亡绅团并殉难妇女，吁恳分别旌恤，恭折奏祈圣鉴事：

窃照咸丰十一年间，沂州府属被棍幅各匪迭次滋扰，其阵亡殉难男妇，屡经檄饬查报。兹据兰山、郯城、费县、莒州、蒙阴、沂水、日照等州县查明阵亡官绅三十员名，阵亡团长三十二名，阵亡团丁一千九百七十五名，殉难妇女一百七十口，由军需总局司道核明造册，详请具奏前来。臣复核无异。相应请旨敕部，将阵亡官绅、团长从优议恤，阵亡团丁同殉难妇女分别照例旌恤，以广皇仁而维风化。除将各册咨部并饬查未报各属另行办理外，为此恭折具奏。

686. 曹州府属阵亡绅团并殉难妇女请旌恤折
同治四年六月二十七日

奏为查明曹州府属阵亡绅团并殉难妇女，吁恳分别旌恤，恭折奏祈圣鉴事：

窃照咸丰十年及十一年间，曹州府属捻匪、土匪迭次滋扰，其阵亡殉难男妇屡经檄饬查报。兹据菏泽、单县、成武、曹县、定陶、巨野、郓城、濮州、观城、朝城等州县查明阵亡官绅一百〇七员名，阵亡团长三十三名，阵亡团丁四千五百〇五名，殉难妇女二百九十九口，由军需总局司道核明造册，详请具奏前来。臣复核无异。相应请旨敕部将阵亡官绅团长从优议恤，阵亡团丁同殉难妇女分别照例旌恤，以广皇仁而维风化。除将各册咨部并饬查未报各属另行办理外，为此恭折具奏。

687. 泰安武定两府阵亡绅团并殉难妇女请旌恤折
同治四年九月初二日

奏为续经查明泰安、武定两府属阵亡绅团并殉难妇女，吁恳分别旌恤，恭折奏祈圣鉴事：

窃照咸丰十一年间，东省各属被逆捻并本地土匪肆窜滋扰，所有阵亡殉难男妇，经臣迭次查明，奏请分别旌恤。兹又据泰安、肥城、新泰、莱芜、东阿、平阴、惠民、蒲台等县查明阵亡团长有职衔者八十八员名，无职衔者一百〇三名，阵亡团丁六千三百五十三名，殉难妇女一千三百三十四口，由军需总局司道核明造册，详请具奏前来。臣复核无异。相应请旨敕部将阵亡团长从优议恤，阵亡团丁同殉难妇女分别照例旌恤，以广皇仁而维风化。除将各册咨部并饬查未报各属另行办理外，为此恭折具奏。

688. 伤亡弁兵请恤折
同治四年十月二十九日

奏为查明伤故武弁阵亡兵勇，吁请恳恩恤，恭折奏祈圣鉴事：

窃照咸丰十一年并本年春间，东省防剿南捻、教匪，各营阵亡伤故武弁兵勇，屡经檄饬查报。兹据各营查明伤亡千总李玉山、在防病故尽先都司候补把总蔡凤池各一员，阵亡马兵三十八名，守兵二百三十六名，勇丁二百四十四名，由军需总局司道核明造册，详请具奏前来。臣复核无异。相应请旨敕部将伤亡千总李玉山等分别从优议恤，阵亡兵勇照例议恤，以广皇仁而彰忠义。除饬催未报各营另行办理并将各册咨部外，为此恭折具奏。

689. 滕县阵亡绅团并殉难妇女请旌恤折
同治五年四月二十六日

奏为查明滕县阵亡绅团殉难妇女，吁恳分别旌恤，恭折奏祈圣鉴事：

窃照东省自咸丰十年至同治三年，迭被捻教、土匪滋扰，所有阵亡殉难绅团、妇女迭经奏请恩准分别旌恤。兹又据滕县查明阵亡团长五十九员名，阵亡团丁二千三百一十三名，殉难妇女一千七百二十八名口，由军需局核明造册，详请具奏前

来。臣复核无异。合无吁恳天恩俯准敕部将阵亡团长从优议
恤，阵亡团丁同殉难妇女分别照例旌恤，以广皇仁而慰忠节。
除将各册咨部并饬查此外各属如有遗漏，另行办理外，理合恭
折具奏。

690. 东平州泰安县阵亡绅团并殉难妇女请旌恤折

同治五年五月十一日

奏为查明东平州、泰安县阵亡绅团并殉难妇女，吁恳分别旌恤，
恭折奏祈圣鉴事：

　　窃照东省自咸丰十年、同治三年迭被捻教、土匪滋扰，所有
阵亡殉难绅团、妇女，迭经奏请恩准分别旌恤。兹又据东平州查
明阵亡绅士二十九员名，阵亡团长十二名，阵亡团丁三百一十二
名，殉难妇女一百八十二口；泰安县殉难妇女五十四口，由军需
总局司道核明造册，具详前来。臣复核无异。合无吁恳天恩俯准
敕部将阵亡团长从优议恤，阵亡团丁同殉难妇女分别照例旌恤，
以广皇仁而慰忠节。除将各册咨部并饬查此外各属如有遗漏，另
行办理外，理合恭折具奏。

691. 吉胜东治两营阵亡员弁请恤片

同治五年五月十四日

　　再，捻匪迭扰东疆，各军时加剿击，所有临阵冲锋伤亡弁
勇，臣时饬各该营查明禀报，汇为奏恤。兹据吉胜营已革总兵杨
飞熊报称，该营迭次剿捻阵亡蓝翎把总朱启胜，蓝翎把总张永
年，千总谢大旺，把总白得荣，蓝翎把总廖正祥，外委宋元福、
王连荣、徐得胜、李占魁、靳正祥、赵得胜，从九钱心田共十二
元名；又据东治营副将王心安报称，该营迭次剿捻阵亡蓝翎防御
讷莫善，花翎都司衔守备姚万顺，蓝翎守备谢东海，千总尤炳
□、郭其才，五品衔蓝翎把总郑开松、刘奎，蓝翎外委李永祥，

外委汤荣恒、戴九成、陈金玉、桂荣生，蓝翎候选主簿聂笙成，候选从九杨培昌等共十四员名，恳请奏恤前来。臣查该员朱启胜等，临阵捐躯，均堪悯恻。合无仰恳天恩俯准饬部照例议恤，以慰忠魂。理合附片陈明，伏乞圣鉴。谨奏。

692. 日照县殉难绅民妇女请旌恤片
同治五年六月初二日

再，臣于上年接准都察院咨："同治五年五月十二日奉上谕：'山东举人许维榕等呈报之贡生郭铭德等或慷慨捐躯，或从容就义，均堪悯恻。著该衙门按照单开，移咨该抚，迅速查明，奏请旌恤等因。钦此。'"并准都察院开单移咨到臣，当经钦遵转饬查办。

兹据日照县查明单开殉难绅民、妇女名氏，有与已经请恤各案重复者，或音同字异，或缮写错误，内已请恤绅民五百九十四员名，妇女四十三口，未请恤绅民六十四员名，妇女二十一口，由军需总局司道复核明确，分别已、未请恤花名，造具明晰清册，详请复奏前来。臣复核无异。合无仰恳天恩敕部将未经请恤殉难绅民六十四员名，妇女二十一口分别照例旌恤，以广皇仁而维风化。除各册分别咨送吏、礼二部暨都察院外，理合附片具奏，伏乞圣鉴训示。谨奏。

693. 曹州府属阵亡绅团并殉难妇女请旌恤折
同治五年七月二十九日

奏为查明曹州府属阵亡绅团殉难妇女，恳恩分别旌恤，恭折奏祈圣鉴事：

窃照东省自咸丰十年以后，迭被捻教、土匪滋扰，所有阵亡殉难绅团、妇女，迭经奏奉恩准分别旌恤。兹又据曹州府属之菏泽、成武、曹县、定陶、巨野、郓城、濮州、范县等州县查明，

同治四年二、三月间，南捻窜扰时，阵亡有职衔团长二十五员
名，无职衔团长四十八名，团丁一千一百八十九名，殉难妇女九
十八口，由军需总局司道核明造册，详请具奏前来。臣复核无
异。合无仰恳天恩勅部将阵亡各团长从优议恤，阵亡团丁同殉难
妇女分别照例旌恤，以广皇仁而维风化。除将各册咨部并饬查此
外各属如有遗漏另行办理外，理合恭折具奏。

694. 阵亡伤故弁兵议恤折
同治五年八月三十日

奏为查明阵亡伤故武弁、兵勇，吁恳天恩勅部分别议恤，恭折具
奏仰祈圣鉴事：

　　窃照东省历年办理防剿各营阵亡伤故武弁、兵勇，屡经臣檄
饬确查具报。兹据各营查明阵亡六品顶戴经制外委马全章，把总
刘太平，外委张廷焕、冷永龄、邓宏发，伤亡蓝翎外委卓如升，
外委王洪昌，在防病故五品蓝翎千总王承业八员，阵亡兵勇三百
四十名，由军需总局司道核明造册，详请具奏前来。臣复查无
异。合无吁恳天恩勅部将阵亡伤故外委马全章等分别从优议恤，
阵亡兵勇照例议恤，以广皇仁而昭忠节。除清册咨部外，为此恭
折具奏。

695. 第十七次查明东省阵亡殉难绅团妇女请旌恤折
同治五年十一月初九日

奏为第十七次查明东省阵亡殉难绅团、妇女，恳恩分别旌恤，恭
折奏祈圣鉴事：

　　窃照东省自咸丰十年以后，迭被捻教、土匪滋扰，所有阵亡
殉难绅团、妇女，业经奏奉恩准分别旌恤十六次。兹据军需总局
司道第十七次查明同治四年二、三月间，南捻窜扰兖、沂、济宁
等府州所属曲阜、邹县、汶上、寿张、兰山、郯城、嘉祥、鱼台

等处，阵亡有职衔团长七员，无职衔团丁一千一百二十一名，殉
难妇女一百九十九口，分别造册，详请具奏前来。臣复核无异。
合无仰恳天恩敕部将阵亡各团长从优议恤，阵亡团丁同殉难妇女
分别照例旌恤，以广皇仁而维风化。除各册咨部并饬确查如有遗
漏另行办理外，为此恭折具奏。

附编：通饬批牍

1. 通饬裁撤勇粮
同治二年八月十七日

　　照得本署部院自履任以来，访知东省州县各事多有出于寻常
定例之外者，而其尤甚莫如勇粮一事。本署部院周历数省，从未
见有州县开销勇粮。乃自到东以来，接阅各属禀牍，贼氛尚在一
二百里外，则已任意铺张，赶请添募壮勇。虽经前院批饬自行筹
办，本署部院前此在省接见州县，询知亦有一二能知自爱之员筹
款捐办，不请开销，深可嘉尚。其余各牧令狃于积习，或以无报
有，以少报多，或以暂报久。尤为巧者，明知专案禀请必遭驳
饬，则于叙述情形禀内带叙募勇一语，随后又禀请裁撤，以为既
经撤勇，则前此之募勇可知，蒙混含糊，自谓业经禀明有案。该
牧令等亦知此款司库断难照发，不过存此名目，列入交代抵案之
中，以为蒙混弥缝缪辀狡赖之计，以至省城交代局积至数年之
久，数百案之多，即因此项勇粮争辩纷纭，不能了结一案。此等
不肖肺腑劣官劣幕，私诩得计，吏治之坏，国势之亏，皆由于
此，实堪痛恨。岂知国家定例，本无州县勇粮一条，将来固难于
奏销。即谓由外筹补，现在东省各项筹补之款，积至数十百万，
以致在官应发之项，一概不能支给，已属苦累万分，更于何处另
作筹补之法。似此内不能销、外不能补之款，犹复藉端浮冒，通
省皆然，徒为不肖之徒开一无极无止莫大弊窦。本署部院断不能

容此等恶习稍开亏移侵蚀之门，更不容有此等劣员施其巧诈侵挪之技。此后各属禀报勇粮，除奏明有案者暂为照办外，其余一概永远停止。

该牧令等本有地方之贵，一旦有警，应如何竭力守御，各视其力量所能为，即使有力雇勇，亦地方应办之事，不必哓哓具禀。如有仍染旧习具禀尝试者，即行撤参。倘有侵挪钱粮，并将勇粮列入交代等弊，立即专案严参，庶可杜积弊而昭核实。虽似因噎废食，实出于万不得已之苦衷。该牧令等勿谓言之不早也。除咨会三镇通饬各营遵照外，合行札饬。札到，该司道等立即分别饬属一体照办毋违。此札。

2. 通饬整顿吏治
同治二年十一月初九日

照得本署院下车之始，适值贼氛充斥，锐意治军，未暇整顿吏治。目下逆踪已靖，东昌各属均尚安谧，本署院即日回省，定将整顿地方事件次第举行。细察东省致乱之由，固属民情刁悍，易于煽动，然究其始，实由地方官不能以身率教，以折服其心，迨至激成事端，遂皆诿罪于民。该地方官试扪心自问，其果能事事无愧于吾民乎！夫父兄之教不先，子弟之率不谨，民间故有恶习，本性岂尽无良。乃为民父母于居心行事，既不能酌理准情，使有观感，又于出令之闲，出尔反尔，先示不信于民，以启其争利之端。及百姓抚不受命，又须关顾自己考成，不能不俯顺舆情，冀以含糊弥缝了局。官不自重，民乃益骄。禁以令谓不足听，示以威谓不足畏，骚然群动，变益加厉。始则抗纳钱漕，继则挟制官长，不可驾驭，不可收拾，浸至酿为叛逆，至于今日。为民上者，安能辞咎。今幸天心厌乱，渐次肃清，而余匪在逃，民气未靖，此正励精图治之时也。

本署部院以负罪之人，忝任封圻，惟有饬躬率属，悉心求治。各牧令为亲民之官，更当力挽颓习，痛改前非。其要先将"利"字一关打破，事事从心术上做起。一切兴利去弊，除暴安良，皆须力求真实。尤宜廉洁自爱，毋令见轻于民。勿尚浮华，勿耽安逸，勿图巧诈，勿占便宜，勿专利身家，罔知世乱民艰。不必高谈经济，空言无补；不必标奇立异，更易旧章。本署部院诚以待人，亦欲人以诚相告。近阅各处所来之禀报，率云若何振刷精神，若何整顿事务，处处周密，亦觉动听，本署院密访各属，尚无人能自践其言者。言与行违，最是官场恶习。更有率意报销，浮开用费，遇有差使争占便宜。此虽积习使然，实属争利取巧，上下相蒙，朋僚互争，大为人心风俗之忧。合行札饬。札到，该司道府即行通饬所属，自饬之后，务宜自爱身名，各立志节。须知当世之乱，皆贪官俗吏鄙夫利徒之所酿。本署院不循资格，不论科甲、捐纳，一体相视。但能洁己爱民，事事真实勤恳，即为循吏，定行优奖。若仍蹈故习，惟便利之是图，不求真实，本部院决不袒护属员，致使民不安生，大乱无已，定予严参，以起时弊。各宜懔遵毋违！此札。

3. 批淄川令张锡纶禀
同治二年十二月二十二日

据禀已悉。催科之法，惟有尽心民事，输将自然踊跃。孟子所谓"善政得民财"也。淄民惊魂甫定，即完正供，不可谓非民情之厚。该令其自正自勤，俾民不致轻官，则官法可行，政事可立，切勿专图自便自利。吏道之堕，心术之坏，至今已极。刘逆之乱，何尝非官养成之。本部院无过求于该令，能力反寻常贪诈昏庸之习，庶几近之。该令勿趋于能，而知真实为万事之本，乃可与言吏道。此缴。

4. 批峄县令蒋庆篯禀①

民穷则乱，时事所迫。治之者，惟有事事力求便民，事事不扰之策。民甫归来，力行保甲，清财赋之原，弭盗贼之薮，皆在于此。团练非不可用，要在官举善士以为乡长、团首，力行守望相助之法，严禁派费私饱，力防聚众互争，庶有团之利，无团之害。吏胥严为约束，人证少为羁押，讼狱早为清结。遇事躬亲，随时勤厉。其要尤在将"利"之一字关头打破。灾缓无含混之处，田赋无欺饰之由。此本部院日夕切告，非有深求高远之言也。该令之弟，为吏齐鲁，尚称不俗。该令之资，不患不能，而患不实。其力矫流俗，无负取名之义，而思竞爽焉。缴。

5. 批费县令王成谦禀

同治三年二月二十二日

据禀捕获王得胜等十六名犯正法已悉。该令诘奸除暴，深为可嘉。年尾春初，逃回者应不少。该令务于此时用意用力，以期渐断根株。为政之要，首在得人。东省团总固有强横者，要未必无忠信。民之恨官久矣，团练兴民乃得而反之，畏之者又欲尽行去团。是欲与民离心离德，焉能已乱。该令有勇往之才以除暴，尤必有廉正之节，明惠之症，处处安人便民，择地方善士为乡长、里首。本部院另札颁行保甲章程，该令与费之善士仿而行之，耐烦吃苦，以靖乱萌，勿沽名，勿嗜利，以为持身之本，切实讲求政刑，俾闾阎安乐，赋税踊跃。以该令有从政之才，奏明留署，深望转移风俗，修明政事，其毋自书！此缴。

---

① 此件无时间。

6. 批高唐州张牧禀

同治三年三月初四日

据禀拿获积贼彭六缘由已悉。知于听断缉捕用心，乃可从政。缉捕不能不用干役，防其讹诈，防其养贼，该牧务为善用。何以善用？一曰重赏，一曰严刑。该州去年下忙钱粮，现据另文解到，计欠数几及八千两，殊为疏惰，该牧其力征之。惟于听断缉捕十分用力，民乃感畏，自然输将。缓数欠数，一年稍多，即节年为累，官力民力，俱难措施。又或已征不解，捏完作欠，兼有捏实冒缓，规避处分，侵蚀亏挪，复不参办，而财用遂耗竭矣。各省类有如此，而东省攘窃成习，败坏尤甚，此之谓无政事。国计之窘，实由于此，非财力果窘于乾嘉之时，乃官吏牟利日巧，欺诈百端。稍为谨愿者，不知民事，甘作木偶，复附托名士"催科政拙"之一语，而吏道遂不可救药。治平之策，理财为要。此非聚敛可比，而非同民好恶，不能理财。此本部院切饬殷殷于听断缉捕以为催科之本也。该牧貌似安详，实可振作，望勤明自励，勿令人诮书生无用。因阅报解钱粮验文，牵连尽之。

7. 批临邑县令帅嵩龄禀

同治三年三月二十七日

缉盗以捣其巢穴为上，出案缉获者次之。济、临、商、陵各处，马贼之巢穴也。政刑久失，盗贼繁兴，此岂细故。乃各官吏皆抗言曰："卑境无贼。"是欺本部院为骇童痴竖，欺乡间为盲人瞽目。自甘聋聩，忝膺民社，人心至此，尚何言哉！今特申告官吏：河北贼薮从未搜擒，该境或无失事，而养寇殃民，厥咎更重。龚渤海之卖剑买刀上矣，其次惟有钼除之法。各官吏当以缉捕为切身要务，此非用干捕不可。其徒类多狡黠，用之之法，一曰重赏，二曰严刑，或可有济而少弊。仍须力行保甲，兼用本地好人，令将某盗某窝密知送信，飞速掩捕，以助官役之不及。是在平时用心访查，临时明决办理，不惜费，不苟安，急起图之，勿再因循。该令所拟章程，望言之能行为要。除分行各属外，仰即遵照。缴。

8. 批臬司详请裁汰秋审公费银两

同治三年三月二十九日

据详嘉悦览悉。东省臬司衙门最为清苦，向借此项以资办公。该司依然请裁，具见廉明刚大，不胜倾服。细阅详文，所称义利分界，剖晰无遗，尤见养之有素。以慈祥恺悌之心，为正大光明之举，仁人之言，其利溥哉！近时风气，惟"利"字一关最难打破，而东省官场尤为牟利坏尽一切，安得尽如该司者为之起救此陷溺之人心哉！自应勉从所请，将秋审经费一项，自今年为始，即行停止；其各项册费为办公不可少之需，仍应各循其旧。除录详文札行各府州转饬各属外，此缴。

附臬司丁宝桢详文

为详明事：

窃照臬司衙门向有各州县捐解秋审公费一款，由来已久，历任皆以臬署清苦，藉此作办公之费。查此项银两，不计缺分之肥瘠，专论案数之多寡。年中每遇新案一起，解银二十两，由首府县汇催解送司署。统计近岁以来，因遇赦典，起数多少不同，捐解银两，或二三千金至三四千金不等。本司查每年秋审，所有办公之需，一切支销，无须此数。以有限之需费而乃强筹巨款，摊及通省，沿为成利，名虽公用，实即漏规，此则不必取也。

且通省一百八州县，缺有大小，优绌不齐，并有极苦之缺，向免一切捐摊者。今公费旧章，不论缺分，专论案数，有大缺州县而并无一案者，有中小州县而或多至数案者，一则未捐分厘，一则按起措解，其中苦乐不均，甚非所以示平允，此又所不宜取也。

然犹浅言之也。秋审为鞫囚大典，有斩绞因有秋审，有秋审因有公费。夫罪至斩绞，民命攸关，即使刑法得平，而睹此累囚，已属第一伤心惨目之事。乃以居官所最应哀矜者，反因以为利，添一犯即增一分之费。若以此为苦缺津贴，则臬司忝列大员，似不宜存此琐屑之见。倘竟以为进项，而后可藉端以取赢，忍心害理，抚衷实难自问。此尤断断不可取也。

夫臬司职在明刑，但求政简刑清，或可无惭任使。若此等规费，安然受之，义利之辨，先昧于心，又何以培养和气而期圄圄风清。本司非故为矫廉，实以此项公费，循名核实，斟酌至再，实有取非其道，受之难安者，不得不亟亟议裁。所有秋审公费一项，应即停止，饬知各州县，自本年为始，一律毋庸捐解。至秋审书吏册费银一两二钱及院署册费银五钱，实系办公不可少之需，应仍其旧，以示区别。除通饬知照外，拟合呈详宪台鉴核批示祗遵，实为公便。

9. 批新泰县郑令禀

同治三年四月初一日

据禀报解本年下忙钱粮缘由已悉。该令人本安详，新民亦知守义，似此实征实解，洵属官民两美。惟称本年坐支银两尽数凑解，又云将下忙垫解足额。殊可不必，本部院只讲真灾真缓，实征实解，并非不恤民力官力，一意聚敛。各州县坐支项下，如各官廉俸、各衙门役食、驿站夫马等项，制用自有常经，待领者环而相向。若春征以缓，概不支发，则办公无资，诸行掣肘，更虑别计营财，多方刻剥，此乃专顾门面，不究本源之流弊也，非可常行之事。除将报解银三千六百六十两二钱三分二厘行司核收外，仰即遵照。缴。

10. 通饬各属严防差役讹诈扰害良民
同治三年四月初一日

照得省西余匪、马贼，迭经严拿惩创，各属聚众抗粮团长，如邱县之张本功、李金铎、连瑞照业经正法，阳信之商停终、济阳之王汶训现已拿获究办。凡此芟除梗顽，原为扶植良善，若得地方官听断勤明，缉捕严肃，则诚能动物，百姓自然敬服，钱漕之输纳无待追呼。乃去冬搜捕余匪，堂邑贡生李老协因此索诈乡民，冠县捕役因此诈钱抄抢，馆陶、邱县差役因此得钱卖放，纳贿充役。虽饬提府提州严行审究，月前济阳又有蠹役邓万兴，与王汶训被拿之后，勾结刁民王永山赴乡讹诈，经本部院访闻饬拿，解司严办。该县乡民才免恶团之扰累，又遭蠹役之诈害，无怪民之怨恨轻慢，视官如仇，清夜扪心，能无自愧！况衙役一项，贪饕性成，狡诈居心，自己本无身家，遇事则狐假虎威，鱼肉良懦，如饥鹰得食，不厌不休，甚至豢盗窝匪，诬良嘱扳，私拷吓诈，种种情弊，难以枚举。而地方各官，或视为心腹，言听计从；或作哑装聋，漫不经意。身居民上者，当以爱养斯民为念，岂可任役扰害！若不明白告诫，严行查究，恐清白之员不为衙役所诱，即为衙役所累，害官害民，真堪切齿痛恨。

除严密访查外，合行严札通饬各属一体遵照，务将衙役严加约束。当知小人喻利，见财则身命不惜焉。能顾尔功名，惟有重其刑罚，严其防闲，有犯必惩，不稍宽贷，庶可遏其肆纵。若再因循玩愒，平时既不知查察，事发又曲为庇护，一经查出审实，官则严参，役则治罪，计赃轻者提至省城，重枷枷示，至死方休。本部院言之必行，毋相尝试，后悔莫及。其各懔遵，切切！

特札。

11. 批曲阜县曹令禀

同治三年四月初三日

图甚精细，具见用心。本部院饬属绘具图说，欲知地方之情形，亦欲各官皆知地方之情形。所以州曰"知州"，县曰"知县"，义正取此。该令务亦自备一分，悬之座右，将图内村庄暇即阅看。庶日坐衙斋，可披图以体察；因公下乡，可即图以参观。他如催征钱赋，办理保甲，缉拿匪类，自理词讼，一展舆图，村庄疏密，道里远近，宛然在目。情形既已熟悉，措施自然合宜，足迹容有不到，精神亦无不周。四境之内如一家，万民之众如一身，政事何患不修，地方何患不治。若谓图说既已呈送，即可不复置念，则大负本部院绘图之意矣。仰兖州府转行知照，并饬所属知照。缴。图存。

12. 通饬办理交代二参

同治三年四月十四日

照得东省交代，历年延不会算，算而不清，清而不结，旧案未了，新案续增，陈陈相因，伊于胡底。从前藉口军务，难以兼顾。现在地方一律肃清，再不催办，更待何日。例载交代初参定限两个月，前任官限二十日内造册移交，新任官限四十日内复核，转造出结，申送府州。又仓谷钱粮数多及一人而有两任交代者，例准十五日、三十日、四十五日不等，如有迟延，查明何任，分晰咨参。督催不力之上司，随案附揭声请议处。二参限期照初参予限两个月，不得以新旧两任辗转驳查为词，逾限不结。该上司即查明何任迟延，揭报该督抚题参革职。又，属员逾违二参之案，该督抚即查明有无亏缺，于疏内声明。如果交代已清，仅止出结逾限，将本员照例议处，该上司免议；若交代尚有未清，该督抚止以迟延题参。不声明有无亏短者，将申详之司道府降三级调用，督抚降一级留任。又，咸丰七年闰五月户部议复周御史立瀛条奏，各省州县交代，大吏总不揭报二参，并以造册舛错往返驳查为词代为弥缝，致令各属毫无顾忌。嗣后各省倘有二参已逾，该上司延不揭参，即由部奏请将逾违二参之州县革职，该管上司照徇庇例议处各等语。此固昭然在人耳目者。

乃东省迟至二参限满已久，始行开报初参，若二参从来不办，是功令竟同虚设，无怪交案日积，空亏日增也。各员中亦有稍知自爱情愿清结者，只缘前后任帐目互相牵掣，碍难抽出另算，遂致一概压搁，卸事后欲再任而不能，欲回籍而不得，频年株守，旅费虚糜，即有愿交之项，日渐消磨，同归于尽，同被揭参。此皆不肖者任意宕延，贤者亦为之连累。泾渭不分，黑白不辨，其将何以为政。

本部院存心行事，万不故为苛刻，而循例应办事件，岂能任其颓废不行。除从前旧任交代，姑念事隔多年，官非一任，现在次第核算，从宽免开二参。所有新案各交代，以本年五月初一日为始，定行查照成例核办。既有正限，又有展限，限期不可谓不宽，若再逾违，则是安心不结交代，即守待数年，亦属无益。此等自甘废弃之员，参之尚何足惜。且上司代各属弥缝，吏议綦严，本部院自顾考成，不愿代人受过，亦不能不如此办理。嗣后各官到任，速催前任移送册籍，确查无亏则结，有亏则揭，毋稍扶同徇隐，致干并咎。其旧案交代，仍即赶紧清算结报，不得误会专重新案，复将旧案悬宕。倘敢仍蹈前辙，定即分别查参。

而正本清源，权操自上。举凡钱粮奏销、军需垫款，实与交代相辅而行，近年均未随时赶办，各州县遂谓正赋尽可亏短，并无处分，垫项尽有赢余，何难列抵，以致放胆亏挪，不可收拾。此又在藩司及报销局之加意整顿方收成效。前经札饬再三，唇焦舌敝，不免听者生厌，而东省向未办过二参，不得不预先通饬。自饬之后，惟有执法以绳，不再烦渎，凡吾僚友应亦共鉴苦衷。

所硁硁告戒者，各州县无论缺分繁简，在任久暂，出纳之数，断不可不知。倘尽委经手之人而己不与闻，则我不挪移有挪移者，我不侵蚀有侵蚀者，至交代时，水落石出，悔无可追。是在平日留心钱款数目，何者为正杂，何者为仓捐，并将旧管、新收、开除、实在，逐一推敲，嘱司管钥者将进项、出项分立各簿，按旬一小结，按季一大结，随时查阅，则仓库出入相符不相符、有余不足之数，了然心目，可以先事绸缪。迨至离任，册籍顷刻可成，既无冒滥，又无遗漏，亦无纠缠。此乃交代之紧要关键，勿视为迂谈也。除通行外，札到该县，遵照毋违。

13. 批平原县令张廷扬禀
同治三年六月初一日

上下两忙分征，原以体恤民力，而民间每于上忙一次完足者，所在皆有，东三府尤多，西府亦恒有之，特向来率官为挪移。本部院前批仍令在官实征实解，非令格外追呼。近闻各属竟有于上忙时出票催下忙者，殊为误会。各县钱粮有死串、活串之不同，应下顺民心，勿事抑勒。该县已收下忙二千五百两，具见民心急公，该县即亦批解，亦见核实。钱粮一事，报解必实，征收必信。东省有抗粮之风，尤必示民以信。如已经请缓钱粮，未至其时，切不可征，所谓信也。乃东省弊窦，全在一缓，造作挑征、挖征名目，希图掩饰。此关不破，财赋难实。各牧令其同心共济，力挽预习，若仍诡诈相沿，定登白简。仰布政司将解到银二千五百两，分款核收，并行张令及各属一体遵照。此缴。

14. 批平原县张令禀
同治三年六月初四日

据禀已悉。交代一案，此东省第一要事，明知积重之势，窃欲返之。该署令前在胶州交代清结，心为重之。此番平原积年交代，尤须速清，有亏则揭，无亏则接，毫不强人以难行之事也。仰即遵照。此缴。

15. 批济南府萧守培元禀
同治三年六月二十三日

汉诏有云："庶民所以安其田里而无叹息愁恨之声音，政平讼理也。"吏道既失，卑鄙者财赂为念，罔知民艰；谨愿者迁拘自安，不通民事。依违迁就，图了案牍，冀脱处分，是非失真，酿此大乱，非细事也。两汉贤能，皆以经术治狱，听断显名，地方乂安；况官吏戢法，尤赵广汉、尹翁归所急治者。

东省讼端繁扰，纠杂嚣凌，时渎天听。民气不静，民心不平，祸乱不止。本部院读律功疏，治狱才绌，昕夕愧汗，极愿同僚蔚为卓越，屡诫谳局，专力听断，非为老生常谈，亦非炫为奇异。该守儒术湛深，必思为法平允。各委员从事省局，毫无心得，一任地方，何能服众？为民上者顾如是耶？此案王丞、李令既未画诺，应免停委。该府身任二千石，此非疑难大案，无庸另委大员，仍由该府督同委员审理。丁役诈财，百不获一。实此案赃无可委，犹任丁役狡辩脱卸，所供各情，词不近理。该谳局审案，既多拖累，仍以含混了事。如此案承审一年，究于事理有当否？徒使丁役感激，拖累既多，原告心终不平，读书致用之义应不如是。仍即平心审议，果事有确据，理有可通，本部院亦非故入人罪，胶执谬见也。除行两司外，仰即遵照。此缴。

16. 批禹城县赵令候补县韩令会禀
同治三年六月二十八日

据禀已悉。查官民本属一体，总在地方官平日尽心民事，无事不为民兴利，无纤毫利己之私，信而后劳其民，民虽惮于图始，亦未始不能感动，况自保田庐乎！奈官凡发一号令，民心惊相谓曰：“官藉事牟利也，胥役藉此勒索也。”避之不暇，谁又从之！官之为民所恶如是，而欲事之治也能乎？该县河道，仍当于农隙实力劝督民修。北人固惮勤劳，亦可董劝，在与该令诚意相孚否耳。仰即遵照。此缴。图折存。

17. 批曹县令汤铉禀
同治三年六月二十八日

据禀及另单均悉。季路之折狱也，称为明决，董安于之治晋阳也，行之以敢，而其本皆由忠信。该署令似决矣、敢矣，其力勉为忠信以植其本，则猛而不残，严而不酷，乃可为政。该署令质本精明，似有志者，惟望以朴实勤俭，刻自奋勉，则所造愈上。嗜好须渐除，精神须内敛。玩好多则费用不支，宾从广则防闲难备。风雅大可娱心，而不足以治事；才华行实力，乃能随处有成。以该署令具有美质，良欲蔚为大才，故切告之。东省官习甚恶，攘夺剥削，兼有其弊，亏空诡诈，有由然也。不朴实勤俭，乌得不蹈此风。若不河汉斯言，切望鞭辟近里。此缴。

18. 批青州府禀行司通饬各府
同治三年六月二十九日

照得本年六月二十八日，据青州府知府高镇所禀各情到本部院。据此，查本年青属征解上忙粮赋尚属真实，各令经征，该守督催，具见用意。惟欲变齐鲁风俗，尤在实缓及交代两事。本年缓数无多，前四载积数颇巨。该守行县稽查，务必亲提缓案，赤书征册，详为核校。诡弊作伪，有匪夷所思者，物情幻诈，该府察之。本部院极欲另行设法，各牧令似有天良发见者，与人为善，且观后效。交代定办二参。嗣后凡有交卸，扣足限期，倘司道府州不行揭报，定径行出参。若药弗瞑眩，厥疾弗瘳，非故为刻薄也。往昔从事民曹，奔走列肆，抽收铺租，大司农以下持筹者数十员，所入十余万贯金钱。南北各省，义民捐输，朝廷多方奖劝。商贾贸易，征榷厘课，几为竭泽之渔。度支匮乏，民生疾苦，上廑宵旰，百计图维，下及四海臣民，无不仰体君父之急。乃山东官吏，竟专以攘窃正供为事，十七年来亏空无数。斯在雍乾康阜之时不容有此政事，岂意见于今日！若遇有耻之士，何颜厕于士大夫之列！犹复阻扰朦混，毫无愧悔。廉耻道丧，天理亡而人心死，尚何言哉！本部院犹均未忍不教而诛，去岁今春，切为告诫。各牧令间有奋发兴起者，本年上忙似有转机。而迩来卸事之员，类多征存不解，亏空巨万，连参数起。东、曹、兖、沂粮赋，民气甫定，尚未加意督催核校。总缘缓案弊窦未除，交代有心延抗，终非拔本塞源之计。本部院到任年余，原期移风易俗，不以参劾见长，乃似此不肖，怙恶不悛，断难再事宽典，此后定行严治，期挽恶风。惟念各道府耳目较近，职司纠绳，何得以闲官自处。所望一切政事，时加考核，确有见闻，勿事瞻徇。况灾案、交代，循例事件，并此颟顸，焉望董率。极愿协力同心，渐臻澄叙。若竟河汉斯言，终难交全僚友。除禀批示外，合行札饬，该司立即移行道府州各属遵照毋违。此札。

19. 批恩县陈令禀

同治三年七月初六日

东省民情向称好讼，近来上控、京控之多，半由于民，亦半由于官。本部院留心各属详报命盗等案类多迟误，其审理词讼事件岂尽勤明。审不勤则民多拖累，断不明则民多怨恨。无怪其结后复翻，上控、京控，而胥役之索诈，讼棍之播弄，皆由此出。故本部院于审断一事，迭次通饬，如各牧令能将自理词讼，不多传，不滥押，迅速传审，平允断结，两造自然输服，即胥役讼棍亦无所使其伎俩。如有诈赃唆讼之人，再为破除积习，不惮烦劳，据实严治其罪，使良民怀德，奸徒畏法，则刁告之风自可渐息。至于绅民院控呈词，本部院平心核批，悉出亲裁，偶有情太支离，其刁妄显而易见者，无不发县送回复审。惟递回之后，全在地方官秉公审究，严办诬告，以明政刑。乃各州县于上控批审案件，狃于积习，相率迁就，从不肯核实究办。水懦民玩，自古已然。此而诿咎于民之好讼，不亦谬哉！仰按察司速饬遵照，并再通饬。此缴。

20. 札布政司催算交代

同治三年七月初七日

照得山东省地丁正杂钱粮，积欠亏挪，日欠缪揭。自道光二十八年办理清查之后，迄未完缴清楚。嗣后交案又复陈陈相因，愈积愈多，虽经前院于咸丰七年奏明设局，勒限催办，而结报者甚少，迄今八年之久，毫无成效。各州县前后任彼此观望，互相推诿，延不到局核算；即使算清，亦将各账束诸高阁，究竟是侵是挪，有着无着，概置不问。亏空之员，逍遥事外，或潜回原籍，咨提徒致耽延，或已登鬼录，生前幸逃法网。局中监算之员，屡经更易，类皆坐费时日，虚糜经费。首县垫发局用，历任分派各州县认摊，遂致啧有烦言。此皆积习相沿，匪伊朝夕，而实各上司不能认真督办之过也。现在旧案勒限九月底一律清结，新案自五月初一日以后到任者，照例开报二参，逾限不结，无待该管道府揭报，径由本部院严参。而该司衙门为通省钱粮总汇之区，责无旁贷，自应将开局以后，彻底清查。凡有接算各任，核明除抵尚短正杂仓捐款各若干，按任分别现任、候补、事故，开具员名银数清册送查。其酌提坐支一款，应另行分年开列，不得笼统声叙。并通盘核计，何项应即参办，何项应即追赔，逐一厘剔清楚，庶几有条不紊，可期以速补迟。合亟专札谆饬。札到，该司立即筹照，务将亏空各员，每月详报一案，以凭奏参。其续案挨次鳞接，毋得间断。并须吊齐案卷，核准例案，于详文内将本员应得罪名，切实叙明，以免畸轻畸重。本部院系照例筹办，并非深文周内，务期情真罪当，不使侵挪国帑者幸免，亦不使身犯王章者含冤。该司诸事综核名实，当亦同此苦衷也。

本部院于此事听夕焦思，唇焦舌敝，此札之后，不再烦凟。倘各州县及各委员仍不遵办，倩友来省，并不同时到局，此出彼入，日久宕延，则是有意阻扰，非文告所能感悟，定当执法以绳，不稍宽假。卷宗如省府两处牵扯，即饬令归并省中核算。失守州县，迅速抄卷。交代局准于年底裁撤，断不再行推展，花销公项，并由司速移该局并行各属一体知照，各宜懔遵，毋贻后悔！特札。

21. 批朝城县权令禀
同治三年九月二十一日

前据恩县禀请上控原告酌量押发，业经明白批示行司通饬。今该县又请将上控原告，无论案情轻重，一概押发，是欲以此防民之讼，必致壅阏不通，无此政体。欲禁于告，在于平日修明政刑，积之既久，使民怀德畏威，间有刁告，自当严惩。今东省上控、京控之多为天下最，皆由州县不知听断为要，拖累者半，颠顸者半。闾阎怨怒，良民忍气吞声，刁民各处控告，吏治之坏，莫此为甚。本部院不难严办刁告，惟州县听断殊不敢信。此后凡州县上控者，方思查明参办，该县所请，未便准行。仰按察司转饬该县，并通饬知照。

22. 批冠县孙令禀

同治三年九月□日

据禀前次折开请缓钱粮数目，即滨黄河之处亦无如该县之多者，本思驳斥，以该令治冠用猛，或恐过伤民气，姑留有余，俾该令得从容为政。至东省民欠，从来无带征之说。其中容有抗欠之户，而在官者弊窦万端，不可胜数，岂能实惠及民。本部院力除此弊，本年驳令带征民欠数十处，无非各就地方情形，酌中定断。该县最轻各庄，秋收中稔，并非十分歉薄，所请碍难准行，仍遵前批办理。该令才力可以有为，但能尽心民事，民自输将。尤必平民心，静民气。如该县差役之生事，此民心大为之不平，不能静气帖服者。若非该令袒护，何以本府提案日久不解，屡令委员传谕，亦日久不解，大属非是。意该令之治冠，专任此辈为爪牙，亦非真能用猛者。该令不知力去切近深酷害民之物，徒以未便带征民欠为仁爱之言，此仍锢染积习，只徒自计。须知爱民之道，在彼不在此。该令其力为戒之！

23. 批新城县令高文绮禀

同治三年九月二十六日

据禀各情，未便准行。所有原请宗、崔等六村庄，应如原禀办理，其余阖境村庄，除本年钱漕照常征收外，应将同治二年民欠及原缓钱粮一并带征，不准请缓。其元年以前欠缓各案，亦如原禀办理，仰即遵办，不准藉词。其实该县并未用心查考，不过惑于人言，率具此禀，以为山东之例，万不可破。其于公事，毫不经意，大可概见。山东报灾请缓，竟不论丰歉，竟成年例，无非官吏舞弊之计。本年下忙初开时，即有灾情之所，亦未即报，恐遭驳斥。至一一禀报，窥明意指，则又纷至沓来，故态复萌。是该州县皆仁爱之官吏，本部院实为聚敛之小人也。国家田赋所入，原不妨损上益下。东省州县试自思之，果于缓欠毫无弊窦乎？如出示招告，吾恐民之诉者填门溢衢，不然何抗粮之多也。其中诡诈不可枚举。本年秋灾，除沿河各处外，其余多照原请核行，其共见为成熟之区，小有改驳，原以向来旧欠旧缓，皆为劣吏私征之薮。本年与各牧令申约，该州县有渐为改辙者，亦难律以丝丝入扣。且尚有去年被扰各区，民气实有未复，期于在官在民，渐改污习，一俟来年更当加意严办，并非过为驱迫。何该令不加查察，竟率行禀复。查该县二年秋灾请缓钱粮，仍是宗、崔等八村庄。今年较少二村，其余阖境二年钱漕，上年并未请缓，可见原禀请缓二年秋灾案内，原缓钱粮本未详核，率意具禀，不过仍是侵蚀民欠之计。似此居心诈伪，实为痛恨！本年核定灾缓，必设法密查，一经告发有私征情弊，定即严参。该令其懔遵办理，勿得巧为尝试，致干重咎。仍于宗、崔等村庄名下开明请缓银数呈送，不准笼统约报。除行司汇案核办并通饬外，此缴。

24. 批武定府张守鼎辅禀

同治三年十月初七日

据禀已悉。除行司核议汇办外，惟各处历年缓欠，其有灾前已完银数并不声明，有亦不过数处，大属非是。此事积习相沿，牢不可破。苟有洁清自好者，自应力求明白，方为核实。乃言之再三，犹不肯改其含混之秘诀。即该管府州及委员查核钱粮，亦多不肯出示缓欠征册，是诚何心！至青黄不接案内，应缓之项共有若干，亦应详明声叙。极其弊，诚恐竟有伪造征串者，事难保其必无，亦不得不防其渐。总之，东省牧令，无非于"缓欠"
二字偷作伎俩，弊端百出，曷可胜言。仰即查照所指各情，转饬
该县造送，并饬所属遵办，毋得迟延。缴。图折存。

25. 批汶上县左令带征旧欠禀行司通饬各属
同治三年十月二十日

照得本年十月十六日，据汶上县知县左宜拟禀称，带征上年
旧欠并漕水上年无欠等情到本部院。据此，查缓欠舞弊，东省以
为传授法门，恬不知非，巧滑者率为此而来，所谓"天理已亡，
人心已死"者。约计十余年来，每年除实在缓欠外，侵蚀总在
百万两以上。民知其故，群相抗粮，遂成大乱，实官阶之厉也。
即如请缓旧欠，多称毗连灾区。须知施于旱灾，犹可含糊；施于
水灾，难掩耳目。如历城北乡，黄流涌溢，灾诚非轻；其东西南
各乡，倚山高阜，逢此中稔，谓为毗连灾区，言诚不顺，相沿旧
套，逐应渐改。东省历来无带征欠案之说，尽以"缓"字消纳，
果否真欠，不可究诘。本部院饬令带征旧欠，此事官吏大小谓
然，浅言之犹曰恐累处分，实则难破故习耳。本部院非教人聚
敛，竭泽而渔，无非令实征实解，真缓真欠，以裕财赋。财赋
裕，一切政事乃可理。钱粮不在敲扑。元史有曰："百姓安，钱
粮何患不足。"民何以安，端在尽心听断缉捕，不勒罚款，不纵
丁役讹诈。孟子曰："善政得民财。"又必力行保甲，清查赋额。
古有井田，必严经界，今为阡陌，必核赋额。孟子又曰："经界
不正，谷禄不平。"今东饷积欠三年，养廉减无可减，坐支率皆
酌提，不平实甚。揆其所由，乃数十年含混交代，亏短钱粮，以
致贫弱日甚。如此田赋安能核实！官吏不知讲求，不过赖粮书相
传粮册，地亩混淆，户名淆乱，为之官者更囫囵渔利，颟顸作
弊。理财如此，诚难言矣。言者又谓：民间抗不税契，殊难清
查。须知此由从前索费过多，留难淹滞，遂至不税，亦无如何。

欲挽此风，仍须一意便民，毫不取利，乃可渐行。抑犹有虑者，本年设法查考钱粮，严催交代，必有即时伪造征册者。各僚属须知自爱，一切查出，难当重罪。本部院非过为逆亿，实缘作伪百出，有则改之，无则加勉而已。因与该令言带征旧欠之概，牵连类及。除禀批示外，合行札饬。札到，该司府转饬各属遵照毋违！此札。

26. 批莱阳县陈署令禀

同治三年十月二十八日

据禀，莱阳勤朴敦厚，想见古风，惟在官吏勿凿浑沌，乃可保此美俗。乔野之习，固当以诗书化之，要之诸书之教，全在礼义，若专以文章风雅为尚，恐反漓其朴厚之风。官不如士，士不如民，由来久矣。直道之行，乡间犹见，该令能曲体民情乎？然勤实以为政，自有起色，况莱阳之易治哉！好讼之习，皆官酿之，非因循拖累，即武断颠顶，物不平则鸣，有必然者。东吏多年以来，除攘窃钱粮外，他事又何所用心，听断几同失传，缉捕虚应故事。民之积怨于官既深且久，深虑人人揭竿而起也。该令既知用心于此，须切实为之，听断须速，严束丁役书吏，稍为袒护，即失民心，大非细故。暇即下乡周历，勿稍安逸。事事与民相通相亲，切戒壅蔽，不洗尽官套官派，万难望民一气。该令勿托空言，须于纤悉琐碎耐烦为之，勿令人嗤本部院专好儒官也。此缴。

27. 批冠县令孙善述禀

同治三年十一月初八日

查该县所禀，不过虑及处分，所言皆非隐也。其劣者，犹欲照旧侵蚀耳。若征不起，仍令实欠在民，亦何不可。此昔人所谓"催科政拙"，无害为良吏。若逆计其难征而预缓之，年复一年，专为己便，将朝廷令甲一意规避，此其心为何如者！况东吏捏完作欠，已成锢习，该令毋得巧言相试。至称随时察看情形，另禀核办，此案已经入奏，尚有何核办之处？仰布政司转饬遵照。

28. 通饬清理词讼

同治三年十一月二十七日

照得民间词讼，多因事有不平，如批准即传，传到即审，斟酌清理，剖断明允，两造自然输服，何患讼端之不息。若是非颠倒，黑白无分，或累月经年，宕延不结，则人心不服，争竞分起，上控、京控之多，实由于此。本部院故于审断一事，再三劝勉，并照例饬造自理词讼循环簿，以备稽查。半年以来，实力奉行者竟不多得，大抵草率造报，虚应故事，上控批审之案，亦多不开入，甚非饬造之本意。即如各府、直隶州提审之控案，处处皆有，而审结详销者，甚属寥寥。是否结而不详，提而不到，抑系应审不审，应结不结，从未造报，无由而知。今本部院欲知各属控案之多寡，审理之迟速，定一月报之法。自明年正月为始，藩、臬、运三司，各将每月批发呈词，于月底开册申报，摘叙简明案由，注明批审、委审、提审字样。三道、十府、二直隶州亦如之。至各府、直隶州提审控案，亦应开造管、收、除、在四柱循环簿，以未结者为旧管，已结者为开除，未结新收者为实在，逐起注明奉批提审各日期。如逾两月不结者，将原由详细注明。如有被证不到者，将提催州县次数注明，按月详送倒换。即州县自理词讼号簿内，亦将批审控案一体造入，均不得隐匿遗漏。凡上控太多及提案不解之州县，定行撤参。诸君子服官治民，勿视为案牍劳形，勿置词讼于度外。本部院将来之举劾，总视审断之优劣以为定衡。惟望同心协力，一洗从前怠玩积习，相与共为治理，是则本部院所厚望焉。速即饬属遵行，切勿视为具文！此札。

29. 签驳臬司详邱县民人郭曾控告典史一案

同治三年十二月初一日

签臬司知悉：

　　案据该兼署司审详邱县民人郭曾京控典史李厚田贪婪诈害，并监生刘际华控该典史妄拿押诈两案，详文到院。本部院查该民人郭曾京控该典史李厚田派役牛清安等妄拿吓诈，尚未得赃，并列被诈之刘清连等作证，若非该典史授意妄拿，即系该役等藉差吓诈，断不至影响全无。据详该典史与邱官访因该庄郭姓有为匪潜匿情事，票差牛清安等往查，郭姓住户均尚安分，惟郭曾外出未回，曾否为匪，无从查察。该役等即回县销差，并未将其传案，且非指名饬拿，则郭曾尽可行所无事，何必出头具控，自取讼累。如谓事后回家，误听传言所致，岂此等事情，该家属绝无一言相告，任其以传闻为实事，赴京呈控。种种非情非理，可谓奇想天开。至该监生刘际华院控词内，据称该典史差役牛清安等将伊侄刘清连传署吓诈，毒责严押，经牛令提讯开释，情词历历如绘。今刘清连供无其事，则刘际华之诬告已属难逭，乃又不敢坐以虚诬，谓系怀疑具控，应毋庸议。岂控官妄拿吓诈、毒责、严押之事，亦可谓之怀疑乎！且刘际华与郭曾何以不告知县，专告典史，不可不察。如系诬告，则应严办犯上之民；如非诬告，则应严办虐民之吏。虽郭曾已故，应有亲属可以提质，断不能黑白不分，含糊了结。乃该兼署司并不详情察理，核实审办，辄以离奇牵强之供，颟顸定案，殊属非是。合行一并签驳。签到，该兼署司立即遵照提集全案人证，秉公切实严审，究明是否民刁，抑系官邪，分别按律定拟，解候亲提审办，毋稍偏徇，至干未便。此签。仍缴。

30. 批昌乐县令郭定柱禀

同治三年十二月初二日

据禀慰悉。该令安详有余，须力追"明强"二字，则为全材，非令学巧诈酷暴也。"明强"之义，见于《中庸》，仍以诚出之，该令自勉。两汉循吏，未有不以折狱除暴显名者也。他日移任费县，非强健不足以制之。天下以因循怠勿［忽］为安详，亦足败事也。缴。

31. 通饬各属征收钱粮条款

同治四年正月□日

照得征收钱粮，必须严核完欠。本部院不时三令五申，亦自觉文告过烦，奈州县不自用心，弊窦之多如扫落叶。合再开列条款札发。札到，该司府州立即转饬查照后开各条，一一遵办。至征册及串票添注村庄一条，瞬届二月初旬，即须开征，所需串票早经造齐，未便纷更贻误，应即于现办串票上添注某方、某社、某保、某村庄花户应完银若干两字样，另印小红戳记，尚属简便易行。仰即一体遵办。特札。

一过割底札宜用印本，必须官为稽查也。查例载："典买田宅，必应报官税契过割，否则亏损官课，混淆版籍，例禁綦严。"乃东省售买田地，但听民间于年终自向户承在底札内划除田若干亩，收入售者名下，私行过割。本官并不与闻，只一白纸底本，并未用印，甚有二三年同用一本者。倘遇水旱偏灾，希图捏报，只须嘱托该承，便可蒙混列入，毫无查考。此后各属每遇过割地亩，另立印簿，一年一本，饬承随时禀明本官批准，核更粮名，不准书吏私自过割，并令买主随时印契，庶可稍杜影射捏灾之弊，官课不致无着。

一征册串票宜添注村庄也。查东省征册及串票仅开花户姓名，而何方、何社、何保均未注明。迨禀报灾伤，呈送清折，则均列各村庄之名，而红簿串票则开列花户姓名，一经核对，每多歧异。此后各属务于征收红簿及上下忙串票，均填注某方、某社、某保、某村庄、某花户应完银若干，庶与报灾清折针孔相符。

一各花户欠数宜榜示通知也。查征收钱粮，完欠数目必须清楚，是即岁会月计之意也。此后各属务将本年、历年欠户，每于年终正初开列花户姓名、银数，四乡榜示多张，咸使周知。

一钱粮宜造册备查也。各州县征收钱粮，除完尚有欠蒂若干。此后务将本年、历年欠数，照该处通示之榜，开造花户银数清册二分，一存署，一送司，每届正月底赶办送到，以备稽核。

32. 批济南府萧守禀

同治四年正月十四日

两月审结二十余案，本不为速，在封印期内尚有可说耳。狱之沉滞，与有心冤陷等。且冤陷只一二人，沉滞不止一人一家，为害尤大。况审速则情节即少装点，迟之日久，枝叶更多。其有难明之狱，亦非拖延日久即可明也。吾辈才力不相上下，只要平心，准乎情理。若万不能明之案，本部院亦不敢武断以自炫。该守学者，其专力肩任此事，此即学问经济、大政事、大阴德也。仰饬各委员遵照。缴。

33. 批署范县令宫本昂禀

同治四年二月十五日

据禀已悉。以该令明白安详，始委瘠区，以磨炼陶成。从来有为之人，无不历尝险阻艰难者。王文成于龙阳（按：王守仁谪为龙场驿丞），于清端于罗城，皆生平得力处。范县虽苦，不是若也。所谓苦者，乃不知民事专牟利者之言耳！该令素知读书，若有志自立，正可奋发兴起，洗尽官派官习，专心民事民瘼。范民饥渴已甚，果官民一心，何事不理。须于听断缉捕格外用力，俾乡间无毫发扰累，人人惟官是赖，他日治剧理烦，皆于此始基之。若犹如前令之疲庸，大非所望于该令。黄水为灾，治无长策，刻筑河堤，聊防北决，亦补苴之计。该令鼓其精力心思，事事踏实，处处认真，岂止修堤一事。前任交代依限算结，勿得迟逾。东省吏习甚劣，该令虽久居此邦，未任地方，或能不浼于积习。所望坚持心性，明察事理，自治以治人也。

34. 批杨总镇飞熊禀
同治四年七月二十四日

　　贵镇向来带兵，尚知打仗。此番到东，深望贵镇力为整顿。故将旧营之不甚得力者，营规不甚严明者，营哨之油猾好利者，裁撤四千余人，又择营改归贵镇。刻下到防，务必严讲营规，申明纪律，操练枪矛，排熟队伍。平日与民相安，不可扰害丝毫。此贼飘忽迅速，须日日预备贼来如何冲击，如何包抄，如何破步贼，如何破马贼，不可一时大意。间时带领各营官，周历成武、定陶、曹县、单县、菏泽、郓城、巨野各处地势。又与王副将统带各营见面，彼此时常会商练兵剿贼之法，一旦有事，彼此援应，乃为有益。各营哨有不得力者，即为禀撤；侵蚀勇粮漫无纪律者，即为参办，不可回护。尤必为勇丁存银钱，能存三四个月尤好，此乃带兵第一要义。一防欠饷，一防勇丁偷走，一令勇丁感激。湘营初起，其得力全在此。营勇空旷饷银，全行归公积存，充赏办公，更为湘营妙法，故能以一二千人打数万毛贼，人人同心，全在此也。刻下尚不欠饷，须早为预备。此后至每月底，支应局方发本月之饷，不能月初即领，以防滥用，此即代为存钱之计也。贵镇其诸事留心，事事结实办理，一反从前已撤各营之所为，乃可对人，乃可打仗，庶以显名于东邦也。贵镇勉之，并转行各营哨一体遵行。此复。

35. 批济阳县令王树德禀
同治四年八月

　　据禀书院各情均悉。书院归绅士经理，此不得已之法，然非此则经费早为官所亏挪，此济阳所以尚有书院也。然宰官主持一邑，而不愿以此事归官，为之官者，可以思矣。生童膏火各十二名，恐不足以养士，可徐图之，此非可叱咤立办者。惟必于绅士中访求正人，不惟知地方利弊，即以此转移风俗，且以此匡辅我之心性材力。官不能正，正人必望望然去之。澹台子羽非子游不能得也。济阳连任官皆不可语此，特以望该令。

　　另禀被水情形可念。东省水患无长策救之，本部院之咎也。然支流小河，果皆疏浚，未始无益。吾北人多懒，民既不肯力作，官亦视同秦越人，此各处通病，加以黄流泛滥，更为虐矣。办灾之弊，幻态万端。该令亲验，民即叹为鲜有，此可见民情矣。天下巨细政事，无一不如此者。该令事事知从"实"字用心用力，乃可有成，乃能惠及于民。

　　两年以来，通行各札，该县必有存案，可悉心查阅。历言钱漕各事尤悉，无非讲一"实"字，非令人聚敛也。本年漕粮折价，凡米麦豆一升，须照章收制钱六十文。该令学者，须遵行勿违。书差丁役，格外严管。一意于听断、缉捕二事，力求便民安民之法，勿空言抚字，勿徒作自了好人。民事不可缓也，勤实为体，明强为用，随事体察，随时提撕，其庶几乎。至打破"利"字一关，立身之本，更无须言矣。

　　闻藩司已委署此缺，果尔，当依限早结前任交代，勿惑于官场之莠言为要。此缴。

　　接积案若干？查明禀复。管押人若干？亦为禀及。又批。

36. 批沂州府守文彬禀

同治四年十月十二日

据禀均悉。兰、郯、费三县之地，民气甫苏，幸逢秋稔，已将去年官借牛只本息钱如数缴齐，此该守令经理有条，亦见沂民非不易导也。该守愚将牛价缓解，并请续发钱文购牛，均发贫户，此为政爱民之实事。果使榛莽之地尽化膏腴，强悍之风知务农业，渤海治郡复见今日矣，至为起敬。除牛价准缓解外，今再由行营捐输局筹拨银一千两，由该府遣员赴省具领，迅即多购牛只，匀借实在贫民，诸依去岁章程。吏役固不可用，绅士亦择公正者任之，勿令尽私给佃户，徒为继富之举也。该守令务要躬亲经理，逐日妥办，活此数县之民，其绩更在战功之上。务于春耕以前竣事，分晰报明本部院查考。至收缴本息，想皆实在，本部院望同僚以古人之行，应不至以痴骏视本部院。东吏恶习，冈骗官项，不可言尽。该府确切查核，他日稍有不实不尽，定行严惩。至荒绝各产，赶速设法清查。已弃地二年矣，勿再延阁。天下万事，只求清楚真实，便能成绝大功业。勿为高论，勿事粉饰，勿涉奇异，该府勉之，庶可留遗爱于琅琊也。

37. 批黄县署令杨济禀

同治四年十月二十日

该署令解杂款如此清楚，远者不可知，恐山东五十年中无第二人，安得千翁百坡一变齐鲁之俗。常思吾辈作人处事，只能清楚真实，便能成绝大功业，古今无奇才异能，亦无须奇才异能也。即此钱粮一事，丝丝入扣，尚于民事无涉，然能如此者寥寥。吏道之坏，恐不可救，亦各尽此心而已。该署令食禄黄邑，借以养亲，亦未闻其断炊，彼侵挪蒙混者并未见其实在享用，为善最乐，益笃信此言矣。本部院特改该县之缺，有谓过为体念者，得该署令之清楚，可以雪此言。至四年应扣解各款，来春即为早清，谅必同此心也。

　　另禀本年钱粮及九月以前杂税，均已扫数，极为仅见；即东府有钱粮扫数者，税课则断断不肯也。该署令所为，官派必以为痴愚矣。除行司府外，此缴。

　　（完）

江南乡试题名录

程道德 供稿

编者按：晚清江南乡试规模盛大，所录取的安徽、江苏两省举人群体，亦为晚清时期地方政治、经济和社会文化的中坚。本篇收录晚清咸丰元年至光绪五年间江南乡试题名录8份，除正副榜举人名单外，还详细登有乡试考题以及主考官、同考官和监临、提调等官员名录。晚清江南乡试题名录存世不多，馆藏稀少，此8篇尤为已刊资料所未录，对研究晚清科举制度及地方乡绅群体均颇有史料价值。

原件系清代写本，无标点，今标点整理，并对个别标题也略作调整。原件为私人收藏。

咸丰元年辛亥恩科江南乡试

监临官：兵部侍郎、安徽巡抚蒋文庆（汉军正白旗人，甲戌进士）。

外提调官：署理江宁布政使司、江苏按察使联英（满洲镶黄旗人，荫生）。

内提调官：按察使衔调署江南盐巡道麟桂（满洲镶白旗人，监生）。

监试官：安徽池州府知府陈源兖（湖南茶陵州人，戊戌进士）。

考试官：吏部左侍郎瑞常（蒙古镶红旗人，壬辰进士），翰林院侍读金国均可亭（湖北黄陂县人，戊戌进士榜眼）。

内帘监试官：题补安徽庐州府江防同知常浴（河南卢氏县人，壬辰举人）。

内帘收掌官：安徽和州直隶州州同郑玉麟（广东电白县人，乙酉举人）。

同考官：同知衔江苏常州府阳湖县知县宋备恪第四房（山东乐陵县人，甲辰进士），知州衔江苏通州如皋县知县马云鹤第二房（云南蒙化厅人，戊戌进士），知州衔江苏委用知县祁之钤第十房（山西高平县人，己卯举人），江苏淮安府阜宁县知县白联元第七房（山西平定州人，庚子进士），知州衔江苏镇江府溧阳县知县蔡世佑十六房（四川酉阳州人，乙巳进士），江苏松江府南汇县知县高长绅第九房（陕西米脂县人，乙巳进士），调补安徽宁国府太平县知县李宗义十五房（四川开县人，丁未进士），安徽池州府建德县知县王开赒第一房（河南光州人，辛巳举人），署安徽太平府芜湖县知县候补知县田荆十八房（山西阳城县人，辛卯举人），江苏江宁府六合县知县都启森十二房（浙江海宁州人，癸卯举人），安徽池州府东流县知县张世焘十一房（直隶安州人，乙卯举人），署安徽颍州府太和县知县即用知县宋恪符第五房（河南商邱县人，庚戌进士），江苏即用知县焦肇瀛第八房（山东章丘县人，乙巳进士），安徽即用知县徐镜海第六房（陕西城固县人，庚戌进士），安徽即用知县林廷杰十四房（江西广丰县人，庚戌进士），安徽即用知县欧阳藜照十三房（湖南新化县人，庚戌进士），江苏酌补知县冯翰第三房（直隶天津县人，辛巳举人），江苏候补知县邵锟十七房（浙江慈溪县人，乙酉举人）。

印卷官：江宁布政使司理问周恩庆（湖北荆门州人，增贡生）。

第一场

四书题：父母之年不可不知也。一则以喜，一则以惧。

　　　　去谗远色，贱货而贵德。

　　　　斧斤以时入山林，材木不可胜用也。

诗题：赋得家在江南黄叶村。得秋字，五言八韵。

第二场

五经题：同心之言，其臭如兰。

　　　　瑶琨篠簜，齿革羽毛。

　　　　东方明矣，朝既昌矣。匪东方则明，月出之光。

　　　　晋侯使韩穿来言，汶阳之田归之于齐。成公八年。

　　　　蚤虫坏户。

第三场

策题五道：第一问①

　　　　　第二问

　　　　　第三问

　　　　　第四问

　　　　　第五问

咸丰元年辛亥恩科江南乡试中式举人一百四十四名

第一名：汪达元，年三十七岁，江宁府六合廪生。

第二名：汝春嘉，年三十六岁，苏州府吴江县附生。

第三名：方咸一，年三十四岁，凤阳府凤台县廪生。

第四名：朱焘，年三十八岁，太仓州宝山县增生。

第五名：符葆森，年四十六岁，扬州府江都县附生。

第六名：查子庚，年二十七岁，安庆府怀宁县廪生。

第七名：周光崎，年三十八岁，扬州府江都县拔贡生。

第八名：钱淮，年三十一岁，扬州府廪生。

---

① 原文缺，下同。

第九名：王焕林，年三十三岁，常州府附生。

第十名：江暄，年二十九岁，池州府青阳县附贡生。

第十一名：陈铍，年三十九岁，扬州府仪征县监生。

第十二名：许源征，年四十三岁，徽州府歙县廪生。

第十三名：朱学川，年三十岁，徽州府婺源县附生。

第十四名：陈莱，年三十岁，江宁府江浦县增生。

第十五名：江廷缙，年三十一岁，徽州府歙县廪生。

第十六名：杨昌樾，年三十五岁，徽州府增生。

第十七名：陈得荃，年二十五岁，徽州府祁门县廪生。

第十八名：汪廷柱，年二十七岁，徽州府休宁县增生。

第十九名：席振逵，年四十八岁，苏州府常熟县拔贡生。

第二十名：马汝楫，年二十四岁，扬州府增生。

第二十一名：吴得英，年二十九岁，徽州府歙县附生。

第二十二名：承越，年三十二岁，常州府阳湖县廪生。

第二十三名：侯甲瀛，年十八岁，江宁府上元县附生。

第二十四名：姚福奎，年二十四岁，苏州府常熟县廪生。

第二十五名：桂迓衡，年三十八岁，池州府候廪生。壬子进士，翰林。

第二十六名：俞志勋，年三十五岁，徽州府婺源县附生。

第二十七名：李联桂，年三十七岁，镇江府丹徒县廪生。

第二十八名：傅遇年，年三十八岁，江宁府廪生。

第二十九名：任光斗，年三十一岁，常州府宜兴县附生。

第三十名：程培霖，年三十一岁，徽州府婺源县附生。

第三十一名：姜若照，年二十一岁，江宁府江宁县附生。

第三十二名：潘家钰，年二十一岁，常州府宜兴县增生。壬戌进士，主事。

第三十三名：戴文治，年三十六岁，凤阳府凤阳县廪生。

第三十四名：李兆荣，年三十四岁，太仓州镇洋县副贡生。

第三十五名：薛斯来，年三十二岁，扬州府江都县候廪生。壬戌进士，翰林。

第三十六名：刘梦虹，年三十六岁，和州廪生。

第三十七名：汪朝荣，年十七岁，苏州府长洲县附生。丙辰进士，检讨。

第三十八名：马鼎，年三十八岁，江宁府上元县附生。

第三十九名：方华，年三十八岁，安庆府桐城县附贡生。

第四十名：钱青选，年三十四岁，镇江府丹徒县增生。

第四十一名：虞恩霈，年二十八岁，庐州府合肥县附生。

第四十二名：徐彬，年三十三岁，滁州廪生。

第四十三岁：周天源，年二十八岁，江宁府江浦县附生。

第四十四名：崔辰，年三十一岁，泰州附生。

第四十五名：朱锡钧，年二十二岁，滁州来安县增生。

第四十六名：沈燕孙，年三十八岁，太仓州宝山县附生。

第四十七名：张乃淳，年二十五岁，苏州府廪生。

第四十八名：方炳奎，年二十七岁，安庆府怀宁县廪生。壬子进士，知县。

第四十九名：陈宗恕，年三十岁，苏州府吴江县附生。

第五十名：章先甲，年二十六岁，滁州来安县廪生。

第五十一名：孙登瀛，年二十岁，通州附监生。壬子进士，翰林。

第五十二名：陈荣绍，年二十八岁，常州府江阴县增生。癸丑进士，主事。

第五十三名：余丽元，年三十二岁，徽州府婺源县廪生。

第五十四名：陈雯，年三十一岁，通州如皋县廪生。

第五十五名：陈瑞芝，年三十八岁，高邮州附生。

第五十六名：柯钺，年二十一岁，徽州府歙县拔贡生。

第五十七名：孙绍瑜，年二十八岁，通州附生。

第五十八名：许光甲，年二十四岁，扬州府附生。

第五十九名：方杰，年四十七岁，宁国府宣城县附生。

第六十名：张清瑞，年三十三岁，扬州府江都县附生。

第六十一名：程燮，年二十三岁，江宁府附生。

第六十二名：马康晋，年二十八岁，安庆府桐城县附生。

第六十三名：董承桂，年十七岁，常州府附生。

第六十四名：徐恩贵，年四十二岁，常州府宜兴县增生。

第六十五名：江用舲，年三十五岁，宁国府旌德县监生。

第六十六名：高櫞，年三十六岁，镇江府丹徒县附生。

第六十七名：赵应璜，年四十七岁，镇江府丹徒县附生。

第六十八名：吴绍烈，年二十三岁，宁国府附生。

第六十九名：汪昌，年二十三岁，苏州府吴县附生。辛未进士。

第七十名：叶琳，年四十九岁，江宁府六合县恩贡生。

第七十一名，陶嘉树，年二十九岁，苏州府常熟县廪生。

第七十二名：崇家坊，年四十岁，泗州天长县廪生。

第七十三名：笪佐尧，年二十七岁，江宁府句容县廪生。

第七十四名：周家楣，年十五岁，常州府宜兴县附生。己未进士，主事。

第七十五名，方启宪，年二十四岁，宁国府宣城县廪生。

第七十六名：蔡兆麒，年三十六岁，太仓州崇明县拔贡生。

第七十七名：杨斌，年三十五岁，扬州府兴化县优廪生。

第七十八名：汪世美，年十七岁，宁国府旌德县监生。

第七十九名：吴文钊，年二十六岁，安庆府桐城县附生。壬戌进士，翰林。

第八十名：戴高，年二十八岁，松江府青浦县廪生。

第八十一名：兰恩绂，年二十八岁，江宁府增生。

第八十二名：刘书云，年十九岁，扬州府宝应县附生。

第八十三名：龙逢辰，年二十三岁，安庆府望江县附生。

第八十四名：邵承纪，年三十六岁，淮安府附生。

第八十五名：江承桂，年三十岁，松江府上海县增生。

第八十六名：张兆鹏，年二十七岁，苏州府长洲县附生。

第八十七名：许璧，年二十七岁，安庆府宿松县廪生。

第八十八名：汪同新，年十八岁，宁国府旌德县监生。

第八十九名：张茂昭，年十四岁，松江府附生。

第九十名：沈长新，年三十岁，六安州增生。

第九十一名：顾椿炜，年四十四岁，松江府华亭县增生。

第九十二名：吴之锐，年二十九岁，宁国府泾县廪贡生。

第九十三名：王继增，年二十八岁，镇江府廪生。

第九十四名：张维垣，年二十岁，江宁府江宁县附生。

第九十五名：徐学醇，年二十九岁，安庆府潜山县增生。

第九十六名：顾澐，年二十九岁，通州附生。

第九十七名：刘遐龄，年三十九岁，扬州府甘泉县监生。

第九十八名：黄学洙，年二十二岁，徽州府歙县附生。

第九十九名：曹恩谟，年三十三岁，徽州府歙县附生。

第一百名：乔家铣，年三十七岁，镇江府丹徒县附生。

第一百一名：蒋嘉械，年三十二岁，苏州府吴县附生。

第一百二名：任廷泉，年三十岁，苏州府震泽县附生。

第一百三名：丁寿祺，年二十七岁，淮安府山阳县拔贡生。

第一百四名：吕云鹏，年四十一岁，安庆府太湖县廪生。

第一百五名：王太和，年三十二岁，扬州府仪征县附生。

第一百六名：万叶封，年三十四岁，凤阳府凤阳县候增生。

第一百七名：管近修，年二十七岁，江宁府江宁县优廪生。

第一百八名：董韫琦，年二十一岁，苏州府廪生。

第一百九名：章耀庚，年三十三岁，徽州府绩溪县廪贡生。

第一百十名：龚聘英，年二十六岁，太仓州崇明县廪生。壬戌进士，翰林。

第一百十一名：王诵尧，年二十一岁，松江府青浦县附生。

第一百十二名：俞俊贤，年三十二岁，池州府铜陵县拔贡生。

第一百十三名：刘国熙，年三十五岁，江宁府六合县廪生。

第一百十四名：樊锦湘，年三十岁，滁州廪生。

第一百十五名：丁椿年，年三十九岁，江宁府附生。

第一百十六名：余述祖，年二十三岁，徽州府婺源附生。

第一百十七名：刘开第，年二十七岁，扬州府仪征县附监生。

第一百十八名：方沆，年三十八岁，扬州府增生。

第一百十九名：刘兰敏，年三十岁，宁国府旌德县副贡生。

第一百二十名：黄昌辅，年三十一岁，扬州府江都县附生。

第一百二十一名：保广颐，年三十五岁，通州附生。

第一百二十二名：汪秀芝，年四十五岁，宁国府附生。

第一百二十三名：冯承熙，年二十二岁，常州府阳湖县附生。

第一百二十四名：贺萱，年二十六岁，安庆府宿松县附生。

第一百二十五名：谌命年，年二十四岁，江宁府上元县增生。

第一百二十六名：朱鹤元，年三十八岁，扬州府甘泉县附生。

第一百二十七名：周汝金，年三十四岁，凤阳府廪生。

第一百二十八名：冯长年，年三十八岁，扬州府江都县廪生。

第一百二十九名：程梁生，年二十五岁，徽州府歙县廪生。

第一百三十名：史澎，年四十三岁，扬州府廪生。

第一百三十一名：朱士型，年二十九岁，凤阳府凤阳县廪生。

第一百三十二名：汤立镛，年二十二岁，通州附生。

第一百三十三名：周璐，年五十三岁，镇江府溧阳县附监生。

第一百三十四名：汪时渭，年三十二岁，宁国府旌德县附生。_{癸丑进士，中书。}

第一百三十五名：刘惟金，年三十一岁，扬州府江都县附贡生。

第一百三十六名：胡桂森，年二十五岁，徽州府绩溪县附生。

第一百三十七名：晋骐，年四十七岁，滁州全椒县廪生。_{癸丑进士，知县。}

第一百三十八名：刘继善，年二十七岁，常州府武进县廪生。

第一百三十九名：马荫远，年二十四岁，凤阳府附生。

第一百四十名：方琅，年三十六岁，宁国府旌德县附生。

第一百四十一名：任朝栋，年二十六岁，江宁府江宁县附生。

第一百四十二名：李德钟，年二十六岁，安庆府太湖县附生。

第一百四十三名：程恩沴，年二十三岁，扬州府仪征县附生。

第一百四十四名：黄家麟，年二十八岁，松江府青浦县增生。

中式副榜二十二名

第一名：萧作枢，年四十五岁，凤阳府定远县附生。

第二名：蒋鹤龄，年三十八岁，苏州府常熟县附生。

第三名：季椿，年三十九岁，常州府江阴县附生。

第四名：段文光，年三十七岁，六安州英山县增生。

第五名：朱学诗，年三十七岁，江宁府增生。

第六名：胡丙鉴，年四十六岁，徽州府婺源县增贡生。

第七名：吴景，年二十四岁，安庆府太湖县廪生。壬子举人。

第八名：石恩元，年二十六岁，江宁府上元县附生。

第九名：杨显宗，年二十九岁，通州如皋县廪生。

第十名：鲍恩祺，年四十四岁，徽州府歙县廪贡生。

第十一名：刘长城，年三十六岁，江宁府上元县附生。

第十二名：左蛟龄，年三十一岁，宁国府泾县附生。

第十三名：何焘，年二十八岁，扬州府仪征县附生。

第十四名：於学曾，年二十九岁，镇江府丹阳县廪生。

第十五名：王翊，年二十九岁，海州沭阳县附生。

第十六名：程海云，年二十一岁，安庆府太湖县附生。

第十七名：朱荫辉，年三十六岁，扬州府廪生。

第十八名：张乔森，年二十五岁，高邮州附生。

第十九名：司璞，年三十二岁，庐州府合肥县附生。

第二十名：邱世官，年三十二岁，海州赣榆县附生。

第二十一名：端木嵩，年四十岁，太平府廪生。

第二十二名：刘玉衡，年二十八岁，扬州府宝应县附生。

咸丰二年壬子科江南乡试

　　监临官：兵部侍郎江苏巡抚杨文定（安徽定远县人，癸巳进士）。

　　外提调官：江宁布政使司祁宿藻子儒（山西寿阳县人，戊戌进士）。

内提调官：江南盐巡道胡调元（福建）。

监试官：江苏扬州府知府张廷瑞（直隶获鹿县人，壬辰①）。

考试官：吏部右侍郎沈兆霖（浙江钱塘县人，丙申进士），翰林院编修葛景莱（浙江仁和县人，辛丑进士）。

内帘监试官：江苏补用同知何绍祺（湖南）。

内帘收掌官：署凤庐同知颖州府霍邱县知县宋佩缙（河南祥符县人，拔贡生）。

同考官：江苏松江府青浦县同知徐瀛，江苏徐州府邳州知州左仁（湖南湘乡县人，戊子举人），江苏扬州府兴化县知县梁园棣（山西灵石县人，丁酉），江苏通州泰兴县知县张行澍（河南祥符县人，丁酉），江苏淮安府阜宁县知县白联元（山西平定州人，庚子进士），江苏松江府南汇县知县高长绅（陕西米脂县人，乙巳进士），安徽徽州府歙县知县刘毓敏，安徽广德州建平县知县马新贻（山东荷泽县人，丁未进士），江苏江宁府江浦县知县卫荣简，安徽宁国府旌德县知县张家驹，江苏苏州府昭文县知县任鲲池（浙江归安县人，戊子举人），安徽即用知县欧阳藜照（湖南新化县人，庚戌进士）、试用知县曹光照、即用知县贺际运第一房，河南即用知县杜滋、候补知县黄友焯（湖南善化县人，丁酉举人）、候补知县姚禄□、候补知县王自筼。

印卷官：江宁布政使司理问周恩庆（湖北荆门州人，增贡生）。

第一场

四书题：道之以政，齐之以刑，民免而无耻；道之以德，齐之以礼，有耻且格。

布在方策。

其实皆什一也。彻者，彻也；助者，藉也。

---

① 原文缺，下同。

诗题：赋得尘潭秋水一房山。得居字，五言八韵。

第二场

五经题：康侯用锡马蕃庶，昼日三接。

　　　　　锡土姓。

　　　　　制彼裳衣，勿士行枚。

　　　　　遂城虎牢。襄公二年。

　　　　　孔子佩象环五寸。

第三场

策题五道：第一问　笏坤文

　　　　　　第二问　史记

　　　　　　第三问　周官

　　　　　　第四问　周礼

　　　　　　第五问　海运

咸丰二年壬子科江南乡试中式举人一百十四名

第一名：薛春藜，年四十岁，滁州全椒县廪生。癸丑进士，翰林。

第二名：薛霝，年三十八岁，常州府江阴县廪生。

第三名：杨炳文，年四十六岁，江宁府江宁县廪生。

第四名：何昌焕，年二十九岁，松江府青浦县附生。

第五名：葛学礼，年三十八岁，松江府上海县贡生。

第六名：蔡琳，年三十一岁，江宁府江宁县廪生。己未进士，主事。

第七名：张曦照，年二十九岁，江宁府附生。

第八名：宣灼，年二十六岁，泗州天长县廪生。

第九名：陈彝，年二十四岁，扬州府仪征县增生。壬戌进士，传胪。

第十名：邵庆霖，年三十四岁，太仓州镇洋县廪生。

第十一名：李江，年三十九岁，高邮州附生。

第十二名：蔡尧栋，年三十八岁，苏州府廪生。

第十三名：李肇墉，年四十五岁，扬州府甘泉县贡生。

第十四名：洪绪，年三十七岁，镇江府溧阳县廪生。己未进士，主事。

第十五名：潘汝霖，年三十七岁，常州府宜兴县附生。

第十六名：毛宗达，年四十岁，常州府阳湖县贡生。

第十七名：朱厚基，年二十三岁，常州府无锡县附生。庚申进士，主事。

第十八名：朱炳奎，年三十二岁，常州府无锡县附生。

第十九名：夏子□，年二十八岁，高邮州增生。

第二十名：何镕，年四十八岁，凤阳府怀远县廪生。

第二十一名：周铭勋，年四十三岁，通州附生。

第二十二名：朱日宣，年四十九岁，池州府铜陵县增生。

第二十三名：汪克昌，年二十五岁，苏州府新阳县贡生。

第二十四名：顾瑞清，年三十四岁，苏州府廪生。

第二十五名：刘廷枚，年二十三岁，苏州府廪生。戊辰进士。

第二十六名：丁锦书，年四十七岁，常州府荆溪县廪生。

第二十七名：陈倬，年二十七岁，苏州府廪生。

第二十八名：徐兆英，年二十五岁，扬州府廪生。

第二十九名：赵凤翥，年四十岁，庐州府廪生。

第三十名：陈梦龄，年四十五岁，镇江府丹徒县贡生。

第三十一名：张梦熊，年四十五岁，宁国府太平县贡生。

第三十二名：吴禀鉴，年四十八岁，苏州府元和县廪生。

第三十三名：刘昺南，年三十三岁，扬州府附生。

第三十四名：吴钟英，年四十四岁，宁国府泾县附生。

第三十五名：孙景瀛，年五十七岁，徽州府黟县附生。

第三十六名：凌秉钧，年五十八岁，江宁府江宁县廪生。

第三十七名：张礼经，年二十八岁，太平府廪生。

第三十八名：戴润万，年五十五岁，宁国府廪生。

第三十九名：吕伟恒，年三十七岁，宁国府旌德县廪生。

第四十名：庄煜，年四十八岁，常州府阳湖县附生。

第四十一名：马世骐，年二十一岁，苏州府廪生。

第四十二名：叶绍庭，年五十岁，江宁府上元县廪生。

第四十三名：汪流金，年四十四岁，滁州全椒县廪生。

第四十四名：吴廷芬，年二十岁，徽州府休宁县廪生。

第四十五名：陆尔熙，年十三岁，常州府阳湖县附生。癸亥
进士，庶吉士。

第四十六名：汪文澜，年二十二岁，徽州府休宁县附生。

第四十七名：刘一椿，年三十一岁，松江府廪生。

第四十八名：朱觐光，年二十三岁，江宁府六合县附生。

第四十九名：吴善宝，年二十二岁，宁国府泾县附生。癸亥
进士，主事。

第五十名：高承治，年四十七岁，扬州府江都县候廪生。

第五十一名：齐来祚，年四十八岁，无为州贡生。

第五十二名：王麟，年三十八岁，六安州霍山县附生。

第五十三名：叶太齐，年五十五岁，安庆府宿松县增生。

第五十四名：王学易，年三十五岁，高邮州兴化县附生。

第五十五名：王彦彬，年三十一岁，庐州府贡生。

第五十六名：周肇元，年三十九岁，江宁府江宁县附生。

第五十七名：王友迪，年三十四岁，徽州府婺源县廪生。

第五十八名：朱汝椿，年五十岁，太平府当涂县贡生。

第五十九名：李瑛，年二十八岁，通州增生。

第六十名：孙文泰，年二十五岁，扬州府甘泉县增生。

第六十一名：王殿凤，年二十七岁，江宁府江宁县附生。

第六十二名：王荫樾，年二十二岁，泗州盱眙县廪生。

第六十三名：曹祺，年二十四岁，扬州府仪征县廪生。

第六十四名：陆梓林，年四十二岁，泗州天长县监生。

第六十五名：狄炳焘，年二十七岁，镇江府溧阳县附生。

第六十六名：徐洽义，年二十八岁，太仓州镇洋县附生。

第六十七名：邵琛，年四十二岁，苏州府昭文县监生。

第六十八名：汪文润，年四十八岁，徽州府黟县附生。

第六十九名：张燹生，年二十七岁，通州如皋县附生。

第七十名：刘大镛，年三十三岁，江宁府上元县附生。

第七十一名：汪彤程，年二十二岁，海州赣榆县廪生。戊辰进士。

第七十二名：韩鸿飞，年三十一岁，苏州府元和县附生。

第七十三名：徐树勋，年二十五岁，苏州府吴江县附生。

第七十四名：张法皋，年二十九岁，宁国府宣城县附生。

第七十五名：吴景，年二十五岁，安庆府太湖县廪生。

第七十六名：孙勋烈，年十八岁，常州府无锡县贡生。

第七十七名：陈祺龄，年四十二岁，镇江府丹徒县监生。

第七十八名：俞德林，年三十二岁，徽州府婺源县附生。

第七十九名：佘培轩，年三十岁，海州赣榆县廪生。

第八十名：孙承熙，年三十八岁，江宁府增生。

第八十一名：杨鸿典，年十八岁，镇江府丹徒县监生。

第八十二名：杨焘，年三十五岁，滁州全椒县贡生。

第八十三名：周桢，年二十九岁，庐州府合肥县附生。

第八十四名：严景云，年三十五岁，通州如皋县贡生。

第八十五名：余高璜，年十九岁，苏州府廪生。

第八十六名：黄辉祖，年四十五岁，宁国府南陵县廪生。

第八十七名：黄际唐，年五十二岁，苏州府长洲县增生。

第八十八名：余庆年，年二十九岁，滁州来安县廪生。

第八十九名：李德新，年二十四岁，凤阳府凤阳县附生。

第九十名：柴文杰，年十八岁，太仓州镇洋县附生。

第九十一名：洪敬敷，年四十四岁，太平府繁昌县附生。

第九十二名：范绪业，年三十六岁，庐州府增生。

第九十三名：李仁龄，年十八岁，庐州府合肥县监生。

第九十四名：宋祺，年二十八岁，镇江府丹徒县廪生。

第九十五名：邹之城，年四十四岁，通州如皋县廪生。

第九十六名：顾宗宝，年二十九岁，苏州府吴县附生。

第九十七名：吴昌照，年三十九岁，徽州府歙县监生。

第九十八名：王天相，年四十岁，宁国府太平县廪生。

第九十九名：吴廷璧，年三十岁，太仓州增生。

第一百名：朱步云，年十八岁，宁国府泾县贡生。

第一百一名：归康麐，年三十五岁，苏州府附生。

第一百二名：张尔昌，年三十四岁，安庆府桐城县附生。

第一百三名：陈九垣，年四十二岁，六安州增生。

第一百四名：汪人廉，年二十七岁，无为州巢县附生。

第一百五名：李美崧，年三十三岁，六安州廪生。

第一百六名：陈锡周，年三十一岁，池州府石埭县附生。

第一百七名：殷元善，年二十五岁，镇江府丹徒县附生。

第一百八名：黄日堪，年三十八岁，淮安府山阳县廪生。

第一百九名：陈文凤，年三十五岁，安庆府宿松县附生。

第一百十名：储树人，年四十岁，泰州附生。

第一百十一名：吴赓熙，年三十一岁，苏州府廪生。

第一百十二名：陈元绶，年四十七岁，苏州府长洲县监生。

第一百十三名：陈景富，年二十九岁，扬州府江都县廪生。

第一百十四名：朱亦祁，年二十七岁，宁国府宣城县附生。

中式副榜二十二名

第一名：秦国桢，年四十岁，常州府无锡县附生。

第二名：吴钟淮，年四十一岁，宁国府宁国县附生。

第三名：朱庆镐，年二十九岁，苏州府常熟县附生。

第四名：马钟，年三十八岁，苏州府长洲县监生。

第五名：胡道宣，年三十四岁，徽州府附生。

第六名：汪承庆，年二十四岁，太仓州镇洋县廪生。

第七名：沈凌鹗，年二十四岁，常州府附生。

第八名：孙贵镇，年二十八岁，庐州府附生。

第九名：许树棠，年二十八岁，常州府附生。

第十名：胡贞观，年二十九岁，宁国府泾县附生。

第十一名：吴民鉴，年三十六岁，安庆府廪生。

第十二名：滕铉，年二十四岁，苏州府吴县附生。

第十三名：王锦泉，年二十四岁，宁国府太平县附生。

第十四名：谢会瑜，年三十四岁，常州府阳湖县附生。

第十五名：陆宗泰，年三十九岁，太仓州廪生。

第十六名：吴瑶，年五十岁，宁国府泾县附生。

第十七名：崔书黼，年五十岁，常州府荆溪县贡生。

第十八名：孙廷扬，年二十九岁，凤阳府凤阳县廪生。

第十九名：芮法勋，年三十四岁，镇江府附生。

第二十名：吴沐泉，年二十五岁，庐州府庐州县附生。

第二十一名：苏长华，年二十一岁，江宁府江浦县附生。

第二十二名：包兰生，年二十二岁，淮安府廪生。

咸丰九年己未恩科并补行五年乙卯正科江南乡试

监临官：礼部左侍郎代办监临江苏提督学政孙葆元（直隶盐山县人，己丑进士）。

外提调官：署江苏按察使盐运使衔候补道蔡映斗（云南晋宁州人，荫生）。

内提调官：江苏候补尽先补用道忠淳（满洲镶蓝旗人，己亥举人）。

监试官：江苏候补知府贾益谦（山西夏县人，甲午举人）。

考试官：国史馆副总裁、礼部右侍郎杨式谷（河南商城县人，辛丑进士），国子监祭酒皂保（满洲镶黄旗人，乙巳进士）。

内帘监试官：江苏候补知府于醇儒（山东平度州人，乙巳进士）。

内帘收掌官：署江苏苏州府海防同知候补同知樊钟秀（汉军正白旗人，癸卯举人）。

同考官：江苏候补同知梁丁辰（福建长乐县人，己亥举人），江苏候补同知杨靖（顺天固安县人，癸卯举人），江苏候补同知郎郡环（山东潍县人，壬子进士），江苏试用同知邵积善（福建闽县人，壬子举人），安徽即补直隶州知州皇甫汉仕（浙江桐庐县人，丁酉举人），江苏候补直隶州知州王锡桐（云南丽江县人，丁酉举人），署安徽绩溪县事候补知州王峻（汉军镶蓝旗人，丙午举人），安徽候补知州匡森林（贵州贵筑县人，己酉举人），安徽补用直隶州知州署旌德县知县李焜（云南太和县人，壬子进士），江苏同知直隶州知州用准补山阳县知县王崧龄（直隶肥乡县人，丙午举人），安徽升用同知直隶州知州候补知县张瑞增（陕西富平县人，庚子举人），江苏升用同知华亭县知县何焕组（山西灵石县人，癸卯举人），江苏即用知县郑猗棻（山东日照县人，丙辰进士），安徽即用知县林廷杰（江西广丰县人，庚戌进士），江苏大挑知县何承元（福建闽县人，丁酉举人），江苏补用知县马鸿翔（山东济宁州人，丙午举人）。

第一场

四书题：子谓子夏曰："女为君子儒，无为小人。"儒子游为武城宰。子曰："女得人焉尔乎。"

武王缵大王、王季、文王之绪。

我岂若处畎亩之中，由是以乐尧舜之道哉。汤三使
往聘之。既而幡然改曰：与我处畎亩之中，由是以
乐尧舜之道。

诗题：赋得江风吹月海初潮。得楼字，五言八韵。

第二场

五经题：鸿渐于陆其羽可用为仪吉。

厥筐织贝，厥包橘柚。

虎拜稽首，天子万年。

齐侯使国归父来聘。僖公三十有三年。

大饮烝。

第三场

策题五道：第一问　经学

第二问　四书异同

第三问　史学

第四问　屯田水利

第五问　兵律

咸丰己未恩科并补乙卯正科江南乡试中式举人二百二名

第一名：余鉴，年三十五岁，徽州府婺源县附生。戊辰进士，
翰林。

第二名：浦毓慈，年三十五岁，苏州府廪生。

第三名：吕一凤，年三十一岁，苏州府元和县附生。

第四名：张家彦，年四十五岁，松江府娄县增生。

第五名：王国宝，年二十六岁，苏州府吴县附生。

第六名：吴官熊，年三十五岁，扬州府仪征县附生。

第七名：卞庶凝，年二十四岁，高邮州附生。

第八名：孙树滋，年三十八岁，浙江尽先补用县丞，徽州府

休宁县附监生。辛未进士。

第九名：黄积庆，年三十一岁，扬州府仪征县附生。

第十名：秦焕，年四十岁，淮安府山阳县候廪生。庚申进士，主事。

第十一名：贾襄，年二十岁，松江府上海县附生。

第十二名：张攀桂，年二十三岁，通州增生。

第十三名：唐景高，年五十六岁，松江府南汇县廪生。

第十四名：鲍功枚，年三十八岁，徽州府歙县职监生。壬戌进士，主事。

第十五名：韦焕，年二十八岁，安庆府太湖县附生。

第十六名：邓元镜，年三十七岁，常州府金匮县附生。铜山县训导。

第十七名：方胙勋，年二十七岁，江宁府江宁县附生。

第十八名：周晋堃，年三十三岁，松江府上海县廪生。辛未进士。

第十九名：韩霖，年三十一岁，苏州府吴江县附生。

第二十名：胡宗铎，年十五岁，徽州府附生。

第二十一名：李彭寿，年二十七岁，江宁府上元县职监生。

第二十二名：李淳，年三十六岁，淮安府盐城县候廪生。

第二十三名：邓焕，年三十四岁，通州如皋县附生。

第二十四名：潘绍铨，年二十岁，苏州府元和县增生。

第二十五名：陈昀，年三十五岁，淮安府附生。

第二十六名：郭怀仁，年二十九岁，庐州府合肥县廪生。癸亥进士，庶吉士。

第二十七名：王学懋，年四十岁，庐州府合肥县廪生。

第二十八名：皇甫治，年四十二岁，苏州府吴县廪生。戊辰进士。

第二十九名：巫田玉，年四十二岁，通州增生。

第三十名：张朝澄，年二十三岁，苏州府吴县附贡生。戊辰进士。

第三十一名：杨桂年，年三十七岁，江宁府江宁县增生。

第三十二名：何沛霖，年二十二岁，镇江府丹阳县附生。

第三十三名：陆诒谷，年三十六岁，太仓州嘉定县廪生。

第三十四名：程鸿遇，年三十七岁，常州府武进县附生。

第三十五名：屈士瀛，年五十岁，苏州府常熟县廪生。

第三十六名：马腾骏，年二十岁，安庆府桐城县监生。

第三十七名：翟登云，年四十二岁，泰州东台县附生。

第三十八名：朱士璜，年三十四岁，松江府奉贤县增生。

第三十九名：王希鏊，年三十一岁，苏州府吴江县附生。

第四十名：胡澍，年三十三岁，徽州府附生。

第四十一名：吴璋达，年二十九岁，松江府华亭县增生。

第四十二名：顾渥霖，年四十二岁，太仓州附生。

第四十三名：汪国凤，年三十一岁，扬州府廪生。

第四十四名：朱期保，年三十岁，江宁府江宁县附生。

第四十五名：徐廷珍，年四十六岁，扬州府江都县恩贡生。

第四十六名：章夏，年四十岁，宁国府泾县附生。

第四十七名：王葆侤，年三十三岁，六安州英山县拔贡生。教谕。

第四十八名：王士芬，年五十二岁，安庆府太湖县增生。官卷。

第四十九名：潘贵生，年二十六岁，苏州府吴县附生。

第五十名：陈谓，年三十三岁，通州泰兴县廪生。

第五十一名：傅介福，年三十五岁，松江府奉贤县廪生。

第五十二名：潘元燮，年二十九岁，常州府荆溪县附生。

第五十三名：胡道荣，年四十五岁，徽州府绩溪县贡生。

第五十四名：唐绩熙，年四十三岁，徽州府绩溪县增生。

第五十五名：符庆增，年三十岁，太仓州宝山县监生。

第五十六名：姚元滋，年二十九岁，松江府上海县附生。

第五十七名：杨文煜，年二十七岁，苏州府吴县增生。

第五十八名：张汝麟，年四十二岁，镇江府丹阳县附生。

第五十九名：朱伯壎，年二十八岁，淮安府安东县附生。

第六十名：张宗沂，年二十八岁，常州府无锡县附生。

第六十一名：赵汝玉，年三十三岁，苏州府吴江县增生。

第六十二名：季宝仁，年二十三岁，常州府江阴县附生。

第六十三名：顾培庆，年三十岁，苏州府元和县附生。

第六十四名：顾彭寿，年二十九岁，苏州府廪生。

第六十五名：王维翰，年二十岁，泰州附生。

第六十六名：周熙，年二十五岁，徽州府绩溪县附生。

第六十七名：庞钟瑞，年三十三岁，苏州府常熟县增生。

第六十八名：汪浚，年六十岁，徽州府黟县恩贡生。

第六十九名：徐毓锟，年三十六岁，江宁府江宁县附生。

第七十名：吴履亨，年四十二岁，宁国府泾县增生。

第七十一名：方其义，年三十六岁，徽州府廪生。

第七十二名：吴臣枚，年三十七岁，徽州府歙县附生。

第七十三名：陈夔之，年三十八岁，常州府无锡县廪生。

第七十四名：袁养存，年三十二岁，高邮州兴化县附生。

第七十五名：汪荫谷，年二十六岁，苏州府昆山县增生。

第七十六名：吴以烜，年二十七岁，宁国府泾县监生。候选部寺司务。

第七十七名：舒帷，年三十三岁，徽州府黟县附生。

第七十八名：杨文，年二十七岁，徽州府附生。

第七十九名：夏抡谟，年三十二岁，淮安府桃源县廪生。

第八十名：陈履泰，年二十九岁，松江府娄县附生。

第八十一名：黄铭鼎，年二十九岁，徽州府黟县附生。

第八十二名：沈秉熙，年二十八岁，常州府阳湖县附生。

第八十三名：顾奎，年三十四岁，扬州府甘泉县优贡生。

第八十四名：胡文田，年二十三岁，徽州府附生。

第八十五名：邵廷楷，年三十九岁，通州附生。戊辰进士。

第八十六名：顾志和，年三十五岁，扬州府江都县廪生。

第八十七名：蒋世琛，年二十九岁，常州府宜兴县附生。

第八十八名：缪逢垣，年二十八岁，常州府江阴县附生。

第八十九名：顾言方，年十七岁，松江府附生。

第九十名：袁泰生，年三十八岁，苏州府元和县廪生。

第九十一名：徐福辰，年二十三岁，常州府荆溪县附生。

第九十二名：李曾珂，年二十五岁，松江府上海县附生。

第九十三名：王建中，年四十八岁，高邮州廪监生。

第九十四名：周舫，年三十二岁，常州府武进县廪生。

第九十五名：王春旭，年三十六岁，高邮州兴化县附生。

第九十六名：眭钟峤，年三十一岁，镇江府丹阳县附生。

第九十七名：徐葆辰，年二十四岁，常州府附生。

第九十八名：李继翔，年二十四岁，松江府娄县廪生。

第九十九名：季润堂，年三十五岁，苏州府昭文县廪监生。

第一百名：杜春华，年二十九岁，宁国府太平县附生。

第一百一名：沙骏声，年二十七岁，常州府江阴县附生。

第一百二名：王焕昭，年三十五岁，海州沭阳县增生。

第一百三名：杨文珏，年三十七岁，徽州府休宁县增监生。世袭云骑尉选用府经历。

第一百四名：俞钟缵，年二十七岁，苏州府常熟县附生。

第一百五名：胡贞观，年四十六岁，宁国府泾县副贡生。候选直隶州州同。

第一百六名：王道隆，年二十一岁，松江府青浦县□生。

第一百七名：李葆恩，年二十二岁，苏州府廪生。

第一百八名：戴裕源，年二十四岁，常州府荆溪县附生。

第一百九名：郑镜清，年四十六岁，江宁府江宁县廪贡生。
崇明县教谕。

第一百十名：凌浚，年四十三岁，苏州府吴江县附生。议叙
候选训导。

第一百十一名：汪洪庆，年四十二岁，徽州府休宁县廪生。

第一百十二名：陈浩恩，年二十九岁，扬州府甘泉县廪生。

第一百十三名：凌淦，年二十五岁，苏州府附生。

第一百十四名：王蓉生，年三十八岁，松江府南汇县附贡
生。海州训导。

第一百十五名：洪晋祺，年三十六岁，徽州府歙县附生。

第一百十六名：夏如椿，年三十四岁，江宁府上元县增生。

第一百十七名：朱维垣，年三十八岁，宁国府增生。

第一百十八名：严思忠，年四十一岁，镇江府丹徒县附贡
生。候选训导。

第一百十九名：宋瑞焕，年五十四岁，松江府奉贤县增生。

第一百二十名：单联杰，年三十三岁，松江府上海县附生。

第一百二十一名：林瀚，年二十八岁，松江府廪生。

第一百二十二名：王承坝，年二十九岁，松江府上海县候
增生。

第一百二十三名：翁炳煌，年二十三岁，淮安府桃源县
附生。

第一百二十四名：吴清藻，年三十三岁，常州府附生。

第一百二十五名：汪桂，年三十七岁，徽州府绩溪县廪生。

第一百二十六名：吴长年，年三十六岁，江宁府江宁县
附生。

第一百二十七名：陈佐平，年三十八岁，安庆府宿松县
附生。

第一百二十八名：李毓芬，年二十三岁，松江府娄县附生。

第一百二十九名：赵日新，年三十四岁，常州府金匮县附生。

第一百三十名：曹毓英，年二十三岁，苏州府吴县附生。

第一百三十一名：袁清贺，年四十岁，苏州府吴江县增生。

第一百三十二名：李庆永，年二十六岁，镇江府廪生。

第一百三十三名：张镐，年三十二岁，镇江府溧阳县附生。

第一百三十四名：江继曾，年二十八岁，宁国府旌德县附生。

第一百三十五名：周思炯，年二十九岁，安庆府望江县附生。

第一百三十六名：汪正元，年三十六岁，徽州府婺源县廪生。壬戌进士，主事。

第一百三十七名：华俎燿，年三十四岁，常州府金匮县附生。

第一百三十八名：黄树田，年三十三岁，徽州府黟县附生。

第一百三十九名：赵一鹏，年三十二岁，淮安府阜宁县廪生。

第一百四十名：袁祖安，年三十四岁，通州如皋县廪生。

第一百四十一名：彭君谷，年三十七岁，镇江府溧阳县廪生。癸亥进士，庶吉士。

第一百四十二名：屈逢源，年三十三岁，苏州府常熟县附监生。

第一百四十三名：庄云韶，年二十五岁，常州府增生。

第一百四十四名：顾允昌，年三十岁，苏州府元和县廪生。

第一百四十五名：严锦华，年二十八岁，通州如皋县附生。

第一百四十六名：陈笃庆，年五十七岁，泰州附贡生。

第一百四十七名：刘开文，年四十一岁，常州府阳湖县廪生。

第一百四十八名：卢福祥，年三十七岁，苏州府昭文县候廪生。

第一百四十九名：洪大庭，年二十七岁，徽州府歙县廪生。

第一百五十名：庄世骥，年三十九岁，松江府青浦县优廪生。

第一百五十一名：毛鸿儒，年二十二岁，高邮州宝应县附生。

第一百五十二名：卞宝璋，年二十岁，太平府繁昌县监生。

第一百五十三名：朱熙宇，年二十七岁，徽州府休宁县附生。

第一百五十四名：孔广谟，年四十三岁，高邮州兴化县增生。

第一百五十五名：胡兰枝，年四十四岁，苏州府昭文县附贡生。

第一百五十六名：唐毓庆，年二十岁，江宁府六合县监生。官卷。

第一百五十七名：史致准，年三十八岁，常州府阳湖县增贡生。候选训导。

第一百五十八名：汪之鼎，年三十岁，徽州府婺源县附生。

第一百五十九名：王岱，年三十八岁，淮安府阜宁县廪生。

第一百六十名：方庆恩，年三十岁，徽州府歙县附贡生。候选教谕。

第一百六十一名：程培杰，年三十五岁，徽州府婺源县附生。

第一百六十二名：高侍曾，年二十五岁，常州府附生。

第一百六十三名：丁显，年四十一岁，淮安府廪生。

第一百六十四名：张汝梅，年三十三岁，松江府华亭县廪生。

第一百六十五名：胡朝贺，年五十二岁，徽州府黟县拔贡生。

第一百六十六名：李金桂，年二十七岁，通州附生。

第一百六十七名：程永祥，年三十九岁，徽州府休宁县增贡生。

第一百六十八名：徐百城，年三十四岁，扬州府增生。

第一百六十九名：洪典，年二十五岁，宁国府宁国县附生。

第一百七十名：屈家珍，年二十八岁，苏州府常熟县增生。

第一百七十一名：黄崇姓，年二十一岁，徽州府歙县附生。

第一百七十二名：郑成章，年二十二岁，徽州府歙县附生。
辛未进士。

第一百七十三名：董介寿，年二十五岁，常州府附生。

第一百七十四名：顾秉政，年三十四岁，松江府华亭县职贡生。

第一百七十五名：浦钟英，年三十岁，苏州府昭文县廪贡生。

第一百七十六名：郑懋仁，年三十二岁，苏州府候增生。

第一百七十七名：费延厘，年二十四岁，苏州府吴江县廪贡生。

第一百七十八名：冯绍唐，年六十岁，徽州府绩溪县候廪生。

第一百七十九名：严福保，年二十五岁，苏州府吴县附生。

第一百八十名：沈树镛，年二十七岁，松江府廪生。

第一百八十一名：单渭南，年三十六岁，泰州附生。

第一百八十二名：卢钰，年三十八岁，庐州府廪生。

第一百八十三名：陶楫，年三十二岁，江宁府上元县附生。

第一百八十四名：赵鸿业，年三十四岁，高邮州兴化县增生。

第一百八十五名：江维城，年四十八岁，徽州府黟县附贡生。

第一百八十六名：李德泂，年三十八岁，亳州太和县廪生。

第一百八十七名：钟斯盛，年二十八岁，松江府南汇县附生。

第一百八十八名：顾克昌，年三十二岁，苏州府元和县廪生。

第一百八十九名：滕希甫，年三十四岁，徽州府婺源附生。戊辰进士。

第一百九十名：汪期龄，年五十六岁，宁国府旌德县廪生。

第一百九十一名：沈莲，年二十八岁，松江府附生。

第一百九十二名：王炳如，年三十岁，太仓州廪生。

第一百九十三名：胡鸿泽，年三十一岁，宁国府增生。

第一百九十四名：汪黎献，年四十岁，淮安府清河县廪贡生。

第一百九十五名：程国珍，年三十六岁，苏州府常熟县廪生。

第一百九十六名：李昭炜，年二十九岁，徽州府婺源县监生。甲戌进士。

第一百九十七名：崔国榜，年二十八岁，宁国府太平县附生。戊辰进士。

第一百九十八名：胡绍安，年三十五岁，镇江府增生。

第一百九十九名：王家瑞，年二十二岁，徽州府黟县附生。

第二百名：汪齐辉，年二十三岁，宁国府旌德县监生。

第二百一名：洪承煦，年三十三岁，扬州府仪征县廪生。

第二百二名：王毓英，年二十八岁，苏州府廪生。

中式副榜三十七名

第一名：秦莹，年二十三岁，常州府附生。

第二名：杨凤仪，年三十五岁，安庆府怀宁县增生。

第三名：刘庆云，年二十五岁，淮安府山阳县附生。

第四名：张颐麟，年二十七岁，江宁府增生。

第五名：李逢年，年三十三岁，江宁府上元县附生。

第六名：吴凤韶，年四十一岁，常州府江阴县廪生。

第七名：钱景云，年三十一岁，松江府华亭县增生。

第八名：田晋蕃，年二十八岁，江宁府上元县增生。

第九名：许绥，年六十岁，徽州府歙县岁贡生。

第十名：叶裕熊，年四十四岁，徽州府歙县廪生。

第十一名：陶嘉福，年三十五岁，苏州府昭文县廪贡生。试用训导。

第十二名：孙传鹤，年二十二岁，苏州府吴县附生。

第十三名：束允谦，年五十岁，镇江府丹阳县廪生。

第十四名：邱禄来，年二十二岁，淮安府附生。

第十五名：张仲友，年四十三岁，苏州府震泽县附生。

第十六名：杨在纲，年三十八岁，池州府青阳县职贡生。

第十七名：袁文钊，年三十九岁，通州附生。

第十八名：倪健，年三十五岁，扬州府廪生。

第十九名：戴其相，年四十三岁，苏州府长洲县附生。

第二十名：陈瑞田，年三十四岁，松江府廪生。

第二十一名：胡大智，年三十三岁，徽州府休宁县附生。

第二十二名：王枚吉，年四十八岁，徽州府婺源县增贡生。

第二十三名：徐觐光，年三十一岁，扬州府甘泉县附生。

第二十四名：何昌梓，年三十三岁，松江府青浦县附生。

第二十五名：汪承福，年三十一岁，滁州全椒县附生。

第二十六名：朱成，年二十三岁，常州府江阴县附生。

第二十七名：王沐民，年十七岁，徽州府婺源县监生。

第二十八名：王文淦，年四十四岁，宁国府泾县廪生。

第二十九名：钱燮，年二十九岁，常州府阳湖县附生。

第三十名：钱禄恩，年二十二岁，苏州府常熟县附生。

第三十一名：张霖，年二十岁，镇江府丹阳县附生。

第三十二名：邱时遇，年三十九岁，常州府宜兴县附生。

第三十三名：王鹤龄，年二十一岁，泰州附生。

第三十四名：徐元义，年二十八岁，扬州府江都县附生。

第三十五名：崔允勤，年三十一岁，宁国府太平县附生。

第三十六名：庄振冈，年四十一岁，镇江府金坛县廪生。

第三十七名：谭绅，年四十四岁，宁国府增生。

同治九年庚午科并补行同治元年壬戌恩科江南乡试

监临官：工部右侍郎兼管钱法堂事务提督江苏全省学政童华（浙江鄞县人，戊戌进士）。

外提调官：江南江宁等处承宣布政使司布政使强勇巴图鲁梅启照（江西南昌县人，壬子进士）。

内提调官：江苏候补道孙衣言（浙江瑞安县人，庚戌进士）。

监试官：布政使衔江苏候补道倪宝璜（浙江平湖县人，己酉举人）。

考试官：内阁学士兼礼部侍郎衔正白旗汉军副都统铭安（满洲镶黄旗人，丙辰进士），詹事府右春坊右赞善上书房行走林天龄（福建长乐县人，庚申进士）。

内帘监试官：盐运使衔尽先题补道江苏苏州府知府李铭皖（河南夏邑县人，庚子进士）。

内帘收掌官：江苏候补知府田祚（浙江山阴县人，甲辰举人）。

同考官：安徽候补通判向懋楚（湖南澧州人，甲子补行辛酉举人），四品顶戴江苏候补直隶州州同徐锦华（浙江平湖县人，辛亥举人），江苏候补直隶州知州高心夔（江西湖口县人，己未进士），知府衔江苏候补直隶州知州张锦瑞（湖南善化县人，辛亥举人），运同衔知州用江苏候补知县丁廷鸾（浙江嘉善县人，癸卯举人），江苏补用同知直隶州知州阳湖县知县张清华（浙江秀水县人，乙卯举人），同知衔署安徽铜陵县合肥县知县姚清祺（浙江余杭县人，庚申进士），三品衔道员用补用知府淮北监掣同知范志熙（湖北武昌县人，辛酉举人），江苏即用知县丁维（直隶玉田县人，戊辰进士），安徽候补知县李如箎（顺天宝坻县人，庚子举人），同知衔江苏丹阳县知县王琬（直隶天津县人，丙午举人），江苏候补知县张佑璧（湖北黄陂县人，己酉举人），安徽候补直隶州知州胡有诚（湖北江夏县人，癸亥进士），江苏即用知县赵从佐（江西南丰县人，戊辰进士），江苏即用知县刘承矩（河南罗山县人，戊辰进士），同知衔安徽太湖县知县符兆鹏（广东海康县人，癸亥进士），同知衔江苏候补知县赵桂瀛（河南商邱县人，甲辰举人），同知衔江苏东台县知县欧阳锴（广东三水县人，己酉举人）。

第一场

四书题：周公谓鲁公曰：君子不施其亲，不使大臣怨乎不以。故旧无大故，则不弃也，无求备于一人。

修道之谓教，道也者，不可须臾离也，可离非道也。

而况于亲炙之者乎。

诗题：赋得千古江山北固多。得多字，五言八韵。

第二场

五经题：九二，鸣鹤在阴，其子和之。

若金，用汝作砺。

吉甫作诵，穆如清风。仲山甫永怀，以慰其心。

秋八月壬午大阅。桓公六年。

德盛而教尊，五谷时熟，然后赏之以乐。

第三场

策题五道：第一问

第二问

第三问

第四问

第五问

同治庚午正科并补壬戌恩科江南乡试中式举人三百五名

第一名：许时中，年二十一岁，常州府荆溪县附生。

第二名：王裕龄，年四十八岁，和州含山县岁贡生。丙子主事。

第三名：潘逢泰，年二十三岁，通州静海乡（原籍徽州婺源）廪生。

第四名：高蓉镜，年五十三岁，高邮州廪生。

第五名：程庆熊，年二十岁，徽州府歙县附生。

第六名：尹恭保，年二十二岁，镇江府丹徒县优廪生。

第七名：顾曾烜，年三十三岁，通州优廪生。

第八名：邹宝树，年四十三岁，镇江府丹徒县附生。

第九名：赵拔，年五十岁，高邮州兴化县优增生。

第十名：余述尹，年二十六岁，徽州府婺源县附生。

第十一名：柳商贤，年三十四岁，苏州府元和县廪生。

第十二名：潘文熊，年二十七岁，苏州府常熟县增生。

第十三名：许树滋，年二十四岁，通州如皋县附生。

第十四名：陈兆熙，年三十三岁，江宁府江宁县优贡生。

第十五名：潘履祥，年四十一岁，太仓州宝山县廪生。

第十六名：孙汝昌，年三十九岁，通州附生。

第十七名：沈世荣，年四十八岁，宁国府泾县廪生。

第十八名：檀球，年二十二岁，安庆府望江县廪生。

第十九名：陈熙治，年三十六岁，常州府江阴县廪贡生。

第二十名：顾其行，年三十三岁，通州廪生。丙子主事。

第二十一名：邱宝生，年二十八岁，淮安府附生。

第二十二名：查琛，年二十七岁，安庆府太湖县廪贡生。选用训导。

第二十三名：刘传福，年二十四岁，苏州府吴县副贡生。官生。甲戌进士。

第二十四名：祝冠军，年三十六岁，常州府靖江县廪生。

第二十五名：朱夔，年四十六岁，高邮州兴化县监生。

第二十六名：吴崇榘，年三十七岁，安庆府太湖县附生。

第二十七名：何宝炘，年四十一岁，苏州府吴县增生。

第二十八名：谷廷松，年六十岁，淮安府廪生。

第二十九名：赵曾重，年二十二岁，安庆府太湖县优廪生。官生。丙子进士。

第三十名：刘芬，年二十七岁，安庆府桐城县附生。

第三十一名：刁彭龄，年六十二岁，高邮州宝应县增生。

第三十二名：胡任源，年四十五岁，高邮州宝应县拔贡生。

第三十三名：潘江，年三十三岁，徽州府婺源县附生。丙子知县。

第三十四名：崔登，年二十五岁，宁国府太平县廪生。辛未进士。

第三十五名：许桂芬，年三十七岁，淮安府盐城县附生。辛未进士。

第三十六名：陈增秀，年二十四岁，常州府江阴县附生。

第三十七名：王朝俊，年三十六岁，苏州府吴县附生。丙子知县。

第三十八名：檀树蕃，年三十二岁，安庆府望江县增生。

第三十九名：郑学成，年四十六岁，六安州英山县廪贡生。

第四十名：吴锡晋，年二十五岁，常州府武进县附生。

第四十一名：赵亨，年三十三岁，镇江府增生。

第四十二名：钱锡庚，年三十九岁，苏州府震泽县增生。

第四十三名：唐鸿藻，年二十五岁，松江府华亭县增生。

第四十四名：庞鸿文，年三十四岁，苏州府常熟县监生。官生。丙子翰林。

第四十五名：汪应言，年四十六岁，宁国府旌德县廪贡生。候选教谕。

第四十六名：郑乔龄，年二十六岁，扬州府仪征县廪生。

第四十七名：吴国椿，年四十二岁，池州府东流县廪贡生。试用训导。

第四十八名：吴炳祥，年二十一岁，泗州盱眙县廪生。官生。

第四十九名：徐士佳，年二十九岁，常州府江阴县附生。

第五十名：杨同槿，年十九岁，苏州府常熟县附生。

第五十一名：陈庆荣，年二十八岁，江宁府江浦县附生。

第五十二名：王锡畴，年三十七岁，江宁府江浦县廪生。

第五十三名：蒋仁寿，年二十九岁，常州府荆溪县附生。

第五十四名：积广，年二十五岁，江宁驻防多伦佐领下萨克达氏，满洲镶白旗监生。

第五十五名：王奎，年三十七岁，庐州府舒城县廪生。

第五十六名：杜惠炘，年二十九岁，松江府上海县增生。

第五十七名：张堃，年二十二岁，安庆府太湖县附生。

第五十八名：周孚裕，年三十九岁，太平府芜湖县廪生。辛未进士。

第五十九名：庞钟瑚，年四十岁，苏州府常熟县候廪生。

第六十名：石镜潢，年三十九岁，安庆府宿松县附贡生。_刑
部候补主事。

第六十一名：徐斗文，年四十六岁，常州府宜兴县拔贡生。
试用教谕。

第六十二名：季邦桢，年二十八岁，常州府江阴县监生。_官
生。辛未进士。四品衔兵部即补员外郎。

第六十三名：王恩临，年三十八岁，徽州府婺源县职监生。

第六十四名：吴瀚，年三十八岁，宁国府泾县廪生。

第六十五名：钱鸿鼎，年三十七岁，常州府增生。

第六十六名：翟英元，年五十三岁，宁国府泾县廪贡生。

第六十七名：朱骏，年二十七岁，太仓州宝山县附生。

第六十八名：王庆善，年二十岁，太仓州嘉定县监生。_{世袭}
云骑尉。

第六十九名：奚文彬，年二十四岁，松江府娄县廪生。

第七十名：焦作梅，年三十四岁，宁国府太平县附生。

第七十一名：夏礼，年三十二岁，江宁府上元县附生。

第七十二名：詹保泰，年五十五岁，滁州来安县廪贡生。_候
选训导。

第七十三名：江鉴，年二十七岁，安庆府附生。

第七十四名：吴鋆，年二十八岁，苏州府长洲县监生。

第七十五名：陈懋佐，年三十九岁，苏州府长洲县廪生。

第七十六名：荣光世，年二十四岁，常州府无锡增生。

第七十七名：舒士㝢，年二十岁，安庆府怀宁县附生。

第七十八名：杨长年，年五十八岁，江宁府江宁县增贡生。
试用训导。

第七十九名：汪焕群，年五十六岁，宁国府旌德县廪贡生。

第八十名：向高，年五十八岁，常州府江阴县拔贡生。候选教谕。

第八十一名：李慎传，年三十六岁，镇江府丹徒县廪贡生。官生。

第八十二名：王璠，年四十五岁，安庆府怀宁县候廪生。

第八十三名：张履豫，年三十三岁，苏州府吴县附生。

第八十四名：周应谷，年三十五岁，泰州东台县候廪生。

第八十五名：黄宝善，年二十二岁，和州含山县廪生。

第八十六名：赵元榜，年三十五岁，宁国府泾县岁贡生。

第八十七名：朱赓尧，年二十七岁，松江府华亭县廪生。

第八十八名：陶书勋，年二十四岁，常州府金匮县附生。

第八十九名：吴永焕，年三十七岁，徽州府歙县增生。

第九十名：张用熙，年四十五岁，常州府武进县附贡生。

第九十一名：吕懋采，年三十五岁，常州府阳湖县附贡生。

第九十二名：鲍宾鸿，年三十四岁，池州府青阳县附生。

第九十三名：程伯埙，年二十二岁，安庆府太湖县附生。

第九十四名：黄亨业，年三十九岁，徐州府增生。署溧水县训导。

第九十五名：赵树禾，年三十四岁，镇江府丹徒县优贡生。丙子翰林。

第九十六名：黄腾，年三十七岁，淮安府安东县附生。

第九十七名：段晋熙，年三十一岁，六安州英山县廪生。甲戌进士。

第九十八名：江障东，年二十九岁，安庆府廪生。

第九十九名：邵如燧，年三十岁，太仓州宝山县候增生。

第一百名：周保璋，年二十五岁，太仓州嘉定县监生。

第一百一名：善彰，年二十七岁，京口驻防成名佐领下，蒙古镶红旗附生。

第一百二名：恽彦彬，年三十三岁，常州府阳湖县增生。试用训导。辛未进士。

第一百三名：汪毓衡，年四十八岁，徽州府歙县廪贡生。署亳州训导。

第一百四名：王萃龢，年三十六岁，松江府上海县附生。

第一百五名：李兆桂，年三十六岁，松江府青浦县增贡生。五品顶戴。

第一百六名：熊继轩，年四十一岁，六安州廪生。丙子知县。

第一百七名：王保建，年二十六岁，松江府南汇县廪贡生。先选训导。

第一百八名：昌桂森，年三十岁，高邮州宝应县附生。

第一百九名：董汝缄，年三十七岁，庐州府合肥县附生。

第一百十名：江际清，年五十二岁，安庆府怀宁县恩贡生。

第一百十一名：倪曾镕，年二十七岁，扬州府江都县附生。

第一百十二名：汪朝模，年二十二岁，苏州府附生。

第一百十三名：虞恩纶，年二十岁，庐州府廪生。

第一百十四名：钱士杓，年三十五岁，通州如皋县优廪生。

第一百十五名：王修麟，年四十八岁，六安州英山岁廪生。

第一百十六名：朱锡蕃，年三十岁，徽州府廪生。

第一百十七名：陈世伟，年二十五岁，镇江府丹徒县附生。

第一百十八名：王灿修，年四十岁，六安州英山县增贡生。

第一百十九名：芮鸿仪，年五十二岁，高邮州宝应县恩贡生。

第一百二十名：徐应台，年四十六岁，太仓州附生。

第一百二十一名：杨传书，年二十八岁，安庆府太湖县廪生。

第一百二十二名：盛大琛，年三十六岁，苏州府元和县附生。

第一百二十三名：刘子铣，年二十七岁，太仓州崇明县附生。

第一百二十四名：查之屏，年三十六岁，宁国府廪生。

第一百二十五名：朱忠恕，年□十九岁，安庆府太湖县监生。

第一百二十六名：许淡，年三十一岁，通州附生。

第一百二十七名：张希□，年二十六岁，太仓州崇明县附生。

第一百二十八名：刘纯质，年十七岁，宁国府旌德县增生。

第一百二十九名：刘坦，年四十岁，淮安府安东县廪贡生。

第一百三十名：戴承澍，年四十五岁，松江府青浦县廪贡生。光禄寺署正衔。

第一百三十一名：沈恩荣，年三十四岁，苏州府吴江县附生。丙子主事。

第一百三十二名：吴萃元，年三十四岁，徽州府歙县廪生。

第一百三十三名：许萃，年三十九岁，海州（原籍徽州歙县人）优贡生。

第一百三十四名：罗文焕，年十七岁，颖州府颖上县附生。

第一百三十五名：火华远，年五十二岁，泗州盱眙县副贡生。

第一百三十六名：刘世恭，年四十四岁，镇江府丹徒县附生。

第一百三十七名：柳昌霖，年三十岁，苏州府吴江县监生。候选府知事。

第一百三十八名：汪鹤衢，年三十二岁，苏州府增生。

第一百三十九名：金延祺，年二十八岁，滁州全椒县廪生。

第一百四十名：程惟孝，年二十五岁，常州府武进县职监生。

第一百四十一名：巢振镛，年二十九岁，常州府武进县监生。

第一百四十二名：陆彦珍，年三十岁，太仓州附生。

第一百四十三名：徐曾，年三十四岁，安庆府宿松县附贡生。

第一百四十四名：崔国干，年二十七岁，宁国府太平县附生。

第一百四十五名：陆笏，年五十五岁，通州优增生。议叙布经历衔。丙子进士。

第一百四十六名：何才价，年四十四岁，六安州霍山县廪生。甲戌进士。

第一百四十七名：张恩霖，年三十一岁，高邮州兴化县优贡生。候选内阁中书。

第一百四十八名：许国钧，年三十二岁，通州优增生。

第一百四十九名：支恒荣，年二十二岁，镇江府丹徒县附贡生。

第一百五十名：李竟成，年三十岁，宁国府泾县附生。

第一百五十一名：戴莲芬，年二十一岁，通州附生。

第一百五十二名：徐家升，年二十六岁，安庆府太湖县副贡生。

第一百五十三名：裔步鸾，年三十岁，淮安府盐城县增生。

第一百五十四名：袁文杰，年三十四岁，泰州东台县附生。

第一百五十五名：汪廷凤，年四十一岁，徽州府黟县附生。

第一百五十六名：丁士涵，年四十一岁，苏州府元和县附贡生。工部员外郎都水司行走。

第一百五十七名：王承煦，年三十二岁，庐州府舒城县廪生。

第一百五十八名：陆继军，年二十九岁，太仓州副贡生。候选国子监学正。

第一百五十九名：周安仁，年二十岁，常州府附生。

第一百六十名：李仁祐，年二十七岁，庐州府合肥县优廪生。

第一百六十一名：缪鼎臣，年三十八岁，苏州府长洲县附监生。

第一百六十二名：张宝铭，年四十二岁，泗州五河县岁贡生。

第一百六十三名：叶平寿，年二十九岁，通州泰兴县附生。

第一百六十四名：汪兆墉，年三十二岁，宁国府旌德县附生。

第一百六十五名：项九皋，年三十四岁，宁国府太平县廪生。

第一百六十六名：姚墉，年四十五岁，太仓州镇洋县拔贡生。候选教谕。

第一百六十七名：徐庆治，年二十九岁，苏州府附生。

第一百六十八名：吴荫培，年十八岁，苏州府吴县附生。

第一百六十九名：徐士佳，年五十一岁，安庆府潜山县附生。

第一百七十名：顾骙，年三十四岁，扬州府增生。

第一百七十一名：姜埕南，年四十三岁，镇江府丹阳县拔贡生。现任如皋县教谕。

第一百七十二名：唐泰，年三十岁，太仓州嘉定县附生。

第一百七十三名：易首乾，年三十七岁，和州含山县廪生。

第一百七十四名：严佩芳，年一十七岁，安庆府怀宁县增生。

第一百七十五名：孙桂□，年三十一岁，扬州府江都县附生。

第一百七十六名：杨运乾，年十七岁，淮安府附生。

第一百七十七名：袁鼎和，年十八岁，高邮州兴化县附生。

第一百七十八名：黄郑甲，年三十三岁，安庆府太湖县附生。

第一百七十九名：汪纷，年二十九岁，安庆府桐城县增生。

第一百八十名：张则华，年三十七岁，松江府华亭县廪生。

第一百八十一名：浦同瑞，年二十四岁，常州府金匮县附生。

第一百八十二名：徐步瀛，年三十九岁，高邮州兴化县廪生。

第一百八十三名：汪瑞曾，年二十二岁，泗州盱眙县附贡生。

第一百八十四名：吴尔襄，年三十五岁，宁国府廪生。

第一百八十五名：范用宾，年三十八岁，扬州府甘泉县优廪生。

第一百八十六名：陈芾，年三十六岁，扬州府附生。

第一百八十七名：吴世荣，年四十岁，六安州霍山县附贡生。

第一百八十八名：汪永钊，年三十一岁，泰州东台县候廪生。

第一百八十九名：吴协心，年三十七岁，常州府（宜兴县人）优廪生。

第一百九十名：朱振纲，年四十一岁，宁国府泾县岁贡生。

第一百九十一名：孙淮，年五十二岁，扬州府候廪生。

第一百九十二名：朱启凤，年二十三岁，常州府廪生。丙子知县。

第一百九十三名：舒济，年二十二岁，徽州府黟县附生。

第一百九十四名：严允升，年四十六岁，镇江府优廪生。

第一百九十五名：李金台，年三十九岁，泰州廪生。

第一百九十六名：汪时谟，年十六岁，宁国府旌德县附生。

第一百九十七名：叶景森，年三十岁，泗州天长县廪生。

第一百九十八名：杨安治，年三十一岁，通州如皋县廪生。

第一百九十九名：王咸□，年三十五岁，苏州府廪生。

第二百名：陈之铨，年三十六岁，颖州府阜阳县附生。

第二百一名：郑以庄，年四十四岁，颖州府颖上县拔贡生。五品衔即选州同。

第二百二名：王槐龙，年三十六岁，太仓州崇明县附生。

第二百三名：顾鸿烈，年三十六岁，太仓州嘉定县附生。世袭云骑尉。

第二百四名：倪维高，年二十一岁，太仓州镇洋县廪生。

第二百五名：程达璋，年四十四岁，徽州府婺源县优廪生。

第二百六名：张子坤，年四十六岁，淮安府桃源县廪生。

第二百七名：吴兆麟，年三十二岁，颖州府霍邱县附生。

第二百八名：管镛，年二十八岁，常州府阳湖县附生。

第二百九名：沈懋嘉，年三十八岁，常州府武进县监生。

第二百十名：汪庆龄，年四十三岁，宁国府旌德县廪贡生。

第二百十一名：俞拜言，年三十五岁，松江府青浦县附生。

第二百十二名：江薪，年三十一岁，安庆府潜山县附生。

第二百十三名：吴钟杰，年二十三岁，松江府华亭县附生。

第二百十四名：刘敦纪，年四十二岁，宁国府旌德县副贡生。候选教谕。辛未进士。

第二百十五名：蒋铭燕，年三十三岁，太仓州镇洋县增生。五品衔赏戴蓝翎。

第二百十六名：姚有彬，年二十一岁，松江府南汇县附生。

第二百十七名：倪祖荣，年二十四岁，安庆府桐城县监生。

第二百十八名：吴望屺，年三十六岁，松江府华亭县廪生。

第二百十九名：徐宗曦，年五十岁，高邮州宝应县优增生。

第二百二十名：朱鼎起，年三十八岁，徽州府休宁县恩贡生。

第二百二十一名：叶道源，年三十二岁，邳州宿迁县廪生。

第二百二十二名：吕贤桢，年三十五岁，宁国府旌德县拔贡生。候选教谕。丙子进士。

第二百二十三名：蒋廷□，年三十八岁，苏州府吴县职附贡生。

第二百二十四名：曹宗蕭，年三十二岁，松江府奉贤县附生。

第二百二十五名：汪文盛，年二十二岁，宁国府太平县附生。

第二百二十六名：陆宗郑，年四十七岁，松江府青浦县增贡生。甲戌进士。员外郎衔候选中书科中书。

第二百二十七名：陈士翘，年三十三岁，松江府华亭县副贡生。

第二百二十八名：戴世焘，年四十一岁，泗州天长县岁贡生。

第二百二十九名：吴基培，年三十四岁，徽州府歙县廪生。

第二百三十名：邱锦同（本姓冯），年四十五岁，太仓州嘉定县（原籍浙江宁波府慈溪县人）恩贡生。

第二百三十一名：顾曾沐，年二十三岁，通州增生。

第二百三十二名：徐嘉，年三十六岁，淮安府山阳县附监生。

第二百三十三名：吴报高，年二十八岁，宁国府泾县廪生。

第二百三十四名：许应魁，年五十岁，江宁府江宁县廪生。

第二百三十五名：杨昌祜，年四十一岁，常州府金匮县附生。

第二百三十六名：庄仁泳，年二十七岁，松江府奉贤县廪生。

第二百三十七名：程允中，年二十九岁，徽州府婺源县廪生。

第二百三十八名：许新琢，年三十六岁，安庆府宿松县附生。

第二百三十九名：陈仁爵，年三十九岁，苏州府常熟县增生。

第二百四十名：李黼猷，年十九岁，镇江府增生。

第二百四十一名：赵环庆，年三十四岁，安庆府太湖县职监生。辛未进士。

第二百四十二名：王焘，年四十二岁，宁国府泾县职优贡生。蓝翎五品衔补用知县。甲戌进士。

第二百四十三名：朱鉴章，年二十五岁，常州府无锡县增生。辛未进士。

第二百四十四名：时庆莱，年二十八岁，扬州府仪征县廪贡生。甲戌进士。

第二百四十五名：陆溶，年三十三岁，苏州府昆山县附生。

第二百四十六名：范彦瀛，年四十二岁，庐州府合肥县副贡生。

第二百四十七名：储廷□，年四十一岁，常州府廪生。

第二百四十八名：聂崑山，年四十一岁，安庆府太湖县附贡生。

第二百四十九名：施廷枬，年二十六岁，太仓州崇明县附生。

第二百五十名：查黻廷，年三十三岁，宁国府泾县附生。

第二百五十一名：王逢春，年三十三岁，通州附生。

第二百五十二名：朱庆铺，年三十岁，泰州廪生。辛未进士。

第二百五十三名：王金兰，年三十五岁，扬州府江都廪生。

第二百五十四名：张翼，年四十二岁，松江府南汇县廪生。

第二百五十五名：俞文辉，年三十岁，徽州府婺源县廪生。

第二百五十六名：吕近阳，年三十一岁，颍州府阜阳县廪生。

第二百五十七名：陈尔宾，年二十四岁，邳州宿迁县附生。

第二百五十八名：唐昱德，年四十岁，松江府青浦县候廪生。

第二百五十九名：吴鄂棠，年四十五岁，安庆府怀宁县廪生。

第二百六十名：潘铭，年三十岁，常州府宜兴县廪贡生。

第二百六十一名：黄灿，年二十七岁，苏州府附生。

第二百六十二名：蒋士骥，年三十八岁，苏州府常熟县廪生。辛未进士。

第二百六十三名：汪大策，年二十五岁，六安州霍山县附生。

第二百六十四名：吴杞林，年五十岁，高邮州廪生。

第二百六十五名：程熙，年二十五岁，和州含山县增贡生。试用训导。

第二百六十六名：许国庆，年二十三岁，安庆府桐城县廪生。

第二百六十七名：郝云台，年三十五岁，淮安府山阳县附贡生。

第二百六十八名：梅毓，年二十五岁，扬州府附生。

第二百六十九名：倪元庆，年四十三岁，无为州增生。

第二百七十名：王庆平，年二十一岁，松江府上海县附生。

第二百七十一名：冯钟岱，年十九岁，常州府武进县监生。甲戌进士。

第二百七十二名：钱允纯，年十九岁，江宁府江宁县附生。

第二百七十三名：朱恩照，年五十二岁，寿州附生。

第二百七十四名：王邦鼎，年三十岁，通州泰兴县廪生。

第二百七十五名：吴䜌，年四十三岁，镇江府丹徒县附生。

第二百七十六名：黄文田，年三十九岁，通州优廪生。

第二百七十七名：杨兆鹏，年三十九岁，安庆府宿松县廪生。

第二百七十八名：朱元善，年二十九岁，苏州府廪生。

第二百七十九名：张乔森，年四十四岁，高邮州副贡生。

第二百八十名：赵光璲，年三十四岁，庐州府合肥县监生。

第二百八十一名：顾珣，年二十六岁，淮安府阜宁附生。

第二百八十二名：陆琦，年三十一岁，太仓州宝山县廪生。

第二百八十三名：邓贤苂，年四十三岁，泗州虹乡增生。

第二百八十四名：胡桂芳，年四十七岁，宁国府泾县副贡生。试用教谕。

第二百八十五名：陆来泰，年三十九岁，苏州府常熟县附生。

第二百八十六名：庄德塼，年二十三岁，松江府奉贤县附生。

第二百八十七名：刘献谟，年三十七岁，徐州府铜山县增生。

第二百八十八名：金意诚，年二十九岁，淮安县盐城县附生。

第二百八十九名：王勗，年五十一岁，庐州府合肥县附监生。

第二百九十名：仲良树，年四十三岁，苏州府常熟附生。

第二百九十一名：徐佩瑚，年六十一岁，江宁府六合县增生。

第二百九十二名：陆桂华，年四十六岁，高邮州兴化县附生。

第二百九十三名：赵开第，年二十一岁，扬州府江都县附生。

第二百九十四名：黄鸣谦，年四十二岁，和州含山县廪生。

第二百九十五名：崔国因，年三十八岁，宁国府太平县拔贡生。辛未进士。

第二百九十六名：邵震亨，年三十七岁，苏州府昭文县附生。

第二百九十七名：魏赓元，年四十四岁，江宁府江宁县廪贡生。州同衔试用训导。

第二百九十八名：胡凤起，年二十六岁，安庆府太湖县附生。

第二百九十九名：茅景容，年三十岁，通州泰兴县优廪生。

第三百名：王锡福，年三十岁，常州府金匮县附贡生。

第三百一名：彭本河，年二十七岁，六安州英山县增生。

第三百二名：查承□，年三十六岁，宁国府泾县职附生。

第三百三名：姚恭寿，年五十岁，太仓州崇明县附生。甲戌进士。

第三百四名：李汝梅，年三十七岁，徽州府婺源县增生。

第三百五名：章成义，年二十三岁，常州府江阴县附生。

中式副榜四十四名

第一名：陈宝琳，年三十四岁，高邮州兴化县附生。

第二名：路保和，年四十三岁，常州府荆溪县廪贡生。中书衔试用训导。

第三名：曹笙南，年二十七岁，池州府青阳县廪生。

第四名：钱炯福，年三十岁，松江府青浦县增生。癸酉正举人。

第五名：周希旦，年三十八岁，苏州府长洲县优廪生。

第六名：丁俊，年二十五岁，安庆府怀宁县附生。

第七名：赵炳荣，年二十四岁，镇江府丹徒县附生。

第八名：金馥远，年三十六岁，六安州英山县优贡生。刑部主事

第九名：苏士贞，年三十四岁，凤阳府候廪生。

第十名：张汝阳，年四十岁，镇江府丹徒县廪贡生。

第十一名：金朝栋，年二十八岁，徽州府廪生。

第十二名：高崇文，年四十一岁，通州泰兴县附生。

第十三名：吴士林，年三十六岁，淮安府阜宁县附生。

第十四名：吴则麒，年四十二岁，安庆府宿松县附生。

第十五名：潘曾怀，年三十九岁，苏州府常熟县岁贡生。

第十六名：黄文涛，年三十七岁，江宁府江宁县（原籍徽州婺源人）附生。

第十七名：姜兆鸿，年三十四岁，安庆府怀宁县廪生。

第十八名：何来寿，年二十二岁，宁国府南陵县附生。

第十九名：陈懋熙，年三十岁，常州府阳湖县附生。

第二十名：柳堃元，年四十五岁，镇江府丹徒县候廪生。

第二十一名：周嘉玉，年二十岁，泰州东台县附生。

第二十二名：李仁裕，年三十二岁，庐州府合肥县廪生。

第二十三名：胡志刚，年三十五岁，徽州府绩溪县增生。

第二十四名：崔承霖，年二十二岁，淮安府盐城县附生。

第二十五名：檀玑，年十八岁，安庆府望江县廪生。癸酉正举人。甲戌联捷翰林。

第二十六名：朱大份，年二十六岁，常州府靖江县附生。

第二十七名：范文璪，年五十一岁，苏州府常熟县廪生。

第二十八名：谢桂龄，年三十二岁，常州府廪生。

第二十九名：徐辑五，年四十岁，凤阳府优廪生。候选教谕。

第三十名：潘荫棠，年二十八岁，宁国府泾县附生。

第三十一名：黄元炳，年三十六岁，苏州府昆山县廪生。

第三十二名：王德本，年四十六岁，泗州盱眙县附生。

第三十三名：储廷槐，年三十三岁，常州府宜兴县拔贡生。癸酉正举人。

第三十四名：陆泰安，年三十七岁，松江府娄县附生。

第三十五名：吴报勋，年三十五岁，宁国府泾县附生。世袭云骑尉。

第三十六名：巴堂谊，年三十七岁，徽州府歙县恩贡生。□职教谕。

第三十七名：叶仁本，年二十六岁，通州泰兴县廪生。

第三十八名：金鹤龄，年二十四岁，苏州府附生。

第三十九名：商彝，年四十六岁，常州府靖江县拔贡生。

第四十名：王鉴，年二十二岁，扬州府仪征县附生。

第四十一名：徐震离，年五十四岁，安庆府太湖县岁贡生。署太平县教谕。

第四十二名：何京元，年二十三岁，通州泰兴县廪生。

第四十三名：顾思义，年十八岁，海门厅附生。

第四十四名：叶星照，年三十七岁，安庆府附生。

同治十二年癸酉科江南乡试

监临官：太子少保安徽巡抚兼提督衔世袭轻车都尉兼云骑尉铿僧额巴图鲁英翰（满洲正红旗人，己酉举人）。

外提调官：江南江宁等处承宣布政使司布政使强勇巴图鲁梅启照（江西南昌县人，壬子进士）。

内提调官：署理江南盐巡道江苏即补道刘秉厚（山东章丘

县人，丁未进士）。

监试官：布政使衔江苏候补道薛书常（河南灵宝县人，丁未进士）。

考试官：都察院左副都御史刘有铭（直隶南皮县人，丁未进士），翰林院编修武英殿协修黄自元（湖南安化县人，戊辰进士）。

内帘监试官：道衔安徽凤阳府知府范运鹏（四川隆昌县人，丙辰进士）。

内帘收掌官：准补安徽贵池县知县单传经（山东高密县人，辛未进士）。

同考官：安徽议叙试用知县马廷棫（浙江鄞县人，己未举人），江苏尽先候补知州太仓直隶州州同陶甄（浙江乌程县人，戊午举人），江苏候补同知梁僖年（福建长乐县人，壬戌举人），候补知府安徽凤庐同知马文梦（陕西泾阳县人，己未进士），安徽遇缺前先补用知州王峻（汉军镶蓝旗人，丙午举人），运同衔江苏候补知县丁廷鸢（浙江嘉善县人，癸卯举人），江苏即用知县赵从佐（江西南丰县人，戊辰进士），江苏候补同知荆溪县知县潘树辰（浙江归安县人，丙午举人），江苏宝应县知县袁恩诏（山东长山县人，乙丑进士），同知衔安徽即补知县黄炳勋（顺天大兴县人，己酉举人），同知衔江苏候补知县朱泰恎（浙江海盐县人，甲辰举人），同知衔安徽合肥县知县姚清祺（浙江余杭县人，庚申进士），同知衔安徽太和县知县景瑞（满洲镶白旗人，癸亥进士），安徽补用知县金士翘（湖南长沙县人，丁卯举人），江苏仪征县知县张清元（直隶清苑县人，戊辰进士），江苏山阳县知县孙云（陕西长安县人，癸亥进士），五品衔江苏大挑候补知县廖佐卿（湖南安化县人，辛亥举人），知府衔安徽遇缺即补直隶州知州饶家琦（贵州开州人，辛亥举人）。

第一场

四书题：菲饮食而致孝乎鬼神。

武王缵大王、王季、文王之绪。

以天下养，养之至也。

诗题：赋得波光摇海月。得摇字，五言八韵。

第二场

五经题：各正性命，保合太和，乃利贞。

不刚不柔，厥德允修。

矢其文德，洽此四国。

春王正月。隐公元年。

乃命有司趣民收敛。

第三场

策题五道：第一问

第二问

第三问

第四问

第五问

同治十二年癸酉科江南乡试中式举人一百八十名

第一名：汪昌黼，年三十四岁，徽州府休宁县廪贡生。

第二名：王祖畲，年二十九岁，太仓州镇洋县廪生。

第三名：黄宗起，年四十一岁，太仓州嘉定县附廪生。

第四名：翟伯恒，年三十八岁，通州泰兴县拔贡生。甲戌进士。

第五名：相璪，年四十五岁，扬州府附生。

第六名：范锡恭，年四十五岁，凤阳府定远县廪生。

第七名：窦士镛，年三十岁，常州府无锡县附生。

第八名：朱遵迹，年三十四岁，宁国府泾县附生。

第九名：过铸，年二十六岁，常州府金匮县监生。

第十名：归燨，年二十七岁，苏州府常熟县附生。

第十一名：张鹤章，年三十六岁，和州廪生。

第十二名：殷树森，年二十三岁，苏州府昭文县增生。

第十三名：殷季尧，年三十岁，苏州府昭文县拔廪生。丙子翰林。

第十四名：孙步逵，年三十二岁，淮安府阜宁县廪生。

第十五名：许鸣盛，年三十六岁，凤阳府怀远县廪生。

第十六名：陈名珏，年二十四岁，常州府江阴县监生。

第十七名：贺则循，年二十九岁，安庆府宿松县廪生。

第十八名：沈福同，年四十一岁，松江府华亭县增生。

第十九名：晏振恪，年二十六岁，扬州府仪征县候廪生。官生。

第二十名：李佩恂，年四十四岁，高邮州廪生。

第二十一名：朱恩辐，年二十四岁，徽州府休宁县附生。

第二十二名：周保珪，年二十八岁，太仓州嘉定县拔增生。

第二十三名：朱崇庆，年十九岁，淮安府山阳县附生。

第二十四名：禹时俊，年三十七岁，淮安府附生。

第二十五名：赵鼎臣，年三十八岁，镇江府拔廪生。

第二十六名：曹庆恩，年三十岁，苏州府昭文县附拔贡生。候选训导。

第二十七名：江学普，年三十六岁，徽州府歙县岁贡生。就职训导。

第二十八名：黄玉振，年五十七岁，泰州增贡生。

第二十九名：茅同晋，年四十一岁，镇江府丹徒县增生。

第三十名：殷殿扬，年四十二岁，淮安府山阳县附生。

第三十一名：康鸿发，年二十八岁，镇江府丹徒县廪生。

第三十二名：程标，年三十八岁，徽州府婺源县增生。

第三十三名：余殿英，年四十六岁，徽州府婺源县附生。

第三十四名：陈槐林，年三十六岁，扬州府廪生。

第三十五名：华鸿模，年三十一岁，常州府拔贡生。

第三十六名：于齐庆，年十六岁，扬州府江都县附生。

第三十七名：杨楫，年十八岁，常州府附生。

第三十八名：王肇临，年十八岁，扬州府江都县附生。

第三十九名：夏先楫，年三十六岁，安庆府怀宁县附生。

第四十名：唐汝璟，年二十六岁，太平府拔廪生。

第四十一名：储廷槐，年三十六岁，常州府宜兴县副贡生。

第四十二名：张保琛，年三十九岁，和州含山县附生。

第四十三名：倪观澜，年四十四岁，常州府靖江县廪生。^甲
戌进士。

第四十四名：高宝昌，年二十九岁，扬州府江都县廪生。

第四十五名：汪曾荫，年二十一岁，太仓州镇洋县附生。

第四十六名：彭祖润，年二十九岁，苏州府长洲县监生。^{官生。}

第四十七名：倪淑，年四十岁，颖州府阜阳县廪生。

第四十八名：吴瞻菁，年二十七岁，宁国府泾县附生。

第四十九名：余德秀，年二十九岁，六安州霍山县拔贡生。

第五十名：沈云沛，年十七岁，海州附生。

第五十一名：洪钧，年二十六岁，安庆府怀宁县拔廪生。

第五十二名：傅汉章，年四十五岁，泗州盱眙县廪生。

第五十三名：程登甲，年三十一岁，徽州府婺源县廪生。

第五十四名：张乔云，年四十九岁，太仓州嘉定县廪生。

第五十五名：延清，年二十八岁，京口驻防，蒙古镶白旗优
廪生。^{甲戌进士。}

第五十六名：徐子惠，年二十三岁，安庆府潜山县拔廪生。

第五十七名：周福增，年三十五岁，太仓州廪贡生。^{丙子}
^{翰林。}

第五十八名：董珏，年五十一岁，庐州府岁贡生。

第五十九名：刘至顺，年三十岁，松江府上海县廪生。

第六十名：陈桂馨，年三十岁，扬州府优廪生。

第六十一名：黄葆年，年二十九岁，扬州府附廪生。

第六十二名：胡廷琛，年三十三岁，徽州府祁门县优贡生。候选教职。

第六十三名：舒诵元，年二十一岁，宁国府泾县附生。

第六十四名：王诩，年五十一岁，海州沭阳县副贡生。试用教谕。

第六十五名：李建宾，年三十八岁，淮安府盐城县附生。

第六十六名：杨福臻，年四十一岁，高邮州增监生。

第六十七名：刘文府，年三十五岁，庐州府合肥县附生。

第六十八名：凌梦魁，年三十五岁，凤阳府定远县监生。候选主事。

第六十九名：张西普，年三十一岁，徐州府丰县附生。

第七十名：李运昌，年三十五岁，徐州府丰县拔廪生。

第七十一名：詹嗣贤，年三十五岁，扬州府仪征县恩贡生。甲戌进士。

第七十二名：倪望重，年三十岁，徽州府祁门县廪生。甲戌进士。

第七十三名：张赞纶，年三十八岁，常州府武进县监生。

第七十四名：刘芬，年三十八岁，常州府靖江县岁贡生。

第七十五名：汪光祺，年五十六岁，六安州霍山县增生。

第七十六名：余登瀛，年三十九岁，安庆府廪生。

第七十七名：周凤藻，年三十九岁，扬州府江都县附生。

第七十八名：曹璜，年三十八岁，徽州府绩溪县廪贡生。

第七十九名：吕佩芬，年十九岁，宁国府旌德县附贡生。

第八十名：周家谦，年十九岁，庐州府合肥县附生。官生。

第八十一名：仲福谦，年五十四岁，扬州府增生。

第八十二名：朱鸿绶，年四十七岁，苏州府附廪生。

第八十三名：吴郁生，年二十岁，苏州府元和县附生。

第八十四名：蔡凌云，年二十四岁，庐州府附生。

第八十五名：姚大士，年三十五岁，徽州府歙县附贡生。知府衔。

第八十六名：冯俊升，年三十三岁，通州廪贡生。

第八十七名：张是彝，年四十岁，苏州府长洲县廪生。

第八十八名：曹懋功，年三十七岁，苏州府长洲县附生。

第八十九名：苏士贞，年三十七岁，凤阳府凤台县副贡生。

第九十名：朱作渭，年三十五岁，松江府华亭县廪生。

第九十一名：徐日华，年二十三岁，苏州府附生。

第九十二名：何士俊，年三十一岁，镇江府丹徒县附生。

第九十三名：龙宗敏，年三十六岁，安庆府望江县附生。

第九十四名：朱明灿，年三十二岁，徽州府休宁县拔贡生。

第九十五名：成肇麐，年二十七岁，扬州府宝应县增生。

第九十六名：孙锡第，年十六岁，江宁府六合县廪附生。

第九十七名：方铸，年二十三岁，安庆府桐城县附生。

第九十八名：王如松，年三十二岁，安庆府宿松县监生。

第九十九名：章鸣銮，年二十三岁，滁州来安县廪生。

第一百名：程梦元，年三十四岁，徽州府婺源县恩贡生。

第一百一名：黄铎，年四十岁，滁州附贡生。五品衔即选州判。

第一百二名：张骏，年四十岁，淮安府清河县廪监生。

第一百三名：浦炳勋，年二十四岁，苏州府常熟县附生。

第一百四名：房兆麟，年四十岁，安庆府桐城县附生。

第一百五名：任曾培，年二十九岁，常州府宜兴县附生。

第一百六名：郭福衡，年五十二岁，松江府娄县岁贡生。

第一百七名：狄廷鉴，年三十八岁，镇江府廪生。

第一百八名：洪宜昌，年二十二岁，徽州府祁门县拔贡生。

第一百九名：王士翘，年二十九岁，安庆府太湖县附生。

第一百十名：何维楷，年二十六岁，凤阳府定远县廪贡生。官卷。

第一百十一名：朱百遂，年二十九岁，扬州府宝应县附贡生。甲戌进士。四品衔户部候郎中。

第一百十二名：陈允颐，年二十五岁，常州府武进县监生。誊录。

第一百十三名：张祖仁，年二十三岁，苏州府常熟县附生。

第一百十四名：华文汇，年三十四岁，常州府金匮县附生。

第一百十五名：徐熙仁，年四十三岁，常州府附生。

第一百十六名：王灿如，年五十六岁，常州府江阴县廪生。

第一百十七名：陈仁寿，年四十九岁，高邮州廪贡生。

第一百十八名：檀玑，年二十一岁，安庆府望江县副贡生。甲戌进士。

第一百十九名：赵继和，年三十四岁，镇江府附生。

第一百二十名：王体仁，年二十五岁，庐州府附生。

第一百二十一名：唐秀森，年四十九岁，镇江府丹徒县廪生。

第一百二十二名：陆世淮，年二十四岁，松江府青浦县附生。

第一百二十三名：谢庆增，年二十一岁，太平府芜湖县廪生。

第一百二十四名：路履祥，年二十八岁，常州府宜兴县附生。甲戌进士。

第一百二十五名：王念祖，年二十四岁，安庆府太湖县附生。

第一百二十六名：杨熙，年四十七岁，镇江府廪生。

第一百二十七名：丁崇业，年二十一岁，扬州府兴化县附生。

第一百二十八名：吴鸿甲，年三十五岁，常州府江阴县优廪生。

第一百二十九名：徐凤喈，年二十六岁，池州府青阳县廪生。

第一百三十名名：何五飞，年二十六岁，松江府附生。

第一百三十一名：李学中，年四十八岁，徐州府睢宁县附廪生。

第一百三十二名：宋安书，年五十四岁，凤阳府定远县副贡生。<small>甲戌进士。试用训导。</small>

第一百三十三名：沈炼青，年四十七岁，淮安府盐城县拔贡生。

第一百三十四名：宁本瑜，年二十一岁，徽州府休宁县附生。

第一百三十五名：顾谨，年四十二岁，松江府上海县廪生。

第一百三十六名：刘浙，年五十五岁，安庆府太湖县廪贡生。<small>候选训导。</small>

第一百三十七名：乔廷诰，年三十四岁，海州廪贡生。<small>试用教谕。</small>

第一百三十八名：沈德味，年三十八岁，六安州霍山县增生。

第一百三十九名：黄先纶，年四十一岁，庐州府舒城县岁贡生。

第一百四十名：沈汝奎，年三十二岁，通州增生。<small>甲戌进士。</small>

第一百四十一名：戴怡，年二十三岁，镇江府丹徒县监生。<small>官卷。</small>

第一百四十二名：李怀清，年二十九岁，安庆府桐城县附生。

第一百四十三名：王诰训，年三十六岁，六安州英山县廪生。

第一百四十四名：承勋，年二十四岁，京口驻防，蒙古镶白旗监生。

第一百四十五名：王用桢，年二十七岁，高邮州附生。

第一百四十六名：於培度，年五十一岁，泗州盱眙县职增监生。

第一百四十七名：陈敏政，年三十岁，安庆府怀宁县附生。

第一百四十八名：俞宗海，年三十六岁，常州府荆溪县廪贡生。

第一百四十九名：杨春蔚，年三十五岁，松江府华亭县优贡廪生。

第一百五十名：何延庆，年三十二岁，江宁府江宁县增生。

第一百五十一名：王朝栋，年三十三岁，苏州府吴县廪生。

第一百五十二名：姜书钦，年四十一岁，淮安府盐城县廪生。

第一百五十三名：李世虬，年四十二岁，安庆府桐城县廪生。

第一百五十四名：周锷廉，年四十九岁，苏州府昭文县恩贡生。

第一百五十五名：光深，年五十一岁，安庆府附生。

第一百五十六名：胡建枢，年二十四岁，凤阳府凤阳县廪生。

第一百五十七名：宋承昭，年二十岁，松江府华亭县附生。

第一百五十八名：倪光庚，年三十一岁，无为州廪生。

第一百五十九名：查瑾，年三十二岁，安庆府太湖县廪贡生。

第一百六十名：张同福，年三十四岁，太仓州宝山县廪贡生。

第一百六十一名：黄群杰，年二十四岁，泰州廪生。丙子翰林。

第一百六十二名：游铿，年二十九岁，泰州附生。

第一百六十三名：戈静安，年二十八岁，泰州增生。

第一百六十四名：石寿祺，年二十五岁，安庆府宿松县附生。甲戌进士。

第一百六十五名：郑炽昌，年三十一岁，苏州府吴县附生。

第一百六十六名：高惟寅，年三十二岁，淮安府清河县附生。

第一百六十七名：萧锦雯，年五十二岁，凤阳府定远县增生。

第一百六十八名：潘熙，年二十一岁，宁国府泾县附生。

第一百六十九名：周镛，年二十九岁，海州附生。

第一百七十名：姜定镐，年二十二岁，镇江府丹阳县廪生。

第一百七十一名：张德霈，年二十五岁，滁州全椒县优贡生。八旗教习。甲戌进士。

第一百七十二名：钱炯福，年三十三岁，松江府青浦县副贡生。

第一百七十三名：孙鹏仪，年二十二岁，徽州府黟县优增生。甲戌进士。

第一百七十四名：崔湘，年三十六岁，宁国府太平县优廪生。甲戌进士。

第一百七十五名：储凤藻，年二十六岁，常州府宜兴县拔廪生。

第一百七十六名：曹国报，年二十七岁，泗州虹乡县拔廪生。

第一百七十七名：许懋和，年四十九岁，徽州府黟县岁贡生。

第一百七十八名：孙维堃，年四十六岁，扬州府江都县附生。

第一百七十九名：姚肇瀛，年二十五岁，松江府廪生。

第一百八十名：吴震，年三十八岁，安庆府怀宁县附生。

中式副榜二十二名

第一名：姚莹，年二十八岁，松江府华亭县附生。

第二名：袁登庸，年二十岁，泰州附生。

第三名：胡再福，年二十岁，常州府无锡县附生。

第四名：沈葵，年二十七岁，松江府附生。

第五名：凌泗，年四十一岁，苏州府吴江县恩贡生。

第六名：高鸿胪，年六十岁，六安州增生。教职。

第七名：陈昌燧，年五十二岁，苏州府震泽县廪生。

第八名：沈绍烈，年三十九岁，苏州昆山县附生。

第九名：张师江，年二十六岁，通州优增生。

第十名：顾祖基，年三十四岁，松江府南汇县附生。

第十一名：王宾，年二十七岁，常州府靖江县附生。

第十二名：王恩溥，年三十六岁，和州含山县优贡生。

第十三名：汪漳，年五十四岁，徽州府黟县增生。

第十四名：吴锦雯，年三十二岁，常州府荆溪县附生。

第十五名：吴瞻莪，年二十二岁，宁国府泾县附生。

第十六名：侯钫，年四十一岁，通州泰兴县附生。

第十七名：王鸿文，年四十二岁，颍州府阜阳县廪生。

第十八名：焦景昌，年四十四岁，宁国府太平县职拔贡生。

第十九名：唐镐，年四十四岁，太平府廪生。

第二十名：程恩浚，年二十五岁，徽州府歙县附生。

第二十一名：何镇南，年四十五岁，庐州府合肥县增生。

第二十二名：陈发贤，年四十九岁，淮安府盐城县候廪生。

光绪元年【乙亥恩科江南乡试】

（前缺）

第一场

四书题：子谓子夏曰：女为君子儒。

官盛任使，所以劝大臣也。

王子垫问曰：士何事？孟子曰：尚志。

诗题：赋得重与细论文。得论字，五言八韵。

第二场

五经题：圣人养贤以及万民。

至治馨香，感于神明。黍稷非馨，明德惟馨。

八月其获。

夏叔弓如晋。昭公二年。

大乐与天地同和，大礼与天地同节。

第三场

策题五道：第一问　经学

第二问　史学

第三问　训诂

第四问　算学

第五问　江苏水利

光绪元年乙亥恩科江南乡试中式举人一百七十五名

第一名：万人杰，淮安府盐城县贡生。

第二名：沈霖溥，松江府华亭县贡生。丙子知县。

第三名：朱联甲，太平府当涂县贡生。

第四名：钱福荪，常州府附生。

第五名：陈寿祺，和州含山县增生。

第六名：高树常，凤阳府凤阳县廪生。

第七名：钱斯珍，常州府靖江县附生。

第八名：陈作霖，江宁府江宁县廪生。

第九名：俞宗诚，和州含山县增生。

第十名：沈士淦，无为州贡生。

第十一名：孙培元，太仓州崇明县附生。

第十二名：钱锦渠，常州府荆溪县贡生。

第十三名：陈灿林，通州泰兴县附生。

第十四名：王鸿卿，高邮州宝应县附生。

第十五名：潘钟辉，常州府宜兴县附生。

第十六名：贝允章，苏州府吴县附生。

第十七名：朱紫佐，松江府南汇县增生。

第十八名：夏衔，松江府廪生。

第十九名：赵登诒，常州府阳湖县附生。

第二十名：汪时深，宁国府旌德县廪生。

第二十一名：刘步元，安庆府潜山县附生。丙子进士。

第二十二名：孙赞尧，常州府无锡县附生。

第二十三名：刘启瑞，高邮州宝应县廪生。

第二十四名：黄宝恩，苏州府长洲县廪生。

第二十五名：孙雁仪，徽州府黟县廪生。

第二十六名：汪庆生，镇江府附生。

第二十七名：朱颉云，常州府靖江县廪生。

第二十八名：方正，徽州府歙县贡生。

第二十九名：朱诒泰，太仓州宝山县贡生。

第三十名：潘永受，庐州府廪生。

第三十一名：汪达钧，江宁府六合县增生。

第三十二名：王倬，扬州府江都县监生。

第三十三名：姚冰渊，池州府贵池县贡生。
第三十四名：潘祖荣，常州府荆溪县贡生。
第三十五名：冯仲侯，常州府荆溪县附生。
第三十六名：张庆同，太仓州镇泽县优生。
第三十七名：沈焕章，通州泰兴县附生。
第三十八名：贾梦华，池州府青阳县附生。
第三十九名：庞洪书，苏州府常熟县监生。
第四十名：同春。
第四十一名：汪林昌，苏州府长洲县附生。丙子进士。
第四十二名：韩绍奎，扬州府江都县附生。
第四十三名：陈衍庶，安庆府怀宁县附生。
第四十四名：徐永炘，泰州监生。
第四十五名：郑保恒，高邮州宝应县恩贡生。
第四十六名：齐之傒，徽州府婺源县附生。
第四十七名：华型方，常州府无锡县附生。
第四十八名：江芬，通州廪生。
第四十九名：高继生，扬州府江都县优生。
第五十名：吴维藩，宁国府泾县贡生。
第五十一名：沈德荣，徐州府廪生。
第五十二名：刘展程，高邮州兴化县官生。
第五十三名：张凤池，邳州宿迁县岁贡生。
第五十四名：钱恩华，镇江府廪生。
第五十五名：杨志濂，常州府无锡县附生。
第五十六名：石长春，安庆府宿松县增生。
第五十七名：徐振镛，高邮州兴化县廪生。
第五十八名：曾之撰，苏州府常熟县贡生。
第五十九名：吴增锡，泗州盱眙县拔贡生。
第六十名：成佩，通州泰兴县廪生。

第六十一名：黄元芝，苏州府震泽县附生。

第六十二名：黄樨，泰州附生。

第六十三名：朱铭镛，常州府宜兴县附生。

第六十四名：段继辉，安庆府宿松县附生。

第六十五名：朱莲生，高邮州宝应县附生。

第六十六名：谢霖，江宁府江宁县附生。

第六十七名：黄卿云，淮安府安东县廪生。

第六十八名：高准，常州府廪生。

第六十九名：吴家璟，安庆府太湖县附生。

第七十名：支达，苏州府昆山县廪生。

第七十一名：赵源宾，常州府阳湖县监生。

第七十二名：周龄，苏州府廪生。

第七十三名：何荣，扬州府仪征县廪生。

第七十四名：邵心豫，宿州拔贡生。

第七十五名：陈名典，常州府廪生。

第七十六名：褚宗亮，苏州府常熟县附生。

第七十七名：王承谷，庐州府增生。

第七十八名：姜保庸，松江府华亭县贡生。

第七十九名：巢锡钧，常州府武进县贡生。

第八十名：蒋蕚，常州府宜兴县增生。

第八十一名：董晋贞，徽州府婺源县增生。

第八十二名：王树蕃，苏州府震泽县附生。

第八十三名：殷树珠，扬州府贡生。

第八十四名：包昌祺，镇江府丹徒县附生。

第八十五名：李用曾，安庆府怀宁县附生。

第八十六名：郭守身，颍州府附生。

第八十七名：王增禧，松江府上海县附生。

第八十八名：夏其钊，松江府附生。

第八十九名：李世光，通州泰兴县廪生。

第九十名：查文标，宁国府泾县贡生。

第九十一名：刘鼎臣，淮安府山阳县附生。

第九十二名：吴钟麟，苏州府昆山县增生。

第九十三名：郑衍熙，六安州英山县附生。丙子翰林。

第九十四名：周光尊，常州府宜兴县廪生。

第九十五名：钱福年，苏州府长洲县贡生。

第九十六名：胡灿林，安庆府宿松县附生。

第九十七名：顾敦尊，镇江府丹徒县附生。

第九十八名：吴锤峻，常州府武进县廪生。

第九十九名：叶寿松，苏州府昭文县岁贡生。

第一百名：胡贞建，宁国府泾县附生。

第一百一名：范大治，和州廪生。

第一百二名：宣敬熙，常州府金匮县廪生。

第一百三名：钮崇庆，高邮州兴化县附生。

第一百四名：俞冠群，宁国府宣城县廪生。

第一百五名：何尔寿，泰州廪生。

第一百六名：程官云，安庆府太湖县廪生。

第一百七名：胡世章，宁国府泾县廪生。

第一百八名：王瑀，安庆府太湖县贡生。丙子知县。

第一百九名：邓嘉绩，江宁府优生。

第一百十名：张镇华，庐州府合肥县优生。

第一百十一名：孙赞清，通州廪生。

第一百十二名：董桂馨，高邮州廪生。

第一百十三名：柯模，徽州府歙县廪生。

第一百十四名：王寿枏，太仓州镇洋县增生。

第一百十五名：陈敬羔，安庆府太湖县附生。

第一百十六名：赵炳华，庐州府岁贡生。

第一百十七名：葛南，安庆府潜山县廪生。

第一百十八名：朱葆时，常州府荆溪县增生。

第一百十九名：姚锡渥，通州如皋县附生。

第一百二十名：范璧光，颍州府廪生。

第一百二十一名：周丙炎，凤阳府定远县廪生。

第一百二十二名：秦兆鹏，海门厅附生。

第一百二十三名：怀他布。

第一百二十四名：陈崇俊，徽州府黟县附生。

第一百二十五名：王景翰，苏州府新阳县廪生。

第一百二十六名：章宝璐，池州府铜陵县廪生。

第一百二十七名：顾友焘，苏州府吴江县廪生。

第一百二十八名：倪廷庆，安庆府桐城县贡生。

第一百二十九名：韩肇熙，泰州东台县附生。

第一百三十名：查元辉，徽州府婺源县附生。

第一百三十一名：夏汝楫，镇江府丹阳县廪生。

第一百三十二名：侯受芝，太平府当涂县廪生。

第一百三十三名：蒋师轼，江宁府上元县廪生。

第一百三十四名：胡守宽，庐州府合肥县贡生。

第一百三十五名：沈秉衡，常州府武进县附生。

第一百三十六名：沈焯，庐州府舒城县增生。

第一百三十七名：周子英，高邮州附生。

第一百三十八名：金官仪，滁州廪生。

第一百三十九名：徐世勋，苏州府震泽县附生。

第一百四十名：朱薰，安庆府太湖县贡生。

第一百四十一名：储宝玮，常州府宜兴县附生。

第一百四十二名：邵心良，宿州拔贡生。

第一百四十三名：吴钟翰，通州如皋县廪生。

第一百四十四名：王豫修，六安州英山县增生。丙子主事。

第一百四十五名：刘汝霖，江宁府上元县廪生。

第一百四十六名：程蓉照，徽州府婺源增生。

第一百四十七名：薛培树，苏州府常熟县附生。

第一百四十八名：贺欣，安庆府宿松县廪生。

第一百四十九名：姜定保，镇江府丹阳县贡生。

第一百五十名：李钊，太平廪生。

第一百五十一名：陈彝范，泰州附生。

第一百五十二名：江培恩，六安州廪生。

第一百五十三名：张炳荣，扬州府仪征县廪生。

第一百五十四名：吴之鸾，宁国府泾县附生。

第一百五十五名：张文杰，泰州附生。

第一百五十六名：查德培，宁国府泾县廪生。

第一百五十七名：崔应科，宁国府太平县贡生。

第一百五十八名：顾儒基，通州附生。

第一百五十九名：刘芸孙，庐州府廪生。

第一百六十名：李培荣，安庆府桐城县廪生。

第一百六十一名：陈美棠，常州府靖江县贡生。

第一百六十二名：王梦球，六安州英山县贡生。

第一百六十三名：葛兆堃，太平府当涂县贡生。

第一百六十四名：文瑞，江宁府。

第一百六十五名：张清泰，苏州府长洲县附生。

第一百六十六名：徐人骥，池州府青阳县廪生。

第一百六十七名：俞汝谐，池州府铜陵县廪生。

第一百六十八名：江志伟，苏州府增生。

第一百六十九名：孙荣光，寿州附生。

第一百七十名：蔡金声，松江府奉贤县附生。

第一百七十一名：巴堂谊，徽州府歙县贡生。

第一百七十二名：顾绍成，常州府无锡县附生。

第一百七十三名：章泽鸿，宁国府泾县附生。

第一百七十四名：吴似麟，苏州府廪生。

第一百七十五名：吴莹，海州贡生。

中式副榜二十二名

第一名：汪体源，徽州府黟县贡生。

第二名：赵完璧，宁国府泾县附生。

第三名：张锡钊，苏州府昭文县附生。

第四名：郑承熙，六安州霍山县附生。

第五名：徐联容，通州廪生。

第六名：吴观宝，宁国府泾县廪生。

第七名：潘汝霖，镇江府丹徒县廪生。

第八名：叶汝霖，松江府青浦县廪生。

第九名：刘应元，凤阳府廪生。

第十名：谈烺，江宁府廪生。

第十一名：张灿垣，安庆府宿松县岁贡生。

第十二名：吕德忱，泰州东台县附生。

第十三名：叶富春，安庆府宿松县增生。

第十四名：屠朝干，苏州府吴县附生。

第十五名：洪焕廷，徽州府婺源县贡生。

第十六名：刁宗楷，松江府奉贤县廪生。

第十七名：方绍猷，安庆府望江县附生。

第十八名：黄光照，常州府江阴县廪生。

第十九名：冯熙，镇江府增生。

第二十名：詹廷桂，高邮州附生。

第二十一名：丁焕章，苏州府常熟县附生。

第二十二名：李步青，镇江府丹徒县附生。

光绪二年丙子科江南乡试

监临官：内阁学士兼礼部侍郎衔安徽学政祁世长（山西寿阳县人，庚申进士）。

外提调官：江南江宁等处承宣布政使司布政使强勇巴图鲁梅启照（江西南昌县人，壬子进士）。

内提调官：二品顶戴按察使衔江苏候补道庞际云（直隶宁津县人，壬子进士）。

监试官：三品衔江苏候补道范志熙（湖北武昌县人，辛酉顺天举人）。

考试官：内阁学士兼礼部侍郎衔稽察中书科事务文渊阁直阁事稽查西四旗觉罗龚自闳（浙江仁和县人，甲辰进士），户科给事中边宝泉（汉军镶红旗人，癸亥进士）。

内帘监试官：准补安徽广德直隶州知州胡有诚（湖北江夏县人，癸亥进士）。

内帘收掌官：安徽候补同知傅炳坤（湖北应山县人，辛酉顺天举人）。

同考官：五品衔尽先补用直隶州江苏候补知县王葆辰（福建闽县人，己未补行戊午举人），安徽即用知县孔广鉴（山东宁海州人，甲戌进士），同知衔准补江苏常熟县知县徐景福（浙江遂昌县人，辛未进士），安徽即用知县王聚奎（河南洛阳县人，甲戌进士），安徽即用知县刘桼（江西安福县人，甲戌进士），江苏大挑委用知县丁廷鸾（浙江嘉善县人，癸卯举人），江苏即用知县傅观光（江西新建县人，甲戌进士），候补同知江苏荆溪县知县潘树辰（浙江归安县人，丙午举人），江苏即用知县胡瀛生（江西奉新县人，甲戌进士），江苏即用知县朱昌霖（山东蓬莱县人，甲戌进士），安徽即用知县周良玉（广东高要县人，甲戌进士），安徽候补直隶州知州饶家琦（贵州开州人，辛亥举人），同知衔安徽凤阳县知县谢永泰（直隶卢龙县人，丙午顺天举人），江苏江阴县知县沈伟田（浙江归安县人，丙午举人），补用同知江苏溧水县知县丁维（直隶玉田县人，戊辰进士），江苏即用知县李文燿（湖北孝感县人，辛未进士），安徽涡阳县知县符兆鹏（广东海康县人，癸亥进士），江苏即用知县陆元鼎（浙江仁和县人，甲戌进士）。

第一场

四书题：子贡曰：有美玉于斯，韫匵而藏诸？求善贾而沽？

诸子曰：沽之哉，沽之哉，我待贾者也。

旅酬下为上，所以逮贱也。燕毛所以序齿也。

秋省敛而助不给。

诗题：赋得依旧青山绿树多。得舟字，五言八韵。

第二场

五经题：乾为天，为圜，为君，为父，为玉，为金。

庶民惟星。

或降于阿，或饮于池。或寝或讹。尔牧来思，何蓑何笠，或负其餱。

城诸及防。庄公二十有九年。

烛不见跋。

第三场

策五道：第一问　经学

第二问　史学

第三问　兵制

第四问　文体

第五问　地理

光绪二年丙子科江南乡试中式举人一百四十五名

第一名：杨黻荣，年五十岁，凤阳府怀远县岁贡生。

第二名：王敬渊，年三十一岁，扬州府泰州附贡生。

第三名：张思再，年三十八岁，镇江府丹徒县增贡生。

第四名：管元福，年三十岁，常州府阳湖县附生。

第五名：胡继烈，年二十七岁，宁国府太平县附生。

第六名：王引昌，年三十二岁，扬州府甘泉县附监生。刑部员外郎。

第七名：刘更新，年二十岁，庐州府庐江县廪生。

第八名：钱焕，年二十四岁，苏州府吴江县优行廪生。

第九名：李成蹊，年三十六岁，扬州府仪征县增生。

第十名：丁自求，年五十一岁，江宁府上元县岁贡生。

第十一名：范鸿昌，年四十一岁，苏州府吴县廪生。

第十二名：顾炳寰，年二十四岁，苏州府常熟县附生。

第十三名：华保鉴，年三十三岁，常州府无锡县增生。

第十四名：陈熊，年二十六岁，苏州府震泽县附生。

第十五名：丁集祺，年三十六岁，扬州府甘泉县优廪生。

第十六名：田铭，年三十三岁，淮安府山阳县增生。

第十七名：薛一峰，年四十五岁，淮安府安东县廪生。

第十八名：赵曾裕，年二十四岁，安庆府太湖县优廪生。

第十九名：刘庭燨，年二十四岁，常州府附生。

第二十名：朱绍颐，年四十四岁，江宁府溧水县附贡生。试用训导。

第二十一名：蒋寿祖，年二十四岁，苏州府元和县优廪生。

第二十二名：顾绍申，年三十八岁，苏州府元和县廪生。

第二十三名：李经世，年二十五岁，庐州府合肥县职优贡生。官生。

第二十四名：汪樱，年三十岁，宁国府太平县附生。

第二十五名：张鸣驹，年二十三岁，苏州府吴江县附生。

第二十六名：陈侨，年二十三岁，常州府武进县附生。

第二十七名：周兆松，年三十三岁，安庆府太湖县附生。

第二十八名：国柄，年二十六岁，京口驻防善连佐领下，蒙古镶白旗职监生。

第二十九名：翁斌孙，年十七岁，苏州府常熟县职荫监生。官生。

第三十名：汪宗沂，年四十岁，徽州府歙县优贡生。

第三十一名：仲璧，年二十七岁，扬州府泰州附生。

第三十二名：陈海楼，年三十一岁，淮安府廪生。

第三十三名：吴观宝，年三十五岁，宁国府泾县副贡生。

第三十四名：罗星纬，年四十一岁，扬州府廪生。

第三十五名：承荫，年十七岁，江宁驻防祥庆佐领下，满洲正蓝旗附生。

第三十六名：刘盛珮，年二十二岁，庐州府增生。官生。

第三十七名：甘元焕，年三十四岁，江宁府江宁县优贡生。

第三十八名：孙石城，年三十六岁，泗州天长县拔贡生。

第三十九名：孙家声，年二十九岁，寿州廪贡生。

第四十名：陈咸庆，年三十八岁，扬州府仪征县廪监生。

第四十一名：刘傅祁，年三十四，苏州府吴县优贡生。官生。

第四十二名：徐蓉元，年四十八岁，太仓州崇明县增生。

第四十三名：胡瑛，年二十六岁，宁国府廪生。

第四十四名：冒南捷，年三十六岁，通州如皋县廪生。

第四十五名：束允泰，年五十三岁，镇江府丹阳县拔贡生。试用训导。

第四十六名：江慰祖，年二十七岁，宁国府旌德县廪生。

第四十七名：田登瀛，年二十四岁，扬州府江都县附生。

第四十八名：汪学瀚，年三十一岁，常州府阳湖县廪贡生。

第四十九名：姚延祺，年二十三岁，凤阳府怀远县增生。

第五十名：过炳，年二十八岁，常州府金匮县附生。

第五十一名：王澄，年三十七岁，太仓州优增生。

第五十二名：朱云生，年三十八岁，高邮州宝应县职监生。

第五十三名：黄德谦，年四十岁，和州含山县附生。

第五十四名：佘登云，年二十七岁，太平府繁昌县拔贡生。

第五十五名：徐敏骏，年二十三岁，苏州府吴县附生。

第五十六名：秦谦培，年二十二岁，常州府无锡县附生。

第五十七名：鲁说，年二十五岁，安庆府附生。

第五十八名：郑衍祥，年四十八岁，六安州英山县附贡生。

第五十九名：陈衍清，年二十二岁，凤阳府定远县附生。

第六十名：叶棠，年三十二岁，常州府靖江县优附生。

第六十一名：朱绍亭，年四十一岁，江宁府溧水县恩贡生。

第六十二名：罗忠灏，年三十七岁，安庆府宿松县附生。

第六十三名：余显周，年三十岁，徽州府婺源县附生。

第六十四名：祁肇麟，年二十五岁，苏州府元和县附生。

第六十五名：吴保龄，年二十五岁，镇江府增生。

第六十六名：顾云松，年四十四岁，淮安府山阳县附生。

第六十七名：孙浤泽，年十九岁，庐州府舒城县附生。

第六十八名：陈名经，年二十四岁，常州府江阴县附生。

第六十九名：董之颖，年四十五岁，海门厅优行附生。

第七十名：胡业新，年三十九岁，凤阳府临淮乡岁贡生。

第七十一名：徐振熙，年二十三岁，高邮州兴化县附生。

第七十二名：萧伦序，年三十九岁，六安州英山县廪生。

第七十三名：包凤章，年二十八岁，镇江府丹徒县监生。

第七十四名：吴兆熊，年二十岁，淮安府山阳县附生。

第七十五名：王庆元，年五十一岁，安庆府桐城县岁贡生。

第七十六名：叶昌炽，年二十八岁，苏州府长洲县增生。

第七十七名：石寿彭，年二十三岁，安庆府宿松县附生。

第七十八名：顾钟瑞，年二十三岁，苏州府常熟县附生。

第七十九名：王颂蔚，年二十六岁，苏州府长洲县优廪生。

第八十名：孙阏禧，年二十二岁，滁州全椒县优附生。

第八十一名：陈廷松，年十七岁，通州泰兴县附生。

第八十二名：郭长年，年二十一岁，镇江府附生。

第八十三名：方则春，年二十三岁，宁国府旌德县附生。

第八十四名：丁敬，年四十二岁，安庆府怀宁县监生。

第八十五名：刘源汇，年三十八岁，通州职拔贡生。

第八十六名：季肇熙，年五十岁，苏州府昭文县附生。

第八十七名：魏廷梁，年四十八岁，六安州岁贡生。

第八十八名：刘昌熙，年三十三岁，苏州府吴县附生。

第八十九名：陈兆淇，年二十八岁，通州如皋县附生。

第九十名：赵鸿，年三十六岁，宁国府泾县职岁贡生。

第九十一名：锦山，年二十岁，江宁驻防英志佐领下，满洲镶蓝旗附生。

第九十二名：戎云程，年四十四岁，高邮州兴化县廪生。

第九十三名：鲍琛，年二十三岁，六安州附生。

第九十四名：喻逢年，年二十六岁，庐州府无为州附生。

第九十五名：尤锡蕃，年三十一岁，泰州监生。

第九十六名：程桂钟，年五十六岁，徽州府黟县附贡生。

第九十七名：朱凤衔，年二十四岁，常州府无锡县附生。

第九十八名：缪锟，年五十岁，泰州廪贡生。

第九十九名：焦家松，年二十八岁，宁国府太平县优廪贡生。

第一百名：王佑卿，年二十七岁，邳州宿迁县附生。

第一百一名：王全纲，年二十四岁，松江府上海县附生。

第一百二名：黄元炳，年四十二岁，苏州府昆山县副贡生。

第一百三名：黄晋，年二十三岁，松江府上海县附生。

第一百四名：孙书城，年二十六岁，泗州天长县优廪生。

第一百五名：吴玉堂，年三十九岁，高邮州廪生。

第一百六名：居福乾，年二十六岁，高邮州宝应县附生。

第一百七名：檀凤翔，年二十一岁，安庆府望江县附生。

第一百八名：陈士升，年三十三岁，六安州英山县附生。

第一百九名：顾启宗，年三十二岁，通州如皋县廪生。

第一百十名：萧斯，年二十四岁，太仓州镇洋县附生。

第一百十一名：吴蘅生，年三十八岁，庐州府庐江县附生。运判衔候选教谕。

第一百十二名：张衔华，年二十四岁，安庆府怀宁县附生。

第一百十三名：陈良锦，年二十三岁，庐州府合肥县附生。

第一百十四名：浦毓琛，年三十一岁，苏州府常熟县附生。

第一百十五名：余祚钦，年三十一岁，安庆府太湖县附生。

第一百十六名：金尔相，年三十一岁，苏州府常熟县附生。

第一百十七名：周绎山，年二十五岁，淮安府盐城县廪生。

第一百十八名：鲁鹏，年二十七岁，安庆府附生。

第一百十九名：王尔珏，年四十一岁，常州府江阴县职附贡生。

第一百二十名：杜学谦，年三十三岁，常州府附生。

第一百二十一名：居镜生，年二十四岁，高邮州宝应县附生。

第一百二十二名：左挺生，年五十一岁，宁国府泾县廪贡生。世职。

第一百二十三名：朱步云，年二十六岁，庐州府舒城县附生。

第一百二十四名：高仕坊，年二十四岁，泰州东台县附生。

第一百二十五名：韦昉，年四十八岁，淮安府山阳县附生。

第一百二十六名：许嘉谋，年四十一岁，徽州府休宁县廪贡生。

第一百二十七名：王曾玮，年三十九岁，松江府华亭县增生。

第一百二十八名：姚景夔，年二十三岁，镇江府附生。

第一百二十九名：钱应选，年二十一岁，松江府华亭县附生。

第一百三十名：石长祐，年三十一岁，安庆府宿松县优廪生。

第一百三十一名：朱硕言，年四十岁，淮安府安东县廪生。遇缺即选训导。

第一百三十二名：任锡汾，年二十六岁，常州府宜兴县优廪贡生。

第一百三十三名：方葇楼，年二十六岁，安庆府望江县附生。

第一百三十四名：李汝科，年二十七岁，安庆府太湖县增生。

第一百三十五名：李锡蕃，年三十岁，常州府阳湖县附生。

第一百三十六名：嵇鸾章，年四十六岁，淮安府安东县廪生。

第一百三十七名：盛时潊，年二十六岁，滁州全椒县廪生。

第一百三十八名：严治平，年三十三岁，淮安府阜宁县候廪生。

第一百三十九名：毛寿贻，年三十三岁，太仓州镇洋县增生。

第一百四十名：曹焕，年四十三岁，池州府贵池县拔贡生。

第一百四十一名：宋树滋，年二十二岁，松江府华亭县附生。

第一百四十二名：汤永图，年五十五岁，庐州府无为州岁贡生。

第一百四十三名：洪锡庚，年二十二岁，宁国府泾县附生。

第一百四十四名：石巍然，年四十岁，凤阳府寿州廪生。

第一百四十五名：王文毓，年三十岁，苏州府吴江县廪生。

中式副榜二十二名

第一名：刘寿曾，年三十七岁，扬州府仪征县副贡生。候选知县。

第二名：赵文琳，年四十三岁，镇江府廪生。

第三名：张乙东，年四十一岁，淮安府附生。

第四名：李光俦，年二十八岁，高邮州兴化县优附生。

第五名：龚心鉴，年二十二岁，庐州府合肥附生。己卯举人十七名。

第六名：孙篯龄，年二十岁，泗州天长县附生。

第七名：王维垣，年五十一岁，庐州府合肥县增生。

第八名：张建勋，年四十三岁，淮安府清河县廪生。

第九名：胡俊，年四十五岁，安庆府太湖县监生。

第十名：查国梓，年三十二岁，宁国府附生。

第十一名：蒋文藻，年三十五岁，江宁府上元县增贡生。

第十二名：章京，年二十五岁，扬州府泰州附生。

第十三名：徐兆鹏，年三十一岁，镇江府增生。

第十四名：刘贵曾，年三十一岁，扬州府仪征县增生。

第十五名：高步云，年四十二岁，常州府靖江县附生。

第十六名：张耀珊，年十七岁，滁州廪生。

第十七名：鲍忠济，年三十九岁，徽州府歙县增生。

第十八名：洪乃琳，年二十二岁，苏州府吴江县附生。

第十九名：孙孚侃，年四十四岁，宁国府太平县职廪贡生。

第二十名：高凤翔，年三十五岁，高邮州宝应县附生。

第二十一名：顾棷，年二十七岁，常州府金匮县廪生。己卯举人五十五名。

第二十二名：赵连璧，年三十七岁，庐州府合肥县附生。

光绪五年己卯科江南乡试题名录

监临官：兵部侍郎兼都察院右副都御史巡抚江苏等处地方提督军务总理粮饷吴元炳（河南固始县人，庚申进士）。

外提调官：布政使衔代理江宁布政使江苏尽先题补道桂嵩庆（江西临川县人，贡生）。

内提调官：盐运使衔署理江南盐巡道本任江宁府知府蒋启勋（湖北天门县人，庚申进士）。

监试官：按察使衔江苏候补道邓裕生（湖北江陵县人，壬子顺天举人）。

考试官：翰林院编修刑部左侍郎兼署吏部左侍郎冯誉骥（广东高要县人，甲辰进士），翰林院编修国史馆纂修许有麟（浙江仁和县人，戊辰进士）。

内帘监试官：前吏部稽勋司主事江苏候补知府程仪洛（浙江山阴县人，丁丑进士）。

内帘收掌官：江苏试用知县吕宪秋（山东莱芜县人，壬戌补行辛酉举人）。

同考官：选授江苏如皋县知县刘廷镜（广东南海县人，甲戌进士），同知衔正任江苏常熟县知县徐景福（浙江遂昌县人，辛未进士），刑部江苏司主事改江苏截取知县毕奉先（山东新城县人，辛未进士），江苏候补班前补用知县陈谟（福建侯官县人，壬戌补行辛酉举人），安徽即用知县楚登鳌（山东历城县人，丙子进士），同知衔安徽正任芜湖县调署繁昌县知县周良玉（广东高要县人，甲戌进士），补用府尽先即补直隶州知州江苏丹徒县知县冯寿镜（浙江德清县人，辛未进士），江苏即用知县张绍渠（河南罗山县人，甲戌进士），改发安徽即用知县王齐海（湖北罗田县人，丙子进士），知府衔江苏补用直隶州知州泰兴县知县张兴诗（浙江归安县人，辛亥举人），选授江苏嘉定县知县程其珏（江西宜黄县人，甲戌进士），同知衔安徽合肥县知县曾道唯（江西南丰县人，甲戌进士），知府用江苏候补同知署如皋县知县梁僖年（福建长乐县人，壬戌补行辛酉举人），礼部祠祭司主事改江苏截取知县乔骏（山西安邑县人，戊辰进士），同知衔正任安徽婺源县知县杨春富（云南楚雄县人，戊辰进士），选授安徽建平县知县汤鼎煊（浙江萧山县人，甲戌进士），江苏教习试用知县吴受颐（浙江萧山县人，丁卯补行甲子举人），安徽补用同知傅炳坤（湖北应山县人，辛酉举人）。

第一场

四书题：樊迟请学稼。子曰：吾不如老农，请学为圃。曰：吾不如老圃。樊迟出，子曰：小人哉，樊须也。上好礼，则民莫敢不敬；上好义，则民莫敢不服；上好信，则民莫敢不用情。夫如是，则四方之民襁负其子而至矣，焉用稼。

诚者自成也，而道自道也。诚者物之终始，不诚无物。

犹益之于夏、伊尹之于殷也。孔子曰：唐虞禅，夏后殷周继。

诗题：赋得江南江北青山多。得游字，五言八韵。

第二场

五经题：六爻发挥，旁通情也。

禋于六宗。

瑟彼玉瓒，黄流在中。

吴子使札来聘。襄公二十有九年。

奉席如桥衡。

第三场

策题五道：第一问　经学

　　　　　　第二问　史学

　　　　　　第三问　韵学

　　　　　　第四问　地理

　　　　　　第五问　人材

光绪五年己卯科江南乡试中式举人一百四十五名

第一名：翟洪铨，年三十三岁，泰州东台县廪贡生。

第二名：王同德，年二十三岁，宁国府太平县附生。

第三名：缪巩，年二十七岁，镇江府溧阳县附贡生。

第四名：陈志坚，年三十三岁，苏州府新阳县廪生。

第五名：沈铭石，年四十二岁，常州府荆溪县廪贡生。

第六名：杨德鑅，年二十五岁，松江府上海县廪生。

第七名：凌养源，年三十九岁，扬州府候廪生。

第八名：陆英，年三十二岁，泰州拔贡生。询问教谕。

第九名：谢国桢，年三十八岁，池州府青阳县拔贡生。

第十名：舒安仁，年三十一岁，徽州府学（绩溪县人）增生。

第十一名：张拱辰，年五十六岁，安徽府桐城县监生。

第十二名：王锡荣，年三十八岁，镇江府丹徒县附生。

第十三名：汝惟寅，年二十二岁，苏州府震泽县廪生。

第十四名：朱家驹，年二十一岁，松江府奉贤县优廪生。

第十五名：裴景福，年二十四岁，颍州府霍邱县拔贡生。刑部七品小京官。

第十六名：李元桢，年三十九岁，苏州府吴县优廪生。

第十七名：龚心鉴，年二十五岁，庐州府合肥县副贡生。

第十八名：龚其贤，年二十六岁，太仓州崇明县廪生。

第十九名：吴同甲，年十六岁，扬州府高邮州廪生。

第二十名：朱海，年三十岁，扬州府仪征县附生。

第二十一名：马昌颐，年四十一岁，苏州府吴县副贡生。

第二十二名：曹增辉，年五十二岁，扬州府江都县附监生。

第二十三名：顾儁基，年二十三岁，通州廪生。

第二十四名：叶士荃，年二十七岁，苏州府常熟县附生。

第二十五名：张成甲，年四十二岁，扬州府廪生。

第二十六名：龙锡恩，年三十八岁，海州赣榆县附生。

第二十七名：金鹤年，年三十岁，苏州府常熟县附生。

第二十八名：顾增灿，年二十四岁，通州廪生。

第二十九名：鲍源滋，年五十三岁，和州附贡生。官生。候选训导。

第三十名：高殿卿，年三十岁，淮安府附生。

第三十一名：孔昭乾，年二十七岁，苏州府廪生。

第三十二名：管祥麟，年四十一岁，苏州府长洲县附生。

第三十三名：徐谦，年二十八岁，苏州府廪生。

第三十四名：邱正襄，年二十一岁，扬州府甘泉县附生。

第三十五名：兴照，年二十五岁，京口驻防广福佐领下，蒙古正黄旗附生。

第三十六名：胡鉴莹，年二十二岁，六安州英山县附生。

第三十七名：刘树敏，年三十八岁，苏州府吴县职增贡生。官生。

第三十八名：朱兆鸿，年四十二岁，苏州府元和县增生。

第三十九名：李慎仪，年二十五岁，镇江府丹徒县附生。

第四十名：叶资深，年二十八岁，安庆府太湖县附生。

第四十一名：刘岳云，年三十一岁，高邮州宝应县廪贡生。候选训导。

第四十二名：詹嗣勋，年三十九岁，扬州府仪征县廪生。官生。

第四十三名：杨文彦，年二十八岁，江宁府上元县附生。

第四十四名：程世洛，年二十八岁，徽州府绩溪县廪贡生。

第四十五名：潘官懋，年四十岁，宁国府泾县优贡生。候选训导。

第四十六名：邹福保，年二十五岁，苏州府优廪生。

第四十七名：王锡炳，年二十七岁，泗州盱眙县增生。

第四十八名：潘志颖，年二十九岁，苏州府吴县附生。

第四十九名：房泽源，年四十九岁，安庆府桐城县廪生。

第五十名：朱占科，年三十五岁，淮安府山阳县廪贡生。试用训导。

第五十一名：丁义铭，年二十岁，通州泰兴县附生。

第五十二名：戴炳炎，年四十七岁，徽州府婺源县岁贡生。

第五十三名：林增望，年三十二岁，松江府学（上海县人）廪生。

第五十四名：阮颐隆，年三十四岁，淮安府廪生。

第五十五名：顾棣，年三十岁，常州府金匮县副贡生。

第五十六名：张桂林，年三十二岁，和州含山县廪生。

第五十七名：盛钟岐，年三十三岁，苏州府震泽县优廪生。

第五十八名：蒋亦试，年四十一岁，淮安府清河县附生。

第五十九名：洪乃琳，年二十五岁，苏州府吴江县副贡生。

第六十名：江昌燕，年二十八岁，徽州府学（歙县人）廪生。

第六十一名：黄宗城，年四十四岁，苏州府昭文县候廪生。

第六十二名：孔昭寀，年二十二岁，高邮州宝应县附生。

第六十三名：后有定，年十九岁，宁国府泾县附生。

第六十四名：赵复泰，年四十一岁，安庆府太湖县职监生。

第六十五名：胡懋龄，年四十五岁，宁国府泾县监生。

第六十六名：杨励清，年二十四岁，常州府武进县附生。

第六十七名：吕增祥，年三十一岁，滁州廪生。

第六十八名：郑鸿瑞，年二十三岁，常州府阳湖县附生。

第六十九名：成士铸，年三十五岁，海州廪生。

第七十名：刘学谦，年四十五岁，庐州府合肥县廪贡生。

第七十一名：茅本金，年四十八岁，镇江府丹徒县附贡生。

第七十二名：汪凤梁，年二十一岁，苏州府元和县增生。

第七十三名：范宗麟，年二十四岁，苏州府吴江县优廪生。

第七十四名：沈元鼎，年三十三岁，安庆府怀宁县廪贡生。
试用训导。

第七十五名：林鹤龄，年四十七岁，高邮州廪生。

第七十六名：吴丽真，年三十七岁，镇江府廪生。

第七十七名：张继明，年二十岁，常州府武进县附生。

第七十八名：胡芳名，年四十八岁，和州含山县岁贡生。

第七十九名：陈之凤，年四十一岁，池州府石埭县廪生。

第八十名：陶鸿庆，年十九岁，淮安府盐城县优廪生。

第八十一名：李鼐，年四十三岁，安庆府怀宁县附生。

第八十二名：韩树榕，年二十岁，淮安府清河县附生。

第八十三名：汇川，年二十岁，京口驻防荫浓佐领下，蒙古正蓝旗附生。

第八十四名：沈济，年三十九岁，苏州府常熟县廪生。

第八十五名：陆祖诰，年二十八岁，太仓州附生。

第八十六名：郑恭，年二十六岁，徽州府黟县增生。

第八十七名：张国秀，年三十一岁，安庆府太湖县附生。

第八十八名：唐耿光，年五十七岁，宁国府泾县廪生。

第八十九名：徐庭芳，年五十三岁，高邮州兴化县增生。

第九十名：刘恭冕，年五十四岁，高邮州宝应县附监生。

第九十一名：陈士毅，年四十四岁，泰州增生。

第九十二名：洪子权，年二十四岁，宁国府泾县优廪生。

第九十三名：王之荩，年五十岁，庐州府附生。

第九十四名：曹应熊，年六十六岁，淮安府山阳县廪贡生。

第九十五名：汪乐思，年三十七岁，广德州附生。

第九十六名：韩国钧，年二十三岁，泰州附生。

第九十七名：丛德宥，年二十八岁，通州如皋县廪生。

第九十八名：刘邦槐，年三十岁，通州如皋县廪贡生。

第九十九名：汪士涵，年五十岁，徽州府黟县岁贡生。

第一百名：蒋鹏倬，年三十九岁，苏州府常熟县附生。

第一百一名：戴宪曾，年四十三岁，扬州府江都县廪生。

第一百二名：沈鹏，年二十九岁，松江府娄县廪生。

第一百三名：李汝鹤，年四十二岁，徐州府丰县岁贡生。

第一百四名：江峰青，年二十二岁，徽州府婺源县附生。

第一百五名：陈相翰，年二十四岁，苏州府长洲县附生。

第一百六名：汪孝宽，年二十五岁，常州府廪生。

第一百七名：汪国钧，年二十五岁，徽州府黟县廪生。

第一百八名：刘燨，年三十五岁，颍州府霍邱县优廪生。

第一百九名：潘之骅，年三十八岁，徽州府婺源县附生。

第一百十名：石之璘，年三十六岁，宿□〔州〕廪生。

第一百十一名：阚绚，年五十二岁，庐州府岁贡生。新选五
河县训导。

第一百十二名：朱弼臣，年二十九岁，常州府宜兴县附
贡生。

第一百十三名：陈秉铦，年三十九岁，徽州府绩溪县监生。

第一百十四名：汪清骐，年二十六岁，镇江府丹徒县附生。

第一百十五名：李树蕃，年二十九岁，涡阳县廪生。

第一百十六名：陈洪绶，年二十三岁，镇江府丹徒县廪生。

第一百十七名：查文选，年四十四岁，安庆府怀宁县增贡生。试用训导。

第一百十八名：程仁著，年十七岁，六安州霍山县附生。

第一百十九名：徐庭华，年二十岁，扬州府甘泉县附生。

第一百二十名：胡洪度，年三十七岁，徽州府休宁县岁贡生。

第一百二十一名：姚兆颐，年四十四，江宁府拔贡生。试用训导。

第一百二十二名：于受庆，年十六岁，扬州府江都县廪生。

第一百二十三名：毛凤五，年四十二岁，江宁府江浦县增生。

第一百二十四名：田晋奎，年四十七岁，江宁府上元县附监生。试用训导。

第一百二十五名：葛振元，年二十六岁，安庆府廪贡生。

第一百二十六名：刘傅林，年三十二岁，江宁府上元县职监生。

第一百二十七名：邵澄澜，年五十四岁，淮安府盐城县岁贡生。

第一百二十八名：胡之钧，年二十三岁，宁国府附生。

第一百二十九名：李福，年十八岁，苏州府元和县附生。

第一百三十名：蒋康，年二十二岁，常州府武进县附生。

第一百三十一名：邓嘉纯，年四十三岁，江宁府江宁县副贡生。分部学习郎中。

第一百三十二名：章铸，年二十七岁，常州府金匮县附生。

第一百三十三名：左赋三，年三十四岁，宁国府泾县廪生。

第一百三十四名：锡恩，年二十四岁，江宁驻防赛蚩总佐领下，镶黄旗附生。

第一百三十五名：姚延禧，年三十岁，凤阳府怀远县廪生。

第一百三十六名：张炳康，年四十三岁，池州府建德县附生。

第一百三十七名：胡青云，年二十五岁，宁国府泾县附生。

第一百三十八名：江廷燮，年二十四岁，徽州府增生。

第一百三十九名：陈炳喜，年二十八岁，苏州府元和县附生。

第一百四十名：汪洪海，年三十一岁，滁州全椒县廪生。

第一百四十一名：宋嘉炳，年二十五岁，凤阳府怀远县廪生。

第一百四十二名：徐联蓉，年三十九岁，通州副贡生。

第一百四十三名：江照，年三十六岁，徽州府歙县增贡生。同知衔。

第一百四十四名：余文蔚，年二十四岁，徽州府婺源增生。

第一百四十五名：胡之瀛，年三十一岁，宁国府太平县拔贡生。

中式副榜二十二名

第一名：王裕昌，年四十九岁，松江府青浦县廪生。

第二名：丁鉴青，年十八岁，无为州附生。

第三名：程钰，年二十二岁，庐州府舒城县附生。

第四名：余德香，年四十一岁，六安州霍山县副贡生。

第五名：陈鸣雷，年二十四岁，苏州府元和县附生。

第六名：黄鹏，年二十六岁，宁国府太平县廪贡生。

第七名：陶炳成，年三十三岁，苏州府昭文县附生。

第八名：邵培寿，年三十三岁，淮安府山阳县附生。

第九名：杨銮坡，年二十五岁，安庆府怀宁县附生。

第十名：郐溥，年四十六岁，淮安府山阳县附监生。

第十一名：谢子麖，年二十八岁，高邮州廪生。

第十二名：吴燮和，年五十一岁，常州府增生。

第十三名：王栋，年二十二岁，宁国府泾县附生。

第十四名：赵企翔，年四十三岁，常州府阳湖县廪贡生。分发试用训导。

第十五名：刘嘉树，年三十三岁，通州如皋县廪贡生。试用训导。

第十六名：盈思洁，年四十五岁，和州廪生。

第十七名：王炳南，年四十九岁，宁国府旌德县增生。

第十八名：张治，年二十岁，苏州府常熟县附生。

第十九名：孙钧，年三十三岁，凤阳府怀远县附生。

第二十名：庄礼恭，年二十岁，松江府奉贤县附生。

第二十一名：汤复荪，年十五岁，松江府娄县附生。

第二十二名：薛书培，年三十五岁，镇江府廪生。

海外宜合公司以救君国演说

康有为 著 吴 密 整理

编者按：邓之诚在《骨董琐记全编·骨董三记》中曾据保皇会散发的小册子，抄录了保皇会初创时期二种文献的部分内容：一种为光绪二十五年己亥冬印本《保救大清皇帝公司序例》。康有为后人捐赠上海市文物保管委员会的家藏康有为文献中存有一册，该书二十四叶，铅印，线装，封面红色，其内容早为研究者所熟悉。另一种为《海外宜合公司以救君国演说》，乃戊戌政变后，康有为流亡海外时的演说词，邓氏抄录其中三条"专言筹款"之内容，计八百余字。该册装帧、印刷和版式与前件略同，计七叶（第七叶重），封面黄色，不著撰者、版本。该件产生和刊印时间大约与前者同。惟百余年来，该书难觅踪影，学界仅能据邓氏抄录，阅读残篇。今整理者从国家图书馆藏本中迻录全文，加以标点，俾使读者窥其全貌。

呜呼天呼！吾五万万同胞之众，地球莫多焉，何为而弱割为奴为沙，至于绝种之患乎？吾今思之，其故有二：外人笑吾中国人无忠君爱国之心，知有一人之身家，而不知有合众之国家，此第一患也。试思吾中国人终日之经营，心中之思想，皆不过为保其自己一人之身，保其自己一人之家而已。至于合大群大众之国家，则以为君主、官长之事，而非我所关涉之事，故虽有贤智勇力赀财，亦惟日勤工商之业，而不暇经营国家。夫吾人能自日勤工商之业，安分守己，岂不甚善？而不知亡国亡种，实由于此。此则吾同胞于分与己之义未讲，而未自变其法至此祸也。

夫凡人各有身家，至身家所生之地，所合之群，谓之国家。凡国家之名，合大群而立，合群心而固。凡人生于此国家者，则得享受其国家之利益，犹子孙生于其家者，则得享受其祖父之产业，其义一也。凡人生于富家，则坐受田产；生于贫家，则无立锥。譬生于暹罗、高丽之人，则无矿产商业之多，无从挖取。生于中国，则有万里之矿，听其自取。若中国亡，则万里之矿，不准自取也。故小国之民苦而贫，大国之民乐而富。至于英法之人，并能得外国矿产、铁路、轮船投入之利，民愈益富。凡人苟祖父之家破，则产业皆败，为子孙者，即困穷而不得享受。若至于别家，苟非为奴，即是佣工，即不得比于主人家之子弟，而主人家一切产业，不得预份而沾其利益，此天下之通义也。故国家存，则身家之利益存；国家亡，则身家之利益亡。故不但谓之国，而名之为国家者，犹一未分产之大公家，犹一大姓祖宗之尝业也。故国家与身家，皆家也，但有大小，不能分而为二。凡生于其国者，人人有份，即宜人人共保。若有值理盗卖公产祖尝者，必上祠堂合众共攻之。若我中国人，皆出黄帝，为一大姓，今圣主被废，权臣日以卖地鬻民为事，值理之妾奴锁禁值理，而合谋盗卖公产尝业，且将我通姓五万万兄弟并卖与人，事有若此之悖，情有若此之切，而尚日以为于其身家无关，可不必干涉，不必发愤者，必无是人也。

然我同胞，非如此之不忠义也，特不知国家为一大公家。所以然者，由向来视公产祖尝为值理之私产，而自己为奴或佣工于其家，而不知为自己有份之产也。夫既自视为奴为佣工矣，则视东家之卖产变业，自然与己无关。苟得保自己佣工无碍，工钱仍支，则固可坐视东家转变而不顾。虽有忠义者，亦叹息而已，以不知为自己之产业故也。哀哉！我五万万之同胞，乃甘心自待于奴于佣，听人卖其自己有份之公产，而不知不理，如是其愚哉。

计通地球之人，皆有私产之身家，有公产之国家，惟犹太之人，亡国无归，则有私产而无公产，故民虽极富，而任人驱逐。我同胞向来不知国家为公产者，以向来值理皆本姓各房为之，故无论何人为值理，通族各人皆同分胙肉。族中有荣耀之事，人人皆得与焉。故通族各人，任听各房争做值理，虽不甚干涉，亦无大碍，诚以其公产尝业无损也。夫中国从古所谓转朝者，不过各房轮争值理者也。若今兹则通族房产、丁口并卖与别人，一卖与别人，则非复平民，而永降为奴隶，从此只有私产而无公产，此中国四千年未有之事。我同胞未加考察，习于旧俗，不知为见卖于别姓而为奴，而以为各房值理之轮争，仍为兄弟，将来依旧拜祠分胙，族中荣耀之事依旧有份。则观之美洲之禁逐凌辱而已见也，我同胞尚泥古怀旧，不知深思，不知为子姓、为奴隶之别，而不知痛愤，真可痛可怜也。此第二患也。

因此二故，故我同胞忘大己大分之国家，而但知保小己小分之一人身家。人人但知自保，故我同胞，虽有五万万，实各为一人。故内之省省府府县县乡乡，不相通识，不相保护；外埠之埠埠县县姓姓人人，不相通识，不相保护。所谓安分守己之好人，知顾小己而忘大局。所讲某邑某姓之亲结，知合小群，而不知合大群。所分愈多，其力愈薄。但知手足互殴，兄弟相争，而忘却外侮交侵，他人入室。先为外人所轻贱，终为外人所取携。所谓鹬蚌相持，渔人得利，此真白人所熟视窃笑，待其互斗力倦而并取之者也。呜呼！有大群不知合，惟恐其稍大少强而难亡也，乃务琢分而小之，至小之又小，剩有五尺之一身，而以拒全地之强敌，我同胞自计身家之愚乃若此，固宜于亡国绝种为奴者乎？

然则我同胞当今日宜如何而后可？无他，知病即药。一在人人当知国家为自己公产祖尝，则必不肯听值理之妾奴盗卖，必当集众上祠堂攻之。一在人人当知此次亡国割地，非各房争值理，而实通姓卖与别人为奴，则必不肯坐视不理。一在凡我中国黄帝子孙黄种人，皆当互相通识联结，互相保护。不独不可以小姓小宗自分，实不可以邑分；不特不可以邑分，并不可以省分；不特不可以省分，并不可以蒙古、西藏分。如此则合五万万人为一人，谁得侮之？况海外五百万同胞，大率闽广两省，而美洲数十万众，率皆广东人，岂可同室操戈，务散大群，肉相啖食，自弱其力乎？

夫所谓公司也，会也，群也，国也，皆合大众而团合之义。虽名有异，而实无殊。但谓之国者，其团合之法密而严耳。然若美国者，地球号称盛国，仍是合众之大会耳。其会法密而严者，即为善国。嗹国者八十余万人耳，犹争雄于欧洲，今且索地于我五万万人之国。今我海外五百万众，七倍于嗹，若能团结成一大群，则已成一新中国、外中国矣。今圣主被废，权奸篡盗，割地失权，内地人心不服，涧涌鼓动，已数百万，十八省皆遍矣。以内之数百万人之力，合外国数百万人之财，内外合应，则有千数万众，移新中国而救旧中国，移外中国而救内中国，进以勤王，退以保国。内地当水深火热之余，苦于压力，若一有外中国可恃，大众咸从，则一举而同胞五万万人，皆引领而望，奔走来归，中国必可救矣。

夫所谓立公司与立国无殊者，岂特会哉。人群之团合，出于天然之理。故每乡必有乡约，数十乡必有乡局。乡约则有约长、约正、族长、族正及各父老更夫，是其地方官及各议员、兵官也。乡局则有局绅、断事，有带兵者，有管数者，有书院及掌教之者，有壮丁、白丁，则吏、户、礼、兵、刑、学校咸备，成一国之体裁矣，成美国合众自治法矣。乡局与国无丝毫之殊，特立法有小大疏密之异，其地愈大，人愈众者，法愈严密。然谓之为乡为局，则人不惊，谓之为国，则人惊之，此知二五而不知十者也。夫所谓国者，亦一大乡耳。有室家则有盗贼，每乡必有更夫以巡保之，国之有兵有将帅犹是也。但兵多则纪律森严，兵法亦多耳。有大众则有争讼，乡则有父老以断之，有乡例以行之，国之有刑官、状师犹是也。但人多事多历年多，则积成定律。律例多，则有专门学校以习之，不从者则刑之。乡必有书馆以教童蒙，国则有书院大中小各学以教成才，以为治国之用，其法及等级更密耳。乡人少，则一二父老族长办事足矣。至立国之大，治人之多，则有百官等级。乡中有公用，亦必每家科银，或亩捐，或殷捐。立国之大，养兵，养官，养学，其费益繁，不能无所取，故议院岁决其用费，而取之于民，取之有常，合之极密，故国固而事成。乡之与会也，取之无常，罚或不行，众团而不固，所异在律疏而不密故也。故地球之内，能以国法团众者，小之若圣的因内哥国，地仅六里，人仅万余。德国内安伯雷国，地仅十八里，人数万耳，乃与欧洲各大国对峙平立。不能以国法团众者，则我海外五百万人，而以散漫坐受鱼肉。观此得失，则我同胞知所法戒矣。故不以国法团立者，亡国绝种，大祸之媒。以国法团立者，地球莫强，人类莫荣之魁。

今兹海外五百万同胞成一大公司，非真为新中国、外中国也。特以国律最密而严，必如是乃能团合大众，坚固大众，否则散漫，而公司亦难成，于救中国之事亦无益。故必海外五百万同胞人人知有自立新中国、外中国之心，以此为公司，而后旧国、内国可救。当仿照立国之律例严密，而后公司事可立，公众可固。

夫我同胞之人五万万不计，但外旅人五百万，已大于圣的因内哥国四百倍矣。然则我同胞欲保中国，亦至易矣，患在不知耳，患在不同心耳。若真知其利害之相反如此，事之易成如此，则如刀切身，如针刺背，必有不安者。如救火烛，如补漏船，必争急发愤者。

今为我海外同胞筹之。

第一，当每埠公立公司，各立董事值理，总埠立总理，公举忠义才能殷实之人为之。

第二，当埠埠相通识，相联结，不论万里，每月每水，互相通信，互相寄相，互激忠义，互讲工商进步，互讲变法条理。俾知识日开，热心日加，群力日合。起大公司，成大商业，皆易而办，一切事亦出于此矣。

第三，当筹公费以开银行，购轮船，将来为开矿山、筑铁路之用。今外洋各处轮船，中国无一焉，此固五万万人之耻。而海外五百万人切身之用，乃不白立，此真海外旅人大耻也。若夫内地银行，皆俄、德、美人以纸易我现银，此亦宜自操利权者。至五金、煤铁之矿，天山及阿尔泰山万里皆是。阿尔泰山者，蒙古语金山也，曾见一块金，重二十五斤者。各省铁路，皆以与人，中国人无一焉，此亦宜自办一二路，以收回中国自有之利权。其他茶、丝、磁器、樟脑，工商百事之利，有待大公司而后举之者，不可胜数。而我同胞万里奔走，争毫丝之利于外国禁逐之地，乃舍自己固有之利，真可惜也！

今通筹之，若海外五百万人扯算计之，每人能以烟酒之余，人捐美洲银五元，合中国银十元，则有五千万矣。先开银行，印银纸行之，可得一万万〇二千五百万矣。以三千万办轮船，以三千万办铁路，以三千万开矿，以五百万办杂业。他日矿路轮船有股者，分利无穷。以三千万办一切救国事，以养才能之士、忠义之人，立国体以行之，则中国立可救矣。旅海外者，随意糜费烟酒无算，若能以之自救身家，人出数元，众合一心，则中国立救。事之易岂有若此？若各埠值理能出公议，以国法行其捐法，虽取之极微，或百之一，或十数之一，而力苟有常，尤易成大事。其他练商兵、遣游学、养律师，一皆取法于国律，以组织经纬之，则无论中国败亡若何，苟有团力，有财力，有人才，未有不能自保者也。天留五百万海外之同胞，或专以救中国乎！智者不失时。时乎，时乎！失此时机，京师内乱，内地分争，虽有圣者，无能为计。书不尽言，但粗陈其表面而无大碍者。惟我同胞共发忠君爱国之心，无迟迟以贻亡国亡种之恨也。

庚子北京避难记

费德保 著　　戴海斌 整理

　　说明：《庚子北京避难记》系义和团运动期间一位下层京官逐日记载之见闻，起自庚子（1900 年）五月，讫辛丑（1901 年）正月。全篇七千余言，分上下卷。上卷记义和团入京后所见种种情状及"避难"、"返乡"之全程经历，下卷综论庚子事变之缘起、经过与结局，多穿插有主观性的评论。篇末附录庚子七月二十六日至辛丑正月初六日若干重要上谕及《辛丑条约》议和大纲。原件为光绪年间手写本，封面书签题署"庚子北京避难记"，内页毛边纸，半页八行，四周双边，框外左上题"状元及第"，左下题"景元斋"，不署作者，无序跋，疑为原稿本。据整理者考订，作者为费德保，字芝云，江苏吴县人，监生出身，时为兵部主事。此书向未有刊本，亦未经著录，而所记俱系作者身历目击，颇多可采，故有整理披露之必要。页下注释为整理者注。原件今藏上海市社会科学院历史研究所图书资料室。

庚子北京避难记事上

　　庚子之变，衅起团教不和，以致衅开仓猝，神京不守，生民涂炭，虽曰天命，岂非人事哉！予承乏兵曹，事皆目击，萃华西狩，百官离散，流离困苦，徒步出京，幸而出险，谅由祖宗默佑，痛定思痛，不可不有以志之。

　　五月初一日，予散值，访同乡曹根生驾部（允源）①、邹紫
东仪部（嘉来）②。入门时，紫东神色仓皇云，良乡、涿州一带
义和团滋事，聚有数千人，将保定一带铁路焚毁，人心惶惶，是
为滋事之始。查义和团初起于山东，蔓延至直隶，在保定所属东
流村与教堂为仇，直藩廷方伯（雍）委清苑令陈，劝谕解散归
农，事可中止。不意直隶裕制军派一武员杨福同往彼弹压，该弁
粗率任性，不达民情，一味威劫，遂致团民戕官，激变势成，将
铁路公局抢劫，并将铁道焚毁，乱势成矣。事闻朝廷，于初十
后，诏派军机大臣刑部尚书赵舒翘，往涿州一带劝谕解散。其时
拳民汹汹，有不肯奉诏之意，朝廷又遣大学士刚相（毅）往谕。
拳民以忠义自命，刚相颇为所惑，回朝时以人心可恃、众志成城
等语，动摇天听，并不计时势之强弱，兵事之利钝。而拳民亦自
命为国宣力，遂数十成群，陆续进都门，毫无忌惮，门禁亦不
严。至十五后，遍街皆拳民，首扎红布，手持利刃，日夜焚烧教
堂，搜杀教民。三五夜城外火光烛天，而市面居民尚不惊动，识
者已知乱之难戡矣。朝廷遂令董军门（福祥）督甘军入城护卫。
甘军全队进内城，驻扎东华门外。十六日，适董军队扎天桥，有
日本书记官某入城，冲其队伍。董军门以犯军令，即令正法。教
堂本与日本无干，此事又犯日本之怒矣。初四日，洋兵自天津入
京者三百余人。

　　拳民到处结坛，名为不贪财、不爱色，然到处募缘，或令送
米面，或令送钱帛手镯，居民亦不敢不应。初愚民以拳民为可
恃，及至勒索财物，亦渐知其不可恃矣。最可笑者，坛中朝夕焚
香，以神附体为言，或曰赵子龙，或曰孙猴，并以能御刀刃、能
避枪炮欺诳于人。盖以气炼御刀刃，自古易筋经法有之，偶有一

①　曹允源，字根苏、根生，江苏吴县人，时为兵部主事。
②　邹嘉来，号紫东，江苏吴县人，时为礼部主事，兼充总理衙门章京。

二人习之，亦不足为异，至能避枪炮，则迅雷烈火，谁能御之？此可不辨而明者。并对空放火，云不必动火，用咒一二语遥拜之，则熘自屋中生。人皆神异，以为天助，其实皆并未目击也。总之与汉之黄巾、宋之郭京同一妖异，所谓国家将亡，必有妖孽，识者早知祸乱之萌，岌岌可危也。

二十日早，大栅栏有一中西大药房，名老德记，其中西药居多。拳民以灭洋为名，凡有外洋货物店，皆欲一焚，以张其势，特来拳民数十人焚其店，不料起火之后，势成燎原。大栅栏为戏楼、饭店会集之地，高楼巨屋，比栉相联，火遂四延，不可救止。西及观音寺，南及煤市街，西北延烧最甚，珠宝市、廊房头条、二条、三条胡同，延至西河沿东口，过桥延及东西荷包巷、月城一带。火光焰天，烧至竟日，黑烟障地，瓦碟盈堆，各铺户居民纷纷逃窜，哭声震耳。珠宝市二十四家银炉房，尽付一炬，莠民乘机抢夺。锦绣世界，一刹那付之灰烬，可为浩叹！自辰刻起烧至戌刻，火势稍衰。予时在延寿寺街长元吴会馆，相距不过半巷，幸未殃及，已属万幸。至二鼓后出门，赴前门一望，但见墙颓壁倒，烟雾不息，而正阳门城楼一座，红如炉火，不胜骇然。正阳门楼，四面皆方砖砌成，不见一木，相传常有狐仙守护此楼，而楼门忽开忽闭，人所共见，不料亦遭此大劫，且不知火由何处而上。正阳为天子当阳之正门，一朝焚毁，天之示警可知矣。最可恨者，火起之初，有水会持水龙来救，拳民不许，云神火令焚洋房，如来救者即同党，杀之，人皆退避，因此势成燎原。及晚，火势不熄，拳民中亦有顾忌者，遂云坛中神降，令水会来救，而水会方敢至。于是水龙四集，方始救息。都中城内外而有水会，而救火极电捷。前数日中拳民焚教堂、教民屋，单焚一处，火不旁及，所以愚民信之。不料此次竟延烧二千余家，至是愚民方知拳民之不可信，而神道之不足恃矣。不胜三叹！

自焚大栅栏之后，市面尽闭，银亦不汇，迁避者纷纷不绝，而各处票庄均不流通，日坐愁城，城内外均扎营。至二十一二日，朝廷日召对卿寺，议战议和，迄无成见。至二十三日，始奉宣战之旨。董军遂以全队守扎御河桥，进攻东江米巷各使馆。是日傍晚，闻枪炮声不绝，禁城中竟开战场，枪林弹雨中，不知误伤多少人命，亦千古未有之奇祸也。两国相争，不斩来使，是古今通例，况万国公法亦从无攻围使臣之举，究不知此谋出于何人？炮声隆隆，彻夜不绝，路断行人。及天明，方知是晚内城东单牌楼一带，官宅民居大半为乱兵抢劫一空，其最著者，徐中堂（桐）宅、曾袭侯（广銮）宅、孙中堂（家鼐）宅、钱尚书（应溥）宅，均被劫掠一空，幸未伤人。孙为予戚，见其少君景周驾部①，据云身无长物，惟穿一单褂逃出，行同乞丐，亦自来未有之奇事也。各铺户商店，如桂林轩等铺，不但遭劫，并且伤人。盖战时有教民逃避至该铺中者，而董军寻踪追及，互相轰击，玉石俱焚，不辨其为良民、为教民也。是夜遭劫者数百家，遭难者数千人，可谓浩劫，幸城外尚晏然，而终夜不安枕矣。

五月二十三日，江米巷开仗以后，炮声日夜不息，使馆防守甚固，有英法两馆，墙坚基固，各公使均藏于内，俟我军稍退，即用洋枪狙击。相持一月，董军营哨官有伤亡者。枪子飞至城外，沿途行人死伤不少，众皆裹足。廿八，吏部验看之期，吏部侍郎陈学棻坐车经过棋盘街，被乱军开枪，劫死车仆二人，验看官轰死二人，前门外路断行人。予在馆耳闻炮声，日坐针毡，与同馆蒋光禄（恩澍）、金孝廉（文樑）互相叹息而已。

六月初，拳民四处抄杀教民并波及无辜，官眷皆避乱出城，有至通州暂避者，有至京北延庆、昌平等处去者。予同曹根生驾部、邹紫东仪部相商，以眷属出城为宜。而车价极昂，予向无积

---

① 孙家鼐，字燮臣，安徽寿州人，时为协办大学士、吏部尚书。子传樊，字景周，时为兵部主事。

蓄，银饰又不能通融，承廖仲山尚书①送二十金，陆凤石阁学②
送二十金，陈小石府丞③送十金，遂略整行装。所有书籍、磁器
一切均不敢带，仅带随身衣包，雇大车一辆，价四十四金，于十
一日同曹、邹两家眷口起身赴保定。沿途拳匪林立，幸而获免，
于十四日抵保定，暂租民房三间小住。

六月十七日，天津失守，聂军门血战身亡，裕制军退守北
仓，保定人心浮动，迁避纷纷。至月底，传有议和之意，人心稍
定。予于七月初，适有便车至京，又奉严旨，司员告假者扣资，
遂又赴京，仍寓长元吴会馆。

李制军（秉衡）奉命督援军入京，七月初十日裕制军兵败
自尽，李公请赴前敌，遂督张军门（春发）二十营赴杨村一带
迎击。李公忠义奋发，而所带各军皆新募，全无纪律，一见洋
兵，不战而溃。李公知事不可为，于十五日吞金殉国，援军一律
溃散。十六七日，败军尽入京，市肆尽闭，风鹤皆惊。

七月十八日一早，传言乘舆已动，至顺治门，已闭不可入。
官民纷纷窜避。予单身出彰仪门，乱军与拳匪到处林立，于枪林
炮雨中徒步至芦沟桥，已有拳匪奸民把守，空行人尚可经过。一
路妇啼儿哭，惨不可闻。天晚至长新店，适同乡陆凤石侍郎、徐
花农学士亦跟踉而至。十九日，各雇一人推小车，经五日方到保
定，不堪其苦，幸天佑得免于难。

二十二日到保，遇王书衡比部（仪通）④、葛郁斋（正卿侍

---

① 廖寿恒，字仲山，江苏嘉定（今属上海）人，时为礼部尚书兼总理衙门大
臣。
② 陆润庠，字凤石，江苏元和（今属苏州）人，时为内阁学士兼署工部右侍
郎。
③ 陈夔龙，字筱石、小石，贵州贵筑（今贵阳）人，时署顺天府府尹。
④ 王仪通，后改名为式通，号书衡，山西汾阳人，时为授刑部主事。

郎①之侄孙）亦到保，知乘舆于十九日出城，有云从易州而西，有云由宣化，不知确耗。洋人于二十日入都，国破家亡，真可痛哭者已。

予因守印曹，本无积储，出京川资幸廖、陆诸公资助，抵保匝月，囊橐如洗，而保定逃兵四集，又无重兵驻扎，决非善地。适杨荻芳都转来保，怜予困乏，赠予二十金，又同乡金养田大令，向有首尾，索还三十金。即雇轿车一辆，价二十金，令两女一婢，随内嫂蒋夫人，同赴邯郸捕署蒋兰生内兄处小避，以轻家累，于二十四日起身。嗣军情日亟，洋人又有来保之信，予挈慰儿，同甥婿丁子余（传福）、甥女程氏同伴，于廿七日起身赴邯，雇轿车一辆，价至三十五金之昂，亦不得已也。一路幸平安，于八月初二日抵邯郸捕署，川资已罄。

同乡戴荻郛太守（锡钧）慷慨乐施，周人之急，于梓谊尤笃，现任大名知府，因修书告助，并到彼署为办笔墨。复书承允下陈蕃之榻，月送十八金，因于十七日雇车，往赴大名。十八日抵大名，下榻于西院清风书屋，与同乡程、蔚君茂才（文豹）比屋而居。荻翁情谊殷拳，有宾至如归之乐。

闰八月初，得省信，知洋兵到保，初来数十人，嗣陆续至数千人，据占城库，凌辱官吏，居民皆纷纷迁避。后又得信，竟将护督廷方伯（雍）及城守尉某、又总兵某三人均被斩讫，以护庇拳匪为罪案；臬司沈子敦观察以官卑权小，恐其非罪，拟革职。中朝赏罚，付之外夷，亦可叹已。

大名有一教堂，四、五月间为镇兵拆毁，教师樊某亦驱逐去境，以为无事。不料事变后，洋人来文，责罪镇道，并以教堂各物所失甚多，责令赔偿二十万金，如不允赔，当兵临城下云。镇台王君（连三）贪暴不得民心，夜郎自大，而观察为同乡庞君

---

① 葛宝华，字振卿、正卿，浙江绍兴人，时为兵部左侍郎。

劬庵（鸿书）①，书生本色，不知兵事，得书后仓皇失措，阖城亦摇动不安。予寄迹郡城，萍踪不定，本非久计，因作南旋之计，遂于九月初八日偕程君、蔚君结伴起身。庞观察送程仪十二金，戴太守亦送金十二金，以作川资。雇车二辆，挈慰儿、两女、一婢起身，由开州于十二日抵长垣县。长垣为先大夫旧治，进城耽搁于表弟葛士林处，小住十日。至河东访先大夫门生牛君小亭，拟呼将伯之助。小亭家远不如前，未能臂助，予拟作梁园之游矣。

道中有感时事赋七律四章

无端横海起烽烟，百雉金汤意不坚。廿载功名忧患日，一家骨肉乱离年。城头鼓角宵初半，月里山河影尚圆。报国男儿分内事，几人肯著祖生鞭。

太白芒寒夜有光，那堪世事话沧桑。覆巢空自飞乌鹊，匝地无从避虎狼。举国竟听韩侂胄，望君如岁沈诸梁。澄清揽辔知何日，洒尽杞忧泪两行。

封豕长鲸气早吞，雄兵十万枉云屯。悔教重译通西域，又见潜师启北门。畿辅谅无干净土，故人尚有未招魂。朝来劫火长安望，忍把兴亡仔细论。

蒿目时艰唤奈何，壮怀空握鲁阳戈。亭台焦土阿房赋，风雨淋铃蜀道歌。造祸端先开董卓，知兵名竟负廉颇。终南自古钟王气，漫说偏安拥带河。

长垣令罗旭云大令，明北进士，字廷煦，雅吏也，一见如故，承送程仪大钱十千。又和原韵八章志之，以记鸿雪。录于左：

---

① 庞鸿书，字劬庵，江苏常熟人，时为直隶大顺广道。

贪功妄想附凌烟，六甲天神信转坚。鬼蜮射沙遗毒日，鲸鲵翻浪肆威年。空中蜃气知多幻，缺□蟾辉望再圆。独惜潞河军尽溃，断流枉自说投鞭。

中朝日月仰重光，举善忠谁似子桑。安得触邪来獬豸，哪堪当道尽豺狼。梅生吏隐惭仙尉，侯老风流缅大梁。太息无人能报国，忝司戎律怛颜行。

痛哭声同杜老吞，神京只说虎貔屯。相才羹许调梅阁，儿戏军都似棘门。西幸萃华无警跸，南飞乌鹊各销魂。敌氛至此凭谁挫，取胜澶渊敢并论。

茫茫天醉竟如何，三辅烽烟未止戈。回首铜驼增涕泪，壮怀栃骥动悲歌。房堪怯胆无韩范，将有奇才待牧颇。盼得六飞仍返驾，收还带砺旧山河。

再和原韵

烽燧惊传渤海烟，履霜早信有冰坚。腥风卷地愁今日，皮岛通商误昔年。壁垒花飞金石裂，舟车机走火轮圆。木牛流马卑无用，冠世高才愿执鞭。

城头火起烛天光，盐铁搜罗费孔桑。烦请长缨盘战马，恨无利剑斩封狼。处堂燕雀多巢幕，出海鼋鼍敢驾梁。十万甲兵同瓦解，畴将纪律肃戎行。

龙宫珍物饱鲸吞，漫道王师灞上屯。剩有虎贲随玉辂，都无豹略展金门。浮云远蔽长安日，夜月空招屈子魂。骄虏犹闻寇州郡，妖风满地不堪论。

羹沸蜩螗可羞何，辽东直北陷兵戈。宫商离乱凉州曲，钧石和关洛涧歌。上回天威须再肃，中原王道本无颇。只今不少刘唐秩，独怪难当曳落河。

八诗激昂，慷慨皆可诵也，故附记之。

乱之初起，各使馆尚持两端，朝廷亦有意和局，曾遣译署堂官委曲调停。五月十九日，有德国公使克林德坐轿赴总署议事，不料行至东四牌楼大街，忽值董军及武卫军队。该使臣轿前有洋兵十余人，手持火枪护卫，而该使臣手执小枪。乱军忽谓其开枪，遂一哄而进，不分皂白，洋兵皆四散，该使臣遂死于乱军中矣。公法凡害及使臣者，决计开战，于是不可收拾矣。有云是董军门之意，然当时人心不靖，军无纪律，以致酿成不解之祸，虽曰天意，岂非人事不善欤？

七月初七日，译署大臣许侍郎（景澄）、袁太守（昶）亦因与使馆议事，忽触权贵，奉旨均正法西市。十七日，徐小云尚书（用仪）、立山尚书亦骈斩于市，罪案不明，人皆冤之。小云尚书，久列正卿，年逾七十，一朝遭此惨祸，天下惜之。是时乱势正亟，尚书正法后，竟致无人收尸，幸其婿周镜渔比部①在京，翼日为之殡敛，而和局至此，已决裂不可收拾矣。

予于九月廿六日由长垣起身，廿八日抵汴梁，闻河北军信甚亟，洋兵有到广平之信，遂遣人将儿女等初二日亦接至汴省。此来本拟谒裕中丞（长），向有旧谊，或谋一枝栖，以作旅费，不料中丞仙游，大失所望。遂谒任筱沅河帅②，极蒙青睐，赠贶五十金，于是决计南旋矣。汴省有黄河之险，或可作恃，然河北三府有寇警，而省城亦必惊惶，恐土匪乘机而起，且各省客兵林立，饷糈不继，一有匮乏，又恐内乱，是皆可忧者。

当道拜延方伯（祉）③，承送十六金，朱学士（福诜）④送十金，同乡李子明大令送十金，约计回南川资，或可敷用。有友

① 周祥珏，字镜渔，浙江人，时为刑部主事。
② 任道镕，字筱沅，江苏宜兴人，时为河道总督。
③ 延祉，满洲镶蓝旗人，时任河南按察使。
④ 朱福诜，字桂卿，浙江海盐人，时为翰林院侍读学士，充河南学政。

人劝予西赴行在者，而道途辽远，且带家室之累，并近有回銮之信，故仍决计回苏，再作计议。

十月初八日，雇轿车二辆赴亳州。十一日抵亳州，而水甚浅小，而船价极昂，与同伴刘福生少尹（绍晏，常州人，浙江委员）互商，仍不如早道赴清江。遂于十三日仍雇车二辆，由徐州一带驰赴清江。于十月二十二日抵清江，雇邵伯船一只，水脚洋十六元，于二十四日下船，二十六日开船，三十日抵瓜洲。十一月初一日渡江，因丹徒月河各口水浅，遂沿江东下，进萧河口，初八日安抵苏州。

此次避乱，于六月十一日出都，十一月初八日抵苏州，约计半年，在途琐尾流离，不堪言状，且到处川资困乏，沿途乞钵，皆承诸世好亲友相助，敬当志之，不敢遗忘。廖仲山尚书送二十金，陆凤石侍郎二十金，陈小石京尹十金，杨萩芳都转二十金，叶绍韩观察十金，庞劬庵观察、戴萩郼太守各十二金，开州唐伯康刺史八金，河督任筱帅五十金，延方伯（祉）十六金，学使朱桂卿八金，李子明大令十金，许星樋观察四金，共得二百金。（眉注：诸友皆患难之助，世世子孙当敬识不忘。）

庚子避难记下

予自光绪丁丑年到部当差，十五年奉先大夫讳，十七年服阙供职，计在部实资二十年，再二三年可望补缺，便就截取，归直隶州班分发到省，以一官为废员之计，别无奢望。岂料变生意外，遭此寇乱，名心更淡。出京时拳匪城外到处抢掠，慢藏诲盗，何敢多带行李，所带一身以外，仅随身衣履而已。所有历年所置书籍、衣物、用物亦值数千金左右，半存质库，半存会馆。闻洋兵入城以前，土匪又四处剽掠，谅已空诸所有。身外物固不足论，然二十年京官并此而一朝弃之，未免可惜，抑有定数耶？

此次之乱，实非朝廷本意，端邸不甚熟悉夷情，又惑于拳民之足恃，以为人心之固，不难灭此朝食，故摇动天听，决计开战，至海口布置，并未预为筹及。五月十八日，拳民焚天津教堂，其晚各国兵轮集大沽口者已二十余艘，照会大沽守将罗总戎让大沽炮台，未逾时即开炮轰击，立将炮台占据。天险片刻已失，又何论后之成败耶？

裕寿山制军久历封疆，并不知兵。拳匪之起，有一曹姓、张姓头目，统数千人，阳为助战，实则乘机劫掠，此固乱民之尤不容于圣世者。而裕公信其可恃，分廷抗礼，该匪首遂偒然自大，闻司道在途相遇，竟令其出轿避道，恬不为怪。及临战阵，退缩不前，并扬言与洋人战乃官军之责，我辈但知焚教堂、搜教民而已，是何言欤？失天津后，拳匪竟无一人，如鸟兽散。闻曹姓后为乡民所诛，张姓亦不知下落。倡乱之人，断无不身受其祸者，此固天理，而制军之轻听偏信，虽一死亦不足以塞责矣。

朝廷虽征兵天下，而事太匆迫，到者仅岑方伯陕西一军，张军门（春发）淮扬二十营，登州夏总戎（辛酉）五营而已，皆非久练之军。又以李鉴堂制军节制，以临前敌。兵将皆非素习，鉴帅固忠义，而付之以不习之将、不练之兵，安能使之效死？况出京时杨村已失，裕制军兵败殉国，人心摇动，敌焰方张，宜其不战而溃，所谓"出师未捷身先死，长使英雄泪满襟"，忠臣义士痛苦流涕而三叹者也。

时事之变，天象早见，予恨不习天文，见机不早。都中有一外国人，在中华已二十年，夙谙天文，并好历数，平日不预外事，用一庖人，极赏识之，相随十年矣。今年三月间，该夷忽令庖人结清帐目，云："我即日回国，尔相随多年，须重赏酬之。"庖人问故再三，方晓之曰："予近日观天象，中外有兵起，不但尔中华受害，我外洋人亦有祸及。予既不干外事，须早回国，迟则不及。尔无事亦可早出京，不必留恋，并不足为外人道。"该夷遂于四月回国。庖人亦疑信参半，及乱起，方告人，知此言不谬。予有仆人牛祥，荐于大学堂教习者，与该庖相识，故得闻此言。可知祸乱之起，必先上现天象，特梦梦者不察耳。亦可见何地无才，外夷中未必无人也。

拳匪之可笑，令人喷饭。五、六月中，气焰方张，动辄以神降为言。每一街一巷，必立一坛，有可疑之人，必执赴坛中，令其执香焚表，以辨是教民与否。予妹丈程菊村驾部①在街换银，忽执之去，令其跪坛焚香。据云中设一黄帏，内有一人，牵呵梦呓，如南中巫师之类，忽作小语云"他非教民，可以放他"，则令之去。若云"是教民"，则不待辨而诛之。同乡潘经士水部②出城，亦为执去，推挽半日，亦令焚表，几及于难。如此之类，不一而足。甚至如黄慎之学士（思永）、立山尚书均为执去，诬以吃教，亦有为挟仇诬告者。此数日间道路以目，重足而立，不成世界矣！官更不敢过问，岂非国亡之妖孽乎？

四、五月间，各国使馆电信极多，均电各本国，有数百字、数千字者，外洋电费极重，各使馆不殚烦如此之多，可见彼早有布置，非率尔操觚者。而我中国绝少未雨之绸缪，事事落于人后，安得不一败涂地耶？

保定拳匪亦甚鸱张。有一保甲委员忽为执去凌辱，幸伊安徽同乡在藩台处公禀，廷方伯两次遣人索之，不肯放回，后用令箭派武员调之，方始释回，已受辱不堪。询其故，方知数月前有一局役，为公事责革，该役挟仇，告以吃教，故有无端之祸。后该员不敢在省，他去，方保无事，亦险矣哉！官场如此，平民可知，宜其人心惶惑，朝不保暮矣。予在保时所亲见者。

皇上最仁明，议战时慈宫主政，上意颇不为然，曾执许竹篔侍郎手泣谕云："朕一身不足惜，其如百万生灵何！"此言也，

---

① 程绍祖，字菊村，江西新建人，时为兵部主事。
② 潘盛年，字经士，江苏长洲人，时为工部郎中。

爱民之心溢于言表，天地祖宗，实共鉴之。所以中外归心，有归政之请，不知触权贵之忌者亦在此，然天下臣民无不戴之。

端郡王（载漪）系惇亲王之子，宣宗之孙也，去冬所立大阿哥，端王之子，于今上为从侄。自简立后，去冬上海电局绅经君①，邀集千余人，电奏请归政，亦有外洋流寓绅商。此事深触慈宫之怒，而端郡王更不悦焉。外间颇有废立之谣，又恐各国借端问罪。此次开战，故端王立［力］主其议，如熟悉洋务之庆亲王、荣仲华相国，均不以为然，召对时与端邸相互抵牾，几至廷争。而端邸又以为拳匪可恃，故坚持定见，谓侥幸一胜，从此外夷可不干预中国政事。孰知强弱利钝，已成积习难追之势，以朝廷为孤注，是谁之咎欤？

许竹篔少冢，自承上泣谕后，已慄慄畏祸，不知七月初竟兴大狱，有似汉之晁错。临赴西市时，有人遇于宣武门外大街，囚车略停，许公呼其仆取纸笔，有遗嘱。当时匆匆，即在纸铺中取一纸。许公书三事，付其家：一云所有历年办铁路票据在某筐中；一云某姬有遗腹，如得一男，好为抚养，以继嗣续；一云我伏法后，即令家人赶即收尸，不致迟误。许公少有文名，中年出使，谨慎持躬，位登卿贰，忽遭此奇祸，或谓定数，或谓前生之孽，其然岂其然乎？

同时伏法者，为太常寺正卿袁公爽秋（昶），早登科第，久在译署，由总办放安徽芜湖道，嗣入京改京卿，充译署大臣，学问亦优，不知何故同日弃市。后传闻至使馆议和，外夷索主战之人，有似宋使对韩侂胄语，词太激烈，触怒权贵，上意尚可优容，而竟弃市。古人之明哲保身，有以夫。

自遭国变，徐中堂（桐）自缢于武英殿。崇尚书（绮）退至保定，自缢于莲池书院。其子葆效（先初）承袭公爵，从前

① 经元善，字莲珊，浙江上虞人，时为上海电报局总办。

系兵部郎中，与予同司，人极浑厚，楷法亦精，崇公亡后，闻亦随殉。其余王阁学（懿荣），阖家殉难。同司王海门（铁珊），安徽六安人；同乡宋养初侍御（承庠），亦在京自尽，皆为予旧交。此皆忠义之士，予所自愧不及者。疾风知劲草，世乱出忠臣。其余一时不及知者，奉诏令崑中堂（冈）查明。

七月二十六日（1900年8月20日）下罪己之诏，颁行天下。奉上谕：我朝以忠厚开基，二百数十年，厚泽深仁，沦浃宇内，薄海臣民，各有尊君亲上、效死无贰之义，是以荡平逆乱，海宇乂安。皆赖我列祖列宗文谟武烈超越前古，亦以累朝亲贤夹辅，用能宏济艰难。迨道光、咸丰以后，渐滋外患，然庙谟默运，幸能转危为安。朕以冲龄入承大统，仰禀圣母皇太后懿训，于祖宗家法恭俭仁恤诸大端，未敢少有偭越，亦薄海臣民所共见共闻。不谓近日衅起团教不和，变生仓猝，竟致震惊九庙，慈舆播迁。自顾藐躬，负罪实甚。然祸乱之萌，匪伊朝夕，果使大小臣工有公忠体国之忱，无泄沓偷安之习，何至一旦败坏若此？尔中外文武大小臣工，天良具在，诚念平日之受恩遇者何若？其自许忠义者安在？今见国家阽危若此，其将何以为心乎？知人不明，皆朕一人之罪，小民何辜，遭此涂炭。朕尚何所施其责备耶？朕为天下之主，不能为民捍患，即身殉社稷，亦复何所顾惜。敬念圣母春秋已高，岂敢有亏孝养，是以恭奉銮舆暂行巡幸太原。所幸就道以来，慈躬安健无恙，尚可为天下臣民告慰。自今以往，斡旋危局，我君臣责无旁贷。其部院堂司各官，著分班速赴行在，以便整理庶务，各直省督抚，更宜整顿边防，力固疆圉。前据刘坤一、张之洞等奏，沿海沿江各口商务，照常如约保护，今仍应照议施行，以昭大信。其各省教民，良莠不齐，苟无聚众作乱情形，即属朝廷赤子，地方官仍宜一体抚绥，毋得歧视。要之，国家设官各有职守，不论大小京外文武，咸宜上念祖宗养士之恩，深维君辱臣死之义，卧薪尝胆，勿托空言，于一切

用人、行政、筹饷、练兵，在在出以精心，视国事如家事，毋怙
非而贻误公家，毋专己而轻排群议，涤虑洗心，匡予不逮。朕虽
不德，庶几不远而复，天心之悔祸可期矣。将此通谕知之。
钦此。

　　闰八月初二日（1900 年 9 月 25 日）奉上谕：此次中外开
衅，变出非常，推其致祸之由，实非朝廷本意，皆因诸王大臣等
纵庇拳匪，启衅友邦，以致贻忧宗社，乘舆迁播。朕固不能不引
咎自责，而诸王大臣等无端肇祸，亦亟应分别轻重，加以惩处。
庄亲王载勋，怡亲王溥静，贝勒载濂、载滢，均著革去爵职；端
郡王载漪，著从宽撤去一切差使，交宗人府严加议处，并著停
俸；辅国公载澜、左都御史英年，均著交该衙门严加议处；协办
大学士刚毅、刑部尚书赵舒翘，著交都察院、该部议处，以示惩
儆。朕受祖宗付托之重，总期保全大局，不能顾及其他。诸王大
臣谋国不臧，咎由自取，当亦天下臣民所共谅也。钦此。

　　按，此次开战实由诸公摇动上听，而外夷亦以议和，必须先
治主战者之罪方允开议，宛如金人之罪韩侂胄也。李傅相委曲上
陈，朝廷不得已而从之，是以有此明谕。太阿倒持，亦迫于势之
矣。如何耳！

　　十二月二十五日（1901 年 2 月 13 日）奉上谕：京师自五月
以来，拳匪倡乱，开衅友邦，现经奕劻、李鸿章与各国使臣在京
议和，大纲草约业已画押。追思肇祸之始，实由诸王大臣昏谬无
知，嚣张跋扈，深信邪术，挟制朝廷，于剿办拳匪之谕，抗不遵
行，反纵信拳匪，妄行攻战，以致邪焰大张，聚数万匪徒于肘腋
之下，势不可遏，复主令卤莽将卒围攻使馆竟至数月之间，酿成
奇祸，社稷阽危，陵庙震惊，地方蹂躏，生民涂炭。朕与皇太后
危险情形不堪言状，至今痛心疾首，悲愤交深。是诸王大臣等信
邪纵匪，上危宗社，下祸黎元，自问当得何罪？前者两降谕旨，
尚觉法轻情重，不足蔽辜。应再分别差等，加以惩处。已革庄亲

王载勋，纵容拳匪，围攻堂馆，擅出违约告示，又轻信匪言，枉杀多命，实属愚暴冥顽，著赐令自尽，派署左都御史葛宝华前往监视。已革端郡王载漪，倡率诸王贝勒轻信拳匪，妄言主战，致肇衅端，罪实难辞；降调辅国公载澜，随同载勋妄出违约告示，咎亦应得，著革去爵职，惟念俱属懿亲，特予加恩，均著发往新疆，永远监禁，先行派员看管。已革巡抚毓贤，前在山东任内，妄信拳匪邪术，至京为之揄扬，以致诸王大臣受其煽惑，及在山西巡抚任，复戕害教士教民多命，尤属昏谬凶残，罪魁祸首，前已遣发新疆，计行抵甘肃，著传旨即行正法，并派按察使何福堃监视行刑。前协办大学士吏部尚书刚毅，祖庇拳匪，酿成巨祸，并会出违约告示，本应置之重典，惟现已病故，著追夺原官，即行革职。革职留任甘肃提督董福祥，统兵入卫，纪律不严，又不谙交涉，率意卤莽围攻使馆，虽系由该革王等指使，究难辞咎，本应重惩，姑念在甘素著劳绩，回汉悦服，格外从宽，著即行革职。降调都察院左都御史英年，于载勋擅出违约告示曾经阻止，情尚可原，惟未能力争，究难辞咎，著加恩革职，定为斩监候罪名。革职留任刑部尚书赵舒翘，平日尚无嫉视外交之意，其查办拳匪亦无庇纵之词，惟究属草率贻误，著加恩革职，定为斩监候罪名。英年、赵舒翘均著先在陕西省监禁。大学士徐桐、前降调四川总督李秉衡，均已殉难身故，惟贻人口实，均著革职，并将恤典撤销。经此次降旨之后，凡我友邦，当共谅拳匪肇祸实由祸首激迫而成，决非朝廷本意，朕惩办祸首诸人，并无轻纵，即天下臣民亦晓然于此案之关系重大也。钦此。

同日（1901 年 2 月 13 日）奉上谕：本年五月间，拳匪倡乱，势日鸱张，朝廷以剿抚两难，叠次见臣工，以期折衷一是。乃兵部尚书徐用仪、户部尚书立山、吏部左侍郎许景澄、内阁学士联元、太常寺卿袁昶，经朕一再垂询，词意均涉两可，而首祸诸臣遂乘机诬陷，交章参劾，以致身罹重辟。念徐用仪等宣力有年，平日办理交涉事件亦能和衷，尚著劳绩，应即加恩。徐用仪、立山、许景澄、联元、袁昶均著开复原官。该部知道。钦此。

二十六日（1900 年 2 月 14 日）奉上谕：本年夏间，拳匪搆乱，开衅友邦，朕奉慈驾西巡，京师云扰。迭命庆亲王奕劻、大学士李鸿章作为全权大臣，便宜行事，与各国使臣止兵议款。昨据奕劻等电呈各国和议十二条大纲，业已照允，仍当饬该全权大臣将详细节目悉心酌核。量中华之物力，结与国之欢心。既有悔过之机，宜颁自责之诏。朝廷一切委曲难言之苦衷，不得不为天下臣民明谕之：

此次拳教之祸，不知者或疑国家纵庇匪徒，激成大变。殊不知五、六月间，屡诏剿拳保教，而乱民悍族，迫人于无可如何，既苦禁谕之俱穷，复愤存亡之莫保。迨至七月二十一日之变，朕与皇太后誓欲同殉社稷，上谢九庙之灵。乃当哀痛昏瞀之际，经王大臣等数人勉强扶掖而出，于枪林弹雨中仓皇西狩。是慈躬惊险，宗社阽危，阛阓成墟，衣冠填壑，莫非拳匪所致，朝廷其尚护庇耶？夫拳匪之乱，与信拳匪者之召乱，均非无因而起。各国在中国传教，由来已久。民教争讼，地方官时有所偏，畏事者祖教虐民，沽名者庇民伤教，官无持平办法，民教之怨愈结愈深，拳匪乘机，寝成大衅。由平日办理不善，以致一朝骤发，不可遏抑。是则地方官之咎也。

涞、涿拳匪既焚堂毁路，急派直隶练军弹压。乃该军所至，漫无纪律，戕虐良民，而拳匪专恃仇教之说，不扰乡里，以致百姓皆畏兵而爱匪。匪势由此大炽，匪党愈聚愈多。是则将领之咎也。

该匪妖言邪说，煽诱愚人，王公大臣中，或少年任性，或迂谬无知，平时嫉外洋之强，而不知自量，惑于妖妄，诧为神奇，于是各邸习拳矣，各街市习拳矣。或资拳以粮，或赠拳以械，三数人倡之于上，千万人和之于下。朕与皇太后方持严拿首要解散协从之议，特命刚毅前往谕禁，乃竟不能解散。而数万乱民，胆敢红巾露刃，充斥都城，焚掠教堂，围攻使馆。我皇太后垂帘训政将近四十年，朕躬仰承慈诲，夙昔睦邻保教，何等怀柔？而况天下断无杀人放火之义民，国家岂有倚匪败盟之政体。当此之时，首祸诸人叫嚣躐突，匪党纷扰，患在肘腋。朕奉慈圣，既有法不及众之忧，寖成尾大不掉之势。兴言及此，流涕何追。是则首祸王大臣之罪也。

　　然当使馆被围之际，累次谕令总理大臣前往禁止攻击，并至各使馆会晤慰问。乃因枪炮互施，竟至无人敢往，纷纭扰攘，莫可究诘。设使火轰水灌，岂能一律保全？所以不致竟成巨祸者，实由朝廷竭力维持。是以酒果冰瓜联翩致送，无非朕躬仰体慈怀，惟我与国，应识此衷。今兹议约，不侵我主权，不割我土地。念列邦之见谅，疾愚暴之无知，事后追思，惭愤交集。惟各国既定和局，自不至强人所难。著奕劻、李鸿章于细订约章时，婉商力辩，持以理而感以情。各大国信义为重，当视我力之所能及，以期其议之必可行。此该全权大臣所当竭忠尽智者也。

　　当京师扰乱之时，曾谕令各疆臣固守封圻，不令同时开衅。东南之所以明订约章极力保护者，悉由遵奉谕旨不欲失和之意。故列邦商务得以保全，而东南疆臣亦藉以自固。惟各省平时无不以自强为词，究之，临事张皇，一无可恃，又不悉朝廷事出万难，但执一偏之词，责难君父。试思乘舆出走，风鹤惊心，昌平、宣化间，朕侍皇太后，素衣将敝，豆粥难求，困苦饥寒，不如氓庶。不知为人臣者，念及忧辱之义否？总之，臣民有罪，罪在朕躬。朕为此言，并非追既往之愆尤，实欲儆将来之玩泄。近二十年来，每有一次衅端，必申一番诰诫。卧薪尝胆，徒托空言；理财自强，几成习套。事过以后，徇情面如故，用私人如故，敷衍公事如故，欺饰朝廷如故。大小臣工，清夜自思，既无拳匪之变，我中国能自强耶？夫无事且难支拄，今又遭此奇变，益贫益弱，不待智者而知。尔诸臣受国恩厚，当于屯险之中，竭其忠贞之力。综核财政，固宜亟偿洋款，仍当深恤民艰。保荐人才，不当专取才华，而当内观心术。其大要无过于去私心、破积习两言。大臣不存私心，则用人必公；破除积习，则办事著实。惟公与实，乃理财治兵之根本，亦天心国脉之转机。应即遵照初十日谕旨，妥速议奏，实力举行。此则中外各大臣所当国而忘家、正己率属者也。

朕受皇太后鞠劳训养，垂三十年，一旦颠危至此，仰思宗庙之震惊，北望京师之残毁，士大夫之流离者数千家，兵民之死伤者数十万，自责不暇，何忍责人。所以谆谆诰谕者，则以振作之与因循，为兴衰所由判；切实之与敷衍，即强弱所由分。固邦交，保疆土，举贤才，开言路，已屡次剀切申谕。中外各大臣，其各懔遵训诰，激发忠忱，深念殷忧启圣之言，勿忘尽瘁鞠躬之谊。朕与皇太后有厚望焉。将此通谕知之。钦此。

正月初三日（1901 年 2 月 21 日）奉上谕：此案首祸诸臣，昨已降旨分别严行惩办。兹据奕劻、李鸿章电奏，按照各国全权大臣照会，尚须加重，恳请酌夺等语。除载勋已赐令自尽，毓贤已饬即行正法，均各派员前往监视外，载漪、载澜均定为斩监候罪名，惟念谊属懿亲，特予加恩，发往极边新疆，永远监禁，即日派员押解起程。刚毅罪情较重，应定为斩立决，业经病故，免其置议。英年、赵舒翘昨已定为斩监候，著即赐令自尽，派陕西巡抚岑春煊前往监视。启秀、徐承煜各国指称力庇拳匪，专与洋人为难，昨已革职，著奕劻、李鸿章照会各国交回，即行正法，派刑部堂官监视。徐桐轻信拳匪，贻误大局；李秉衡好为高论，固执酿祸，均应定为斩监候，惟念临难自尽，业经革职，撤销恤典，应免再议。至首祸诸人所犯罪状，已于前旨内逐一明白声叙矣。钦此。

十一月初三日（1900 年 12 月 24 日）各国始与庆王、李相开议和事，约章凡十二条：

一、派亲王赴德京谢罪，并为德使臣于遇害处立碑。

二、严惩祸首诸臣，并为德、各国被害之城镇停试五年。

三、偿恤日本书记生杉山彬。

四、各国坟茔发掘者建立碑碣。

五、外洋军火不运入中国。

六、各国各会人等身家财产所受各亏认赔。

七、各国驻兵护卫使馆，所在界内中国人民概不居住。

八、削平大沽口炮台。

九、京师至海边道路留兵驻守。

十、经发谕旨布告各省，保护各国，永禁军民人等仇视，违者问死，该管官革职，永不叙用。

十一、修改通商约章。

十二、更改总署章程及觐见礼节。

初六日（1900 年 12 月 27 日）奉上谕：庆王、李鸿章电奏并条约均悉。值此时局艰危，不得不委曲求全，大纲十二条，应即照准。其余详细条目，仍应竭力磋磨。该王等务当勉为其难，以期挽回全局。钦此。

章太炎吕澂等论学函札辑注

姚彬彬 辑注

说明：数年前，笔者读马勇编《章太炎书信集》（河北人民出版社 2001 年版），见收有章氏致李石岑之书信三通。函中所论，涉及唯识学及中西比较、儒佛异同等诸多重要哲学问题。但该书所收书信均未附对方来函，原编者李石岑之按语亦皆未录。章氏于函中提及一位"吕君"，谓"吕君除研法相，兼涉禅宗，诚求之不得者"云云，并对这位"吕君"的种种议论有所商榷。经查证，这位"吕君"便是被蓝吉富教授誉为"最有资格睥睨于当代国际佛学界的我国学人"的支那内学院学者吕澂（1896－1989）。关于此一论学公案，就当时所见，学界尚无论及者①，更谈不上将来往书信整理出来。单从章太炎、吕澂各自的学术史地位来看，他们二人的思想碰撞，其重要性自然是毋须多言的。而吕澂所撰各书信，尚未被收进任何一本已出版的吕氏文集中，不

---

① 在本文撰写期间，于 2013 年 8 月收到刚刚出版的《汉语佛学评论》第 3 辑（上海古籍出版社），见该刊的一篇"编者按"中亦提到此章、吕论学之公案，其关注视角可谓与笔者不谋而合。该文中言其查找文献未果，并曾托人去查阅四川省图书馆所藏《学灯》缩微胶片，亦未查到。巧合的是，笔者于 2012 年途经成都时曾亲自去查阅此一材料，见这套《学灯》的胶片始于 1922 年，而章太炎、吕澂的书信发表于 1921 年，均未收录。究其缘故，应是因《时事新报》的《学灯》副刊于 1922 年开始每个月发行一册当月的合订本，川图所藏胶片当是据这些合订本制作，故自 1918 年发刊至 1921 年的《学灯》均未收录在内。

得不说是颇为可惜的遗漏。今将全部有关书信辑录点校，并对论辩中涉及的一些内容酌加考释，公诸学林，希望对这一几乎被淡忘了的论学公案的考掘和钩沉，能对相关学术领域的研究有所裨益。

另需指出的是，1921 年《民铎》杂志"柏格森专号"中刊发的吕澂的《柏格森哲学与唯识》、梁漱溟（口说）的《唯识家与柏格森》（罗常培笔记)①、黎锦熙的《维摩诘经纪闻跋》诸文中的一些内容②，偶有与此论学公案有所联系者，为便于读者理解，利用注释的形式将此三文中有关内容予以摘录引用。

国家图书馆所藏《时事新报》，盖因时间久远，字迹时有漫漶，虽尽力辨识勘校，恐亦难免有误，敬希指正。

（一）实验与理想

日来与太炎先生颇有学问商量之事，兹函系最近寄余者。余以函中所论，足以箴方今好谈哲理者匪浅，且由兹函可以觇太炎先生对于新哲学之态度，故表而出兹于此，想太炎先生不以为忤也。（石岑）

----

　　①　梁漱溟在此文末附语中说："余说此既竟，罗君以旧日《时事新报·学灯》李君（谓李石岑。——整理者）与章太炎先生、黎锦熙、吕澂诸君关于此题之讨论见示。余初不知有此，可谓疏忽。余于诸先生所论，不欲更有申论；但简单表示，吕君之言，于佛家一面确是内行而已。漱冥志。1921.3.26。"

　　②　目前"大成老旧期刊全文数据库"已收录了全部《民铎》杂志，吕澂、梁漱溟之文在钟离蒙、杨凤麟主编的《中国现代哲学史资料汇编》第 1 集第 13 册（1981 年辽宁大学哲学系印）中亦有收录。

（前略）① 凡学皆贵实验，理想特其补助，现量即实验，比量即理想也。外境有显色、形色、表色可验，自心非耳目所能现，亦非意识所能入，是以实验为难。谈哲理者多云若者可知，若者不可知。不可知者，特感觉思想所不能到耳。未知感觉思想以外，尚有直觉可以自知也。是故伏断意识，则藏识自现，而向之所谓不可知者，乃轩豁呈露于前，不烦卜度，无须推论，与夫高言"实在"，冥想"真理"者，真有美玉与烧料之别矣。柏格森氏颇能窥见藏识②，但未知其由现量得之耶？将由比量得之耶？鄙人窃谓勃率理窟，非学之真。此土理学诸师，所以不重晦庵者，正以其好誊口说，于自心初无实验也。窃观姚江门下，有罗达夫、王塘南、万思默三贤，虽未能舍去藏识，而于藏识颇能

----

① 各函中多次出现的"前略"、"中略"、"后略"系原文如此，为《学灯》主编李石岑所加。

② 从章太炎此论"柏格森氏颇能窥见藏识"推测，此函之撰可能是缘起于李石岑就当时传入不久的柏格森哲学向章氏咨询意见。李石岑本人十分推崇柏格森学说，后来他就任《民铎》主编后，专门编辑了一期"柏格森专号"（第3卷第1号，1921年12月），本文辑录章太炎《与吕黎两君论学书》便刊于这一期上。对于当时学界流传的柏格森的"直觉"说与佛法相通这一说法，李石岑在"柏格森专号"的梁漱溟《唯识家与柏格森》（罗常培笔记）文章之末以编辑附言的形式解释说："柏格森讲他的直觉哲学和佛法有多少关系，这句话是由张东荪先生向我传说梁任公先生在法国时，亲自听柏格森说出来的。后来漱冥先生由山东给我一信，说是会着由法国回来的林宰平先生，并没听见柏格森和佛法有甚么关系的话。这样看来，因柏格森讲直觉有点和佛法相似的地方，便乱说柏格森的学问有得于佛法，未免神经过敏了，但这种地方有说明的必要，他们说柏格森哲学和佛法有多少关系，是说他的直觉说，大抵受过佛法的影响，并不是说完全得力于佛法。什么叫做受佛法的影响？譬如佛法讲直觉，柏格森看了觉得很有启发的地方，但不满意他那种排除智识的态度，于是用生物学的方法，来规定直觉，那末，便成了他的直觉说。看君劢先生那篇《法国哲学家柏格森谈话记》，柏氏自述他的哲学和佛教不同的地方，便可知道。若是说柏格森哲学和佛法全不相关，恐怕未必。我看凡是一种显著的学说，总免了和相同的或是相反的显著学说生多少关系，这只要细按便知。至于说到柏氏哲学完全得力于佛法，那恐怕是以辞害意了。"

验到，亦须费数十年功力。若但刮摩论理，综合事状，总之不为真知。庄子曰："以不徵徵，其徵也不徵。"（后略）

章太炎
《时事新报·学灯》1921 年 1 月 5 日

（二）关于佛理之辩解

日内接吕澂先生一书，对于太炎先生前函论佛理之处有所遮拨，余即取书中要义钞示太炎先生，冀其答辩，兹即其复函也。今先将吕先生原函摘抄如左。

（前略）内典之言现量，意云能缘如实以缘所缘，更不杂人名言诠别，如杂诠别，即落比量。非今人所谓实验理想，岂即以诠别有无为判耶？太炎先生又谓自心非意识所能人，是以实验为难，意识讵非自心一分，五①、七、八识讵非意识所能遍缘？内二分之互缘，与夫定中意识之缘一切，孰非亲证？窃窥其意，盖执定"伏断意识，则藏识自现"一语。不知意识之用，不能断灭，世间之身，除熟睡闷死外，固无间息，即人道以还，亦但简别相应，转成无漏。学者着力，正惟此是赖。（我国佛学自禅宗盛行后，谬说流传，以为宜从断除意识用功，误人无限，不可不辩。②）藏识之不现，我见胶执实致之，不必意识之为蔽也。至

---

① 此"五"谓眼、耳、鼻、舌、身五识，唯识学以意为第六识。

② 吕澂在此对于禅宗的批判态度与乃师欧阳竟无有所不同，欧阳在 1922 年所作之《唯识抉择谈》中说："自禅宗人中国后，盲修之徒以为佛法本属直指本心，不立文字，见性即可成佛，何必拘拘名言？殊不知禅家绝高境界系在利根上智道理淡泊之时。其于无量劫前，文字般若熏种极久；即见道以后亦不废诸佛语言，见诸载籍，非可臆说。而盲者不知，徒拾禅家一二公案为口头禅，作野狐参，漫谓佛性不在文字之中；于是前圣典籍、先德至言，废而不用，而佛法真义浸以微矣。"欧阳竟无仅批评禅宗的末流现象而非非议其本身。欧阳竟无逝世后，吕澂更于 1943 年发表了《禅学述原》一文，对禅宗思想进行了彻底的否定。

通常所说伏断意识，正就其二障功能边为言，此则见道以去，分别既断，俱生者亦渐次伏除，至于金刚加行而后全尽。藏识之名，八地已亡，云何伏断意识而后自现耶？若柏格森之窥见藏识，不过悬想之辞。柏氏之说，自有其固有价值，不能以附会而始贵。[①]（中略）有情世间为正报，器世间为依报。依视正为转移，不能独变。内典经论，具明此义，即如《维摩诘经》所说净土各节，阐发更无余蕴，故于浊世不起厌念则已。如其厌之，则当先厌恶此有情世间也。（后略）

石岑

1 月 19 日

石岑兄鉴：

两接手书。前所谓美术当以身作则者，谓如画有虎头，诗有李杜，或虽次之，而各自有特胜，以己所有，为人模范，斯可也。若徒为评论，而拙于自用，何能提倡？（收藏家能评古书

[①]　吕澂在《民铎》"柏格森专号"上的刊文《柏格森哲学与唯识》，总结时人以柏格森哲学通于唯识之看法说："今人谈柏格森哲学，每以能通于唯识为言，盖谓举其大端，万有绵延不绝转化，与藏识恒转如流境界正无所异也。"不过，吕氏对这种看法是完全否定的，在这篇文章中，他系统地以三方面来论证唯识学与柏格森的直觉说之不同：首先，吕澂认为唯识学的藏识种子"刹那起尽，各住本位，未尝相知，未尝相到。过去自灭，既无所来；现在不停，亦无所去。是以幻相迁流，自性湛寂。此与柏氏之说万有绵延悉皆过去扩张，一体流贯，别无更迭，俱相乖反。故谓两说实不可通"。其次，吕澂指出唯识学认为"草木非情，等同土石，俱是藏识变现色尘相分"，"此与柏氏之说动植以原始冲动倾向分歧、与说自然绵延前后无因果之义，俱相乖反"。复次，吕澂又指出从唯识学角度看，"世俗所谓一心，其实中经多数刹那，诸识更迭，已非一相"，"是则念念当前，别无过去得以保存，或与现念混合为一，此与柏氏之说，记忆可以保持过去，及诸心象能互渗合，俱相乖反"。综上所论，吕澂总结说："柏氏所谓绵延转化，全非藏识流转境界。"吕澂在《柏格森哲学与唯识》文中所论，显然解释了他此所谓的"若柏格森之窥见藏识，不过悬想之辞"之说。

画，究竟不能自为，此无可重。）况评论且不出于心裁，而徒剿袭他人耶？柏格森氏反对主知说，而以生理冲动为言，生理冲动，即是藏识。庄生云："达生之情者傀（大义），达于知者肖（即小字）"，即同此旨。较从前康德辈甚有进步。或者此公亦曾证到藏识，然不敢断其然也。

吕君所驳三条，今答如左。

一、现量即亲证之谓，所谓实验也。各种实验，未必不带名想分别，而必以触受为本。佛法所谓现量者，不带名想分别，但至受位而止。故实验非专指现量，而现量必为实验之最真者。

二、前书本云自心非意想所能到，误书作意识，致启争端。所谓自心指心体言之，即藏识也。触、作意、受、想、思五位，六、七、八识俱有之。欲证心体，不恃意中想位，而恃意中受位，（实则证外境亦然。证境出感觉，证心由直觉，感觉直觉皆受也。）若徒恃想，则有汉武见李夫人之诮。至于思则去之益远矣。（凡诸辩论，皆自证以后，以语晓人耳。若无自证，而但有辩论，譬瞽师论文采，聋丞论宫商，言之虽成理，终为无当。）

三、佛法果位不厌器世间，知本无器世间也。不悲愍有情世间，知本无有情世间也。（此中慈悲喜舍，皆由本愿流出，非当时有此心。）若在因地则不然，四谛以苦为首，由苦入道，所谓苦者，即厌此三界也。自既厌此三界，而更悲愍众生，欲与共脱此系，是未尝厌有情世间也。若不厌三界，是即人天乘，若并厌众生，是即小乘。（小乘利己）夫岂正报依报之说所能把持哉？（吕君所疑，盖谓鄙意以佛法为爱恋人趣，人趣不能出此器界，故以正报依报不能相离为说，此乃以辞害意。）至于果位，加[①]梦渡河，则前者皆如幻影矣。

章炳麟白

---

① 原刊如此，"加"似应为"如"字之误。

17 日

《时事新报·学灯》1921 年 1 月 19 日

（三）作用即是性①

顷得吾友劭西一函，对于前次章太炎先生来函论佛教之处，有所发挥，颇□②新解。劭西年来于国语研究之外，复出其余力，究心佛教哲□③，由兹函所论，即可窥其最近之心得。惟同时复接得吕澂先生一函，则对于太炎先生前函之答辩，更加以猛料的攻击，将于明日于本栏布之。真理愈讨论而愈明，原无所用其讳饰，余虽以劭西私函出之于众，想亦劭西所乐许也。（石岑）

（前略）顷见《学灯·评坛》④，知兄与太炎先生月来有学问商量之事。章氏所论实验、理想与现量、比量之关系，与姚江门下以数十年功力伏断意识而现藏识，皆精到之谭。⑤弟所欲撰之教育哲学之批评一文，用意大体亦是如此。惟妄欲更有所进，盖从禅宗"作用是性"之一点，实可将意识与藏识打成一片。不但意识也即山河大地，一切现实的世界，无非藏识所显。又不但山河大地也，过去未来无量劫之时间，亦无非藏识所流。故意

---

①　此文于黎泽渝编《黎锦熙著述目录》（书目文献出版社 1996 年版）中存目，见该书第 16 页。

②　此字原刊不清晰，似"饶"字。

③　此字难以辨认，疑为"学"字。

④　"评坛"系《学灯》副刊栏目之一，主要刊登评论与争鸣性质的文章。此一论学过程中刊于《学灯》上的往来各信函均发表于该栏目。

⑤　此外，在有关唯识学与柏格森哲学是否可相通的问题上，黎锦熙的态度亦与章太炎相近，后来他在《民铎》上发表的《维摩诘经纪闻跋》一文中又论及"柏格森氏之哲学，实足证明第八识之体相，更进一步即可转成不可思议之真如法性"。此语系李石岑在编辑附言中对黎氏该文观点的总结。

识、空、时等一切相，皆以此藏识为本体。离本体即无作用，离作用亦无从见本体。故曰"作用是性"。——离藏识固无处觅性，即离意识、空、时等等亦复无处觅藏识也。对性而言，藏识与意识、空、时等等同是作用，即同是相。若绝对的说来，作用之外，有何本体！相之外更有何性，故曰作用即是性也。此非袭明末唯识诸家性相通①之谭，盖彻底的研究相宗者，势必通于禅宗也。王门诸贤，与其谓得力于唯识，毋宁谓其得力于禅。果验到藏识矣，一转即成性耳。弟于近世教育学说中，独有契于最近之 Rco□□□②，亦谓其不离诸相，而识得"恒转如暴流"者之识体，只要不执着，即是证得性体矣。所谓"识得洒扫应对，便是精义入神"，即此义耳。（后略）

黎锦熙

《时事新报·学灯》1921 年 1 月 24 日

质太炎先生

某前寄书辨太炎先生立说之非，今于报端见其解答，置"伏断意识则藏识自现"一义不论，胪列其余为三端，见解俱不免于错误，请得更分论之。

其一，现量、比量与实验、理想，义涵自别，原不相当。太炎先生必强同之，曰现量即实验，比量即理想，继知其难可通，又易辞言之曰："实验非专指现量"，佛学家□心□量境③，不过现、比。实验既非专指现量，必更有指比量者，比量所谓即是理想，安得更通于实验？似此似是而非之论，又安足为学之所贵？

---

① "性相通"，原文如此，疑当作"性相相通"。

② 此处应为一西文人名，原刊难以辨识，待考。

③ "□心□量境"，第一字难以辨识，第三字漫漶，痕迹略似"之"字，根据后文章太炎的《与吕黎两君论学书》中所引，此句为"言心之量境"。

其二，触、作意、受、想、思五者为遍行心数，一切时、一切心中，无不相俱而起，现量时固悉有之，比时量①亦莫不俱之，安得强为分别，以必本触受一义，判实验与理想？又安得强为次第，（《百法光疏》②谓，作意已，心触前境，名之为触。似有先后，此实错解，不可为据。③）而谓现量则及受而止，亲证则恃受位耶？在太炎先生之意想，谓于境取像为性，施设种种名言为业，曰现量亲证，则不带名想分别，故不可以有想。庸知想有施设名言之用，原非一时而有，（《三十述记》④谓，要安立境分齐相，方能随起种种名言，□⑤言方言，皆明其非是一时。）且名言尤有相之一义，（名言种子，别为二类，亦属此意。）故五识起时，与想相应，正无害其为现量，同时意识起时，初与想、数相应，亦得成其现量。乃至亲证自心，亦必与想相应，而犹属于现量。太炎先生谓本欲言"自心非意想所能到，误作意识，致启争端"。窃谓如于原文改易二字，尤不可通。即以文句言，既曰"自心非意想所能到，是以实验为难"，逆其辞意，不将谓意想所能到者，乃易实验耶？此但自相矛盾耳，安足深辩？至于受之一心数，意谓领纳顺达，俱非境相，其实有苦、乐、不

① 原文如此，当作"比量时"。

② "《百法光疏》"指唐代僧人普光为《百法明门论》所作之疏解。普光为玄奘弟子，《宋高僧传》卷四说他"请事三藏奘师，勤恪之心，同列靡及"。按：各信之原文均无书名号，本文出现之书名号皆笔者所加。

③ 按：由此处吕澂对玄奘弟子普光见解的批评可见，吕澂虽主张唯识学，其所在的支那内学院更标榜继承玄奘的未竟之业，但他们的学说却自成系统，未必全然以玄奘之唯识旧说为准绳。吕澂在1962年与巨赞法师的论学书信中竟谓玄奘亦有颇多误译，认为"玄奘诸译并非百分之百的正确，其中有意的改动，无意的错落，甚至由于不得其解而流于含浑，实例甚多"。（见《探讨中国佛学有关心性问题的书札》，黄夏年主编：《巨赞集》，中国社会科学出版社1995年，第303页。）

④ 《三十述记》，即唐窥基之《成唯识论述记》。因《成唯识论》是玄奘对古印度世亲的《唯识三十颂》的解说，故这里简称为"三十述记"。

⑤ 此字不清，似"随"字。

苦、不乐之分，此正与今日心理学上之感情相当。谓为感觉、直觉，已属大非，更谓欲证心体必恃此位，尤为无据。心体之言，当目真如，藏识不过从相用立名，故依摄论家言，可以无漏种子，对治净尽，既有消长，明知非体①，（自来研求佛学者，于此辨别不清，混言体用，遂多隔膜，此在西方先哲，亦所不免，有如马鸣者之著《起信》，初以体目真如，后复有真如、无明互相熏习之说，实为语病。②）要言其实，流转还灭，都属用边，藏识无它，无关本体。唯识家究用至于其极立种子义，亦但谓生自果之功能，其义仍就用立，此实其最精之处也。故言心体，只有真如。亲证真如，唯根本智，此亦必与五遍行心数相应。特以分别二执既亡，故得冥证，非独恃受位而可至也。太炎先生谓凡诸辩论，必先之以自证。窃谓亦不尽尔，自证之先，必有正解，乃为切实，（即如辩论佛理，既未入道，一切境界何从亲证？此

① 此处吕澂认为藏识中的种子时时有消长，有漏种子最终可能转变为无漏，是不恒定的，所以不应作为本体来理解，认为佛教的本体应是真如。这种看法显然应源于乃师欧阳竟无（参见欧阳氏著《唯识抉择谈》中所论的"四重体用"）。不过，后来吕澂似又根本否定了可以用体用观来理解佛学，如他在1944年为汤用彤《汉魏两晋南北朝佛教史》所撰的审查书中说："实则佛教从无本体之说，法性法相所谓真如实相者，不过为其'转依'工夫之所依据"云云。

② 关于对《大乘起信论》的看法，吕澂此时亦与乃师欧阳竟无一样，断定其为一部"非了义"，也就是不究竟的佛籍（参见欧阳竟无《唯识抉择谈》）。到了1922年后，梁启超撰《大乘起信论考证》，将日本学者考证《起信论》为中国人伪造的看法介绍至中国，内学院此后亦一律认定《起信论》为华人伪造，大加批判。1962年，吕澂发表《起信与禅——对于〈大乘起信论〉来历的探讨》一文，进一步考证其非印度原典。——而对于章太炎而言，他在梁启超发表《大乘起信论考证》之前已经注意到了日本学者的辨伪，曾撰有《大乘起信论辩》，维护此论为印度马鸣所撰的说法，并断定是龙树以前所出。章氏青年时本由阅读《起信论》而入佛学之门，谓"一见心悟，常讽诵之"（《太炎先生自定年谱》），其平生佛学思想，受《起信论》的影响极大，如其在自诩"一字千金"的《齐物论释》中，对于唯识学的理解亦带有《起信论》的真如缘起模式的痕迹。显然，对于唯识学体系的理解模式不同，是章太炎、吕澂佛学分歧的根本所在。

但有依据，佛说而已。）否则即谓由自证来，亦但成其外道邪见耳。

其三，四谛之苦，并指有情世间及器世间而言。《杂集论》文，可为明证。某前书谓当厌有情世间，亦但言观此众生身为不净、为无常、为众苦所集，不起欣求而已，非谓直厌弃一切众生不顾也。（原书末曾附注数语，即明此意。）

佛教各宗，唯识法相，义理最晦奥难言，自宋以来，解者中绝，几及千载，晚近识者渐众，然其大较尤未全明，矧论细末。故立说者不可更以依稀仿佛之谈，转相混惑，某于太炎先生之说，不厌反复辨析者，亦惟此旨。（后略）

吕澂
《时事新报·学灯》1921 年 1 月 25 日

（四）与吕黎两君论学书

石岑我兄鉴：

来书具悉。吕君除研法相，兼涉禅宗，诚求之不得者。（此公与黎劭西何处人？暇望示其行迹，并愿介绍得交。）与仆相持，正资切磋之益；而仆扰于人事，学殖荒略，往往不暇问难。就所指驳，还答如左；本非求胜，亦取各言尔志之义。

吕君云："佛家言心之量境，不过现比与非。[①] 实验既非专指现量，必有更指比、非者。比量即是理想，安得更通实验？"按佛家本有胜义谛、世俗谛之分；近代所谓实验，多依世俗谛言。如视觉有光，触觉有热，此现量也。名之为火，此非现量也；更起火必有光有热之说，此尤非现量也。而世俗谛中，无妨并后二者说为实验，是以实验不必悉是现量。然此实验终以视觉

---

① 按："非"谓佛教知识论中的"非量"，意为"错误知识"。不过章氏此处所引用的，与吕澂原文有异，吕氏未言及非量。

有光，触觉有热为依据。故与未视未触而专以理想构成者，有不同矣。（如前所云，心体非意想所能到，是以实验为难，亦谓世俗谛中所称实验耳。）

吕君云："五遍行心数，一切时、一切心中，无不相俱而起，亲证时亦莫不具之。"按唯识宗诸论理，五遍行境与六、七、八三识相应，同时俱转，非谓此五心数俱时而起。大抵苦受乐受，往往依次流入想位；若舍受则不必然。如人一生，呼吸各半；吸时常领纳空气，岂常起空气想？又如白昼，无时不领纳光明，岂常起光明想耶？由是以观，至受位而不至想位者多矣，况于思也。若谓亲证时具五心数，夫以加趺宴坐，妨其运动，而寻求造作之念不绝，病且随之矣，况能入道耶？

黎君所引作用是性，禅家偶一及之，原非彼宗通论。格以唯识宗义，此性指何性耶？盖依他起自性云尔。上非圆成实自性，下非遍计所执自性。

复次，黎君云："王门诸贤，与其谓之得力于唯识，无宁谓得力于禅"，语自无过，诸贤盖尝览《传灯录》，未尝用心于瑜伽诸论也。然唯藏识为人所同具，故所证不能离此。亦唯诸贤未用心于瑜伽诸论，故虽见藏识，而不能为之名。今仆从后质定，则谓之见藏识耳。其所称"几"、"生机"、"生生不息"等语，皆即此恒转如暴流者也。以其不晓转依，故执此而不舍。至于宴坐止观，此本诸宗与外道所同有。王门得力于禅，非定是禅宗也。以此发明八识，颇亦相合。黎君又言"心体之言，当目真如，藏识不过从相用言"，斯语亦近之。然真如心体，本在藏识之中。《密严》所云"佛说如来藏，以为阿赖耶；如金与指环，展转无差别"是也。藏识相用，与真如不同，而心体未尝有异。若谓藏识只是相用，斯僻矣。至谓作用之外，有何本体？然则佛舍藏识，竟是舍其本体，成为断空矣。（此种辩论，为般若、法相奋死相争之事。）

吕君云："离意识、空、时等，亦无处觅藏识"。然则熟睡无梦，意识与对境之空时，皆已中断，彼时藏识亦断否？藏识果断，非死即入涅槃矣。吕君之为此论，盖犹未脱康德之藩篱。

吕君云："某前书谓厌有情世间，亦但言观此众生身为不净，为无常为众苦所集，不起欣求而已。非谓直厌众生不顾也"。此则文句虽与仆殊，义解还与仆合。夫亦相视而笑，莫逆于心矣。

章炳麟白

吕秋逸、黎劭西两兄致不佞书，皆系与太炎先生讨论佛理之文字，早经揭之《学灯》；兹函寄到时，余已离时事新报馆，故于本志发表。石岑附白

《民铎》杂志第 3 卷第 1 号，1921 年 12 月

（五）答章太炎先生论佛理

石岑吾兄：

得《民铎》杂志，悉太炎先生于弟前函复有答辩，所言遍行五数、体用等义，皆与经论不符，因就原书更一辨之。

原书云："按唯识宗诸论理，五遍行境与六、七、八三识相应，同时俱转，非谓此五心数俱时而起。"此与《大论》[①] 不符，《大论》第三，以四一切辨五位（心所）差别，谓一切处、一切地、一切时、一切耶，遍行皆具。《三十唯识》第五引其文，以一切耶为一切俱。窥师[②]《述记》解，俱者谓定俱生故。又窥师于《杂集述记》第八亦谓，心所有五法起，一必五俱，

---

① 唯识学者多称《瑜伽师地论》为《大论》。
② "窥师"即玄奘弟子窥基。

谓遍行五。可知遍行起必俱起，并无次第之义。

原书云："若谓亲证时具五心数，夫以加趺宴坐，妨其运动，而寻求造作之念不绝，病且随之矣，况能入道耶？"此谓亲证真如时不具五数，与《摄论》、《对法》俱不符。世亲《摄论》第八，无分别智离五种相以为自性，第三离想受灭寂静故。释云："灭定等位无有心故，智应不成。"《对法》第九亦云："见道谓世第一法无间无所得三摩地，钵罗若及彼相应等法为体相。"慧沼《义林补阙》第八释此文，谓以二十二法心及心所以为体性。可见亲证真如时心无不成，无五遍行数亦不成，岂如原书所辨，必宴坐不观，无异守尸，乃能入道也？

原书云："然真如心体，本在藏识之中。《密严》所云'佛说如来藏，以为阿赖耶；如金与指环，展转无差别'是也。藏识相用，与真如不同，而心体未尝有异。"（此段所对"心体之言，当目真如，藏识不过从相用言"数语，原见兄弟函，章先生乃误以为黎君之说；又以"离意识空时等，亦无处觅藏识"一语误归诸弟，实弟与黎君所见悬绝，安得无别？）此与《唯识》不符，又失《密严》本意。《三十唯识》第八、第十皆谓真如是识实性。窥师《述记》亦谓识虽不变，离识外无，故真如性得名唯识。可见如之于识，但属不离，非谓识能藏如，又非识别有体与如无异，更非真如别有相用不同于识。（唯识经论中同言一性，有谓自相，有谓实体，故三自性依他则自相，圆成则实体；不可例圆成于依他，而说别有实体。同言一相，有谓相状，有谓体相，故三自相依他则相状，圆成则体相；不可例依他于圆成，而说别有相状。此等处皆须细心分别乃能应理耳。）《密严》云："如来清净藏，亦名无垢智"，此谓如来藏即净第八。又云："如来清净藏，世间阿赖耶，如金与指环，展转无差别"，此谓净识染识，非有异体，但有别用。可见《密严》原颂亦止谈识，亦止说用，讵可以如来藏误作真如耶？

又《楞伽》五法，于分别、正智而外，更说如如；体用分明，本不相滥。然自宋以来，儱侗立说，讲求伪学，为害无穷，淆用于体，因体灭用，今人遂有佛法反对人生，甘趋寂灭，而大倡异说者，此诚不知佛旨之所在也。真如凝然，一切法体；无不相离，有为乃相离耶？亘古此体，亘古此用；三途有佛性，大觉乃无生灭耶？此即时人锢弊之一端，而吾辈论学不可不加郑重者，因连类及之。又今时人以其偏私之见，解说儒书，欧师近有小文一篇，录呈一阅，亦可知其有慨乎言之也。能载诸《民铎》以飨国人，而示之的，亦佳余不白。

弟吕澂拜上
1 月 15 日

《尊闻居士集》叙[①]

"西江学"向上一着，马祖、曹山、洞山、石□，授记应化，甚盛哉，得未曾有！儒而释者，王半山、陆象山、阳明讲学于赣，及门罗念庵者，皆是。然偏得玄理，不敢昌言佛。昌言佛者，最近世有瑞金罗台山、吾友九江桂伯华。台山精训诂，娴音韵，能文章；伯华治经专今文，而工诗。台山信因果，信净土，究其所亟在向上一着；伯华于因果綦信，而由华严以直探秘密。台山不遇，发愤求友，穷走于四方，家庭衰落，不幸而蚤世；伯华不遇，发愤求友，穷走海内外，家庭衰落，而终身不娶，死于日本。台山友彭二林，伯华得事深柳大师，早闻净学，都不自足，穷其所向，垂乎成，乃不获昌其道于天下，赍志以没世，悲哉！然其干云直上之思，不顾一世之概，艰苦卓绝之行，奋乎百世上下，闻者已莫不奋起也。夫道，一而已矣，异儒异释者，非是。夫用，各当其时而已矣，同儒同释者，非是。夫行，亦得其

---

①　此文为吕澂所附，欧阳竟无所撰。

至而已矣，迹儒迹释者，非是。状寂静如如曰不生不灭是体，状宛然相幻曰生灭是用；然不可外生灭而不生灭，不可外不生灭而生灭，体不离用，用不离体，而又非实有其体，实有其用；苟不固聪明睿智达天德者，其谁能知之？一为无量，无量为一；以指锥瀛，倾海颠动，都无分具，但一真是常。是故不观六合之外，不足以知一室之内也。不穷无声臭之天，何所依而须臾不离也？不察乎天地，何所事而好察迩言也？不能尽其性，尽人性，尽物性，赞天地之化育，又乌足以至诚而时措之宜也？非无所不用其极，又乌能思不出其位也？执两端而后中可用也，举一隅而必以三隅反也，一阴一阳之谓道。"颜渊问仁，子曰：克己复礼为仁，一日克己复礼而天下归仁。"不克己，不能复礼；然不知礼，又乌能知己？非天下归仁，又乌足克己？有生知、学知、困知，有安行、利行、勉行，有知命、耳顺、从心。盖孔子之道，精微而广大也，中庸而高明也，而数千年来不一相似者，何也？此亦讲学者之过也，原始返终，故知生死之说；精气为物，游魂为变，故知鬼神之情状。然而闻三世因果轮回之说而骇然者，何也？人固有超脱之思，荒远之志，而必拘九州之方域，数十周之寒暑，数千年之史事，以为如此则儒，不如此则不儒也。率天下之人，幽锢户牖，终古无见天日之期者，不仁哉，讲学家也！生也，而不知不生；乐也，而终不免有着；一贯也，而终不知两端；中庸也，而不知高明；仁者人也，而不能知天；道其所道，非孔子之道也。吾不敢谤孔，称心而谈：《周易》、《中庸》语焉不详；三藏十二部，曲畅其致；研藏以闻道，闻道以知孔，断断然也。周邦道以《尊闻居士集》请叙，夫居士昌言佛，则至诚不渝之言也；天下罗有高者，豪杰之士也。叙之以告儒者。

知识青年从军记——张谦日记（下）

张　谦　著

1946 年

1 月 1 日　于黔北松坎　是 12 月 30 日出发的，暂别了混乱污浊的重庆，回到贵阳去。第一天（30 日）很顺利地到达綦江，因天色已晚，未得重睹如画的风景。第二天（31 日）转到离此 5 公里处。刹车坏了，幸亏及时发现，未出危险。用 2 挡开到松坎来。因为买不到零件，老驾驶兵跑到桐梓去找。我在等待中度过了除夕和元旦。为了应一应习俗，跑到街上小饭馆，吃了一碗猪肝面。民国三十四年，算是过去了，不必回想，也无须检讨，过去了就过去吧！今天是民国三十五年的开始，这新的一年也无须计划，也不必策励。顺其自然向前走就是了。目标、前途都由趋势去决定。本来想于 4 月末回到北方去，暑假后回到学校去，如何发展，仍待事实证明。

1 月 8 日　晴　于贵阳　1 月 4 日回到贵阳，一路上老驾驶兵的罪恶，使我有了更深一层的认识。今天太阳出来了，不但身暖，心里也漾起一丝暖意。跑到八连去找敦元，在温暖的阳光中，使我涌起了多年未有的热情。吃过午饭，向连附借了 5000 元钱，看了一场电影。

1 月 20 日　于重庆　不记得是哪天从贵阳出发的了，总之又来到重庆。运来一车宪兵，说是到北平去的，我瞩望他们不要去行凶。到这里后，先去市里看了三场电影。晚上没有回驻地，在玉琦朋友的商店里住了一宿，使我又回想到过去。

2月4日　晴　于贵阳　在中国人的心目中，旧历年是不会磨掉的。能赶到贵阳来过年，还真不是一件容易事。这是离开故乡后的第四个年三十。第一个是在西安度过的，那时正寄人篱下，为找不到继续学业的门路而苦恼，所以年过得并不愉快。第二个年是在洋县度过的，上学的愿望实现了，但穷又威胁着我，但精神还算好。第三个年是在曲靖大营房中度过的，是初次过军人生活，还有些不习惯。今年又跑到贵阳来过。明年又不知要到哪里去过了！（2月1日是大年三十，2月2日是大年初一。）

这次从重庆返回较快，为了运军粮，中途去了一次湄潭，是产米区。去湄潭的公路是沿着一条清澈的小溪修筑的，两旁的梯田就靠它来灌溉，风景堪称幽而美。战时的浙江大学工学院迁到这里。我们是腊月二十九回到贵阳的，当晚去访张敦元，谁知他已经离开八连了。次日交米，把车停在营房中，接着就开始了"年"的生活。看电影、逛大街、吃已经不感兴趣了。这期间虽然也曾想起过家，也只是想想而已！

2月7日　晴　贵阳　前天忽接瑞兰复函，得悉故乡现状，心颇喜。早就料到家乡是要变色的，却未曾想到物价会涨到这样高。这就是胜利的赐与吗？

又接到命令，载炮弹去广西柳州。今天装好了货，明天或能出发，又是一个新的旅途。

2月9日　阴　于马场坪　早晨还在床上躺着就听到排副在外面喊："快起床，团长要来训话！"急急忙忙起了床，草草洗了把脸，就去整理自己的车。车队排得整整齐齐，以为团长训完话就出发。吃过早饭，队伍集合好，等啊，等啊！12点中午汽笛已鸣过，还不见团长来。今天还要赶路，这幸亏是在平时，如果是在战时，由于弹药没能及时送到，前线怕已失三城了。最终还是没有来。

不知是哪位官长下达了出发命令，约下午1时车才离开跑马场。"出门见山"。山，尽是山，贵州真是山的世界。到贵定已近天黑，腹内饥肠呼唤食物，大家提议吃过饭再走。夜已经来了，山上着了火，染红了半边天。政府虽严令禁止烧山，土著居民照烧不误，据说山若不烧，草木丛生，野兽容易潜伏，居民没有安全感。这真是半原始的生活。夜9时，到马场坪。这里表面上十分繁荣，表现这繁荣的是一家挨一家的饭店和满街卖笑的神女，与寻求刺激的汽车夫。这是一个贫穷地区交通枢纽普遍现象。记得陕西秦岭脚下的小石铺与此地类似。这里是通广西和湖南的交会点，来往车辆都在这里停宿。这样的地方，物价必然较高，这也是畸形繁荣的必然结果。一碗面条400元，一餐客饭600元，向以物价高闻名的贵阳市也要逊色了。这里似乎还存在着去年日寇占领独山时流入的难民，他们的家大概已经被毁。有人说此地小偷特别多，这也是一种必然。一夜未能安眠，因为意识中存在着"防犯"。

2月10日　阴　于独山　为独山失守，抗战首都重庆曾发生过动摇，不少人动议迁都兰州，全国各地有血性的人也都沸腾过热血，我们就是在这种形势下毅然投笔从戎的。今天来到这里了，战争的遗迹仍然存在，战争的残酷性随处可见，残壁颓垣，满目凄凉。两天的沦陷，毁了一座城。街上除了借残壁搭的草棚外，已无建筑可言，人也寥寥无几。战争的后果就是如此，问那些发动战争的人们，你们得到了什么？

2月11日　阴　于广西金城江　还是山，只是山更年轻了些，树也多了些，峰峦矗立，看着十分壮观。敌人还是"不凶"，房屋虽然被他们烧光了，可青山绿水依然矗立着。金城江是一个小站，所有房屋全没有了，所谓"××大旅社"者，不过是几间席棚而已。街上的店铺，旅馆、饭铺几乎占百分之百。

也许他们还以为旅人们口袋里还有余钱，不然为什么把物价抬得这么高呢？据说也是最近才涨的。

2月12日　于柳州　气候虽不热，但地上景物颇似热带，一簇簇的粗壮高大的竹子，恰似印北的汀江（Domdoma），碧绿的小溪，流在峭壁之下，说不出的清新和美丽。路也很平。从金城江到宜山80公里路要过两个渡口，对于运输是不方便的，站在旅行的观点看，这样才不单调。第二渡口，名怀远，江也叫怀远江。江内有很多小船，是专供渡客用的，看样子是水上居民，很小的一艘船，一切什物都在上面，一位十四五岁的女孩子摇着双桨颇为悠然。这里有卖猴的，每只索价15000元至七八千元。当地人说是农人们从山上捉来的。

虽只2月，桃花和梨花已经盛开，山坡上红一块白一块的，煞是好看。菜花也开得正旺，黄橙橙的一片。广西的风光实在宜人，但被破坏了的黔桂铁路和路旁被毁的车厢，战争残酷的影子时时袭上心头。因38号车抛锚，车队晚8点才抵柳州。在朦胧的月色中柳州颇富诗意，幽静中含着柔情，大有汀江的情调。因天色过晚不能进城一游了，车停在柳江南岸竹林附近。

2月13日　晴　于柳州　曾有人说，唐山是小天津，××是小上海，那么柳州就可比之为小重庆了。这里也有江南和江北，过了江一样要上坡，下坡过江那一瞬，若不加思索，真恍若在海棠溪。只是这里没有那么浓的雾，坡比较小，街也比较短。若不是战争的破坏，这里的风光一定是十分秀美的。柳江的水清澈碧绿，水上人家整齐清洁，比污秽不堪的地上生活不知要高雅多少倍。柳州已从战争的废墟中开始复兴了，大型建筑尚待重修，普通店铺已修复约百分之四十。目前柳州的商业市场以摊贩为主，即使有些较好街屋，因存货不多，也未脱摊贩性质。较像样的大酒店倒是不少，但因旅客较少，生意清淡，大都走向邪路，想以低级趣味招揽生意。有三种报纸，一是《广西日报》

柳州版，一是《西南日报》，另一为《民声晚报》，内容都贫乏得可怜。有两家电影院，多放映古旧的好来坞片。

这里的气候当属亚热带，到了中午穿单衣还热。所以女人们臂腿都得自由外露。脚也不神秘，赤脚穿着一双木屐，踢踏踢踏地在街上走，好不潇洒。

柳州的物价，本来很便宜，仅仅一个月，涨了两三倍。据说一个月前猪肉只三四百元一斤。农历新年涨到1400元一斤，现稍回落，但仍卖800元一斤，米200多元一斤。物价不断上涨，这是收复区老百姓一件费解而又惊惧的事。

这里水果及小吃食物较多。水果以沙田柚子最有名，可惜太贵了，大的要六七百元一个。最奇怪的是街上有卖一种水虫子的，黑甲六足，用竹扁盛着，有上千只，看着有些可怕。当地人说味很香，要30元一只。

2月15日　晴　柳州　把车开到江边来等卸货，因为工人少，两天了还没卸成。长此等下去，吃饭要成问题了。晚间和张修亭谈起前途问题，都有些茫然，政治不上轨道，努力也没有方向，到哪里去找出路？

柳州城昨夜又漫游了一次，破坏的普遍性真令人痛心。

2月18日　于贵县郁江之滨　货虽未能卸成，但又焉知非福呢？命令下来了，把货运到贵县，对一个爱好旅行的人来说，这是最好的消息。昨天领好油，今天出发。一个车六千元的出差费虽被当官的揩去，人们还是怀着兴奋的心情踏动了马达。路是平的，路面有些颠簸。土是红色的。在这里又看到了比较广阔的大平原。可惜因天旱，大地还未普遍穿上绿衣，只间或有几片已出穗的麦田。气候像北方的初夏。晚8点到达贵县。

2月19日　晴　广西贵县　贵县的市街很整洁，正式大街都是水门汀路面。房屋损毁不严重，仅约百分之十。据说都是飞机炸毁的，日本鬼子曾在这里占领了三个月。无论店铺或小摊都挂着"国币本位"的牌子,"桂币"停用似乎是最近的事。走在街上,有点到了异国的感觉,语言不通,会说国语的很少。

吃过早饭,同张、赵二君到湖滨公园闲逛。湖位于城东北,面积很大,湖水不如江水那样清,四周景物较平淡。园内有石达开纪念碑、亭各一。贵县系太平天国翼王石达开故里。

和柳州比,物价不算高,尤以盐、糖最便宜,广东洋货也较他处稍廉。

据说有中学三所,初、高中都有,因时间不够,未能前去参观。入晚,街上散步的女学生很多,都很秀丽,大都赤足穿木屐,走在水泥路面上,呱哒呱哒,清脆入耳。广西的女人和广西的文化都比较先进,这里男女似乎比较平等。

2月20日 阴 贵县 经过两天的留心观察,又发现贵县一个最大的优点,即这里虽然经过一次战争的洗劫,但没有看到街上有乞丐,也未听到人们谈论小偷,也没有看到卖笑的妓女。无论大人和孩子,男人和女人,都在固定而正当的职业上忙碌着。没看到妓院,也没看到茶馆和戏院。更突出的是墙上没有那些喊而不行的标语、口号。每到黄昏,有很多人在街上散步,表情怡然悠然。这足可显示广西的政治管理或治理是进步的,如果全中国的城市和乡村都达到这样的水平那就好了。

3月3日 于金城江 2月26日从贵县回到柳州,这中间到宾阳运了一次大米,那里的装卸工全是妇女,光着大脚丫子,五个脚趾分开,一麻袋大米,两人一搭,扛起就走,粗壮和力气胜过一般男人,令人羡慕。她们非常乐观,边干活边嘻嘻哈哈地谈笑,我们连一句也听不懂。

今天要回到贵阳去了。这一次柳州之旅暂告一段落。从柳州出发时跟了一个人来,说是到金城江装锡块。天还不很晚,车就停在金城江。我和数人到金城江街上走了走。看到车站和火车被毁的情形,心里一阵凄楚。回到停车场,一看车开走了,走了数里路，来到一个小村，说是就在这里装锡块。有的人一夜未睡，结果是被黄鱼头儿骗了。发财梦没做成，人们心头感到一丝空虚。

3 月 4 日　于六寨　到六寨，因为锡块没有装成，老驾驶兵们都有些懊丧。有的酗酒，有的谩骂，又暴露出他们的本来面目。早起由金城江发车时，发现有一部商车装了锡块，老驾驶兵们眼红了，又使出他们的惯用伎俩，想敲竹杠。商车没敢走，不情愿地将货卸下来，装到 32 和 05 车上，这真是人吃人的社会啊！到六寨后，别的车听说 32、05 两车装了货，于是疯狂怒骂，结果又将 32、05 两车的货分装到这四部车上，以便利益均沾。这就是生活，这就是社会，没有亲身加入到这个集团来，谁能了解其中内幕。这样的生活，这样的社会，怎么能长久维持下去呢？

3 月 5 日　阴　于独山郊外车中　冷风频吹，扪心自问，这是做什么哟！我们已被老驾驶兵控制，成了他们的附庸。要跟着他们腐烂吗？又有什么办法，不能摆脱，还要生存，如何是好？本来车已到了都匀，为了走私，连夜又返回独山，还不是一场空吗？

都匀旅馆的楼上飘散出一群寻刺激人们的忘形呼叫。我们在夜风中奔跑都是为什么？都是原始欲的奴隶！

3 月 6 日　于都匀　又回到都匀。天还早，到民教馆看了看近日的报纸，得知东北局势已紧张到了极点，而据谣传说已正式开火。如果真是这样，今后中国人的苦还要百倍于现在。尤其是故乡。可惜力量薄弱，不能把家救出来。这一打又不知得几年。这又是一个存亡关头。苏联的野心太大了，想并吞世界。看吧，这次胜利将属于谁？反正中国已山河破碎。可惜还有很多人不觉悟，还在醉生梦死的鬼混。

3 月 8 日　于贵阳　又是一个月。7 日到马场坪，当即领好油，今天又回到旧地来。据去芷江的同学说，连内进行了重编，学生和学生同车，老驾驶兵和老驾驶兵同车。这样也许会痛快些，但今后责任更重了，危险也会多起来。

收到父亲的信，心甚慰。此外瑞兰、德昌、鸿章、懿德也都有信来。

3月13日　晴　贵阳　尚全桢来了，得悉诸位同学近况。真所谓沧海桑田，在动荡的时代中，在不合理的社会里，许多人成了无谓的牺牲品。往日的热情都烟消云散了。这是谁让我们这样啊？提起来令人痛心。晚和朱登峰到低级娱乐场消遣，夜12时始回。

3月14日　阴　贵阳　营长用他凶恶的嘴脸、官僚的本色、军阀的居心骂了赵祯一顿，原因是车子没有洗净，轮胎花里的泥没有洗掉。他说他是公务员，所以要爱护国家的东西。但车子坏了，他为什么不管修？汽油不够，他为什么不管发？兵病了，为什么不管治？不都是国家的吗？藉着权势而蛮横无理，我们没有什么办法，在蛮横外面加上一层外罩，是遮不住我们的眼睛的。我们压抑着感情往下忍是为了前途，不是慑于你的淫威。也许他真以为我们没有个性呢！

3月16日　晴　贵阳　天晴了就热，昨天还穿大衣，今天就要穿短裤了。风软软的，颇富春意，但心还是冷冷的，没有一丝暖的气息。整天毫无事情，想用功，还沉不下心来，心情总是烦闷。给金鸿章、张祖愚各写了一封信。

3月17日　晴　贵阳　星期日，上街去看电影，连走三家影院，碰了三个橡皮钉子。不得已跑回来，心里十分别扭。昨天又想到前途问题，再不用功，上学真成问题了。

3月18日　晴　贵阳　走到邮局，一个思想催促我要给爸爸汇1万元钱去。情知这不能表示万分之一的孝心，但总算没有忘了家。仅仅是没忘，回去的日子仍是遥遥无期。一点成就也没有，又怎么能回去呢？回去会让老人失望，乡里讥笑而已。谁又能理解你的神圣？中国的社会就是这样，处处都是前进的障碍。

3月24日　阴　贵阳　刚要出发，天又阴起来。心头袭来一阵阴郁和恐怖。据说去芷江的路非常难走。因为恐怖心理未能排除，昨夜通宵未眠，早起头昏昏的，强打精神去装货。32车倒车下了沟，撞坏了手榴弹箱，幸未爆炸。但刘、黄二君却挨了一顿毒打。同学们见了不公，于是起而交涉。该库长态度十分蛮横，于是将事态扩大到主官那里。入夜，听说在营长那里已经得到解决，但同学们心中仍是愤愤不平。总算勉强把货装好，将车开回车场，天已开始下雨了。我耐着头疼，给总库长写了一份申诉信，见了不平事我总是不能平静，也许通过写信，把我心头的愤怒宣泄出去了，夜间还睡得很好。

3月25日　雨　于马场坪　带着不平静的心情出发了。本来说宿在贵定，有些人主张赶到马场坪。只是苦了我，头灯没有，刹车不灵，在危险中总算摸索到了。刚刚进入街区，前边有一部车头灯未关，强光刺眼看不清路，结果把车开到路旁排水沟中去了。幸亏沟不深，又安全地倒了出来。

3月26日　大雨　于马场坪　在大雨滂沱中等了一天，排长还不见来，好多人都不耐烦了。

3月27日　雨　黄平　决定要走，吃过早饭，冒雨出发。到黄平停下来再等。王奇的车在这里抛锚。这里似乎是苗人的世界，青苗穿着都很考究，花苗则多担水。

3月28日　晴　于三穗　难得有个好晴天，为了赶过盘山，又开始走。昨夜排长来了，但大家期望已久的出差费并未带来，大家怏怏然！

3月29日（青年节）　半晴　于芷江近郊　今天赵祯开车，各种危险都过来了，但刘金虎偏偏牺牲在并不危险的地段。他的车抛锚了，正好在一个不太陡的坡下停着。刘金虎钻到车下修理，赵桢想以高速档冲上这个坡。坡是冲上来了，未来得及减速，正好撞上刘金虎的车。两车往前冲了约两米，刘金虎被轧在轮下，死了！

不知死生是否真的有命。除了看着血肉模糊的尸体唏嘘叹息之外，还能说什么？唉！

忙了半天装殓埋葬的事，夜 7 时他就长眠在芷江郊外的一座小山顶上了。说不出是幸还是不幸，活在这个世界、这样的社会中，也真不能说就是幸者。

3 月 30 日　晴　芷江　带着抑郁的心情跑到芷江城里看了看，春光虽好，但没有时间去领受，心头还是像压着一块铅，不得舒展。无时无刻不在惋惜着惨遭不幸的金虎同志！今天又去坟头前凭吊了一次。

3 月 31 日　半阴　芷江　人生对于我好像是件无所谓的事，每天昏昏沉沉的。今天大概是农历三月三吧，乡下的妇女们都怀着一颗虔诚的心，来芷江一座庙宇，朝拜烧香，边走边口中念念有词。这也许能使她们的痛苦获得片刻的解脱，精神上获得片刻的安慰，也许也会萌生一点点希望。

4 月 1 日　晕　芷江　为了给金虎立碑，让我写一个碑文。因为喝了些酒，头昏昏的。拿起笔来草就几行不成诗的诗，要包括年龄、学历、籍贯、忌日、从军诸点。全文如下：

哀刘金虎同志

是讽刺，还是歌颂？青年人的日子是吉还是凶？

为什么恰在此时，他，离开了我们？

十二年寒窗，二十一度青春，

而今啊，黄土一抔傍荒山，

曾有几人唏嘘，几人叹？

还记得离津逃亡，弃学从军，

有人喊过神圣和光荣！
而今呢，北风吹动坟头草，
未见有惋惜之泪满沾襟。
纵令他孤身埋异土，
永做他乡流浪魂！

　　4月6日　晴　芷江　4月4日的晚上，正是儿童们过完节日安睡的时候，我的日记突遭劫难，连同几本书都被窃贼偷走。我觉得夜间并没睡沉，可是还没有觉察。小偷技艺不凡，早晨起来，一看包包不见了，心里一阵空。虽然日记间断不少，那也是一年多的生活痕迹呀！小偷还是没有成熟，不然为什么偷这遭人痛恨又不值一文钱的东西呢。我心理上产生了一个意念，日记本不会丢。于是上街买了些纸和笔墨，急忙写了不少布告，贴遍小街各处。果然有效，当地汽车修理厂第四分厂总务组司书张国钦先生找到我，说他早起散步，在稻田边捡到一本日记。我跟他到他的办公室，拿出来一看，正是这本。我喜出望外，握住张先生的手千谢万谢。张先生人很好，让我坐了一会儿，给我倒茶。我带着感激的心情，拿起日记本辞别了他。这样一本日记购自印度拉姆加，从1945年2月断断续续记到（1946年）4月4日，一年多的生活和思想记录，遭过一次贼手，伏过一夜稻田，还落到芷江的一位张先生的手。她又回来了，她和我一样，也是经历坎坷啊！是双庆吧，车今天也修好了，心头宽了许多。
　　此地日本卡车很多，可能是日军投降时我们收缴的。芷江是日本投降签订投降书的地方。想起以往日寇的疯狂，而今用他们的车运我们的军火，这第一次感受到胜利的骄傲。
　　4月8日　阴　芷江　听说昆明油库被烧，柳州油库也被烧。油的来源断绝了，好多车在这里等。吃饭都成问题了，幸亏连部捎来一些糙米，算是没有断炊。

　　4月10日　阴雨　芷江　连日阴雨，钻进车里，无聊加烦闷。油还是没有希望，当然出发更无准期。想温习一点功课，无奈心烦意懒，书虽在手，却未入心，效果毫无。就这样浑浑噩噩地消磨着这宝贵的青春。

　　4月16日　晴　芷江　又有一连的车自贵阳来，说还没有退伍的消息，心里感到一阵空虚和失望。假如五月还退不了，一年又要空空过去。年龄不允许耽误了，不退伍就等于对整个前途的断送。让我们来的时候喊遍了全国，想走而不让走的时候却未见只字登诸报端。都是骗子，连政府也是骗子，用你的时候甜言蜜语，不用的时候置而不顾。没有人想到，我们也有理想，也有追求。没有从军的安享大学之福，还要今天呐喊，明日请愿，要求离开闭塞的大后方，尽快迁到沿海去。我们呢？连说话的权利都被剥夺了。每天吃两顿不足量的糙米饭，冒着生命危险奔波在丛山峻岭中，这样的不公平，怎么能让人心安理得呢？

　　4月17日　晴　芷江　据刚到这里的同学说，在黄平附近又翻了一部车，何继信跟着车下山而献出生命。还有一位搭车的副官，一家四口全部遇难，伙夫连尸体都找不到了。只有同车的一位驾驶兵，摔断双腿，上体还算活着。这样的危险，这样的痛苦，有谁知道？有谁同情？还有谁再喊神圣与光荣？！

　　4月18日　晴　芷江　最近学会了打扑克，于是扑克成了消磨大好光阴的利器。这宝贵的韶华，便一寸一寸地从那小小的纸牌上溜走了。捉不住，也不想捉住，似乎这青春不是属于自己的．消失！让她尽情的消失吧！

　　退伍真有绝望的可能，说是特种兵暂缓退伍。当然，一些对个人前途不关心，对个人事业漠然的人，也有个别还没从发财梦醒过来的人，或因作弊得手生活较富裕的人，这些人对是否退伍持消极态度，这只是少数人，绝大多数都为自己的前途着急担忧。一样的弃学从军，为的是抗击日寇，日寇投降了，有的让退伍，有的不让退伍，这只有中国才有这样临时的口头法律。其实是真的需要我们吗？这上头和下边又是多么矛盾啊！

4月22日　于晃县　这一喜真是非同小可，油领下来了！回筑（贵阳）有望。其实回去又有什么好处，不过是想活动活动而已。跟着喜来的是一层忧，有两百多部车都在一两日出发，不用说黄鱼，黑虾也难找到一个。于是乎吃饭又成了问题。因而有人在等得不耐烦的情况下，还得耐着性子等下去。我已没有等的耐性，不如早点儿回到贵阳。领了油就出发了，中午12点就到了晃县，这可以等一等了。洗了洗澡，晚饭也算吃了。一直到黄昏，期望的黄鱼并没来投，带着失望的心情进入梦乡。

4月23日　晴　于镇远　清晨从车上爬起来，清新的空气焕发了我的精神，稍加整理又上征程。在三穗又吃到一餐饱饭，是32车带了一对私奔的情侣救了我们这几个饿殍。吃过饭稍事休息就又踏动马达。盘山，晴天看来并不十分险，但刚爬到山腰，车就出现了故障。先是风扇打飞轮，经过一小时的修理，可以勉强走了，不料，水泵浦又坏了。勉强开到了镇远来。手续并不麻烦，顺利地送到汽车修理厂。等了足有两小时还不见技工来，追问了两次，一位带点少爷派头的杨技术员光临敝车，还有一位少爷派头的技工也随驾光临。只见这位技工，头梳得不但光亮，而且头发还有曲线，穿着一件花麻纱衬衣，袖子卷到肘上，左腕上带着一块精美的手表，我怀疑这是一位修车必沾油污的修车工。我毕恭毕敬地说了说车子故障的情况。"少爷"用两个手指搬着水箱前栏，脚踏保险杠上来看了一眼，随后下去到室内提来一袋并不齐全的修车工具，向我吩咐道："把它卸下来，我吃过饭就来。"为了车子，为了及时赶路，我没有说话，按照他的吩咐，我一切都做好了。过了好一会儿，他转回来，"水泵浦坏了，要换新的"。这是他的判决。我又去找杨技术员。他告诉我的是"这里没有材料，没有办法"。这是车子进厂的最终结果。

还是我提醒，他才给我写了封介绍信，到贵阳指挥所去领。这
"领"字又是多么难以实现的事！

　　事后我想想！正在想中，从指挥所那边走出来一群女学生。
于是我忽然大悟，这或者就是这里很多人少爷化的根本原因。这
是一所规模不大的高级医士学校，男女生都有，统共不过一百多
人样子。女生们样子还好，只是说起话来，令人没有快感，全是
贵州土腔。目前好像有一种趋势或时尚，不会说北平话的女性，
再漂亮也不能算是摩登，这应该说是一种好现象。晚间西北天际
雷电交加，瞬间即到达镇远上空，接着大雨倾盆。我赶紧钻进车
子，心很平静，这也是一种生活，庆幸没有做山大王。抽出五加
仑油，预备作为抛锚期间的给养。汽车兵只有这一点活路了！

　　4月25日　阴　镇远　做饭成为每日唯一工作，一餐饭要
花近两个小时，惟其这样还能减少一些无聊，不然，这么长的春
光真是无法消磨啊！午饭做多了，正愁没法处置，正好来了一位
年轻的独脚乞丐。我总是那样好奇，把饭全给他吃了，还要问一
问他的身世。原来他也是一位兵，是所谓的"荣誉军人"。因家
中给他写信，让他回去，因而他不惜手扶拐杖，身挂一桶，从湖
北一路讨饭，准备回到昆明。已经走了三个月才到达镇远。从这
里到昆明恐怕还要三个月吧！一只腿走路效率是要大大减低的。
看来他并不觉得苦，因为有一个希望在支撑他，要回到父母身边
去，好像也没有意识到这是人世的不平，也没有想过什么叫
"荣誉"，这一切他都认为是应该，或者说是命运。这就是中国
人，也就是中国抗日的伤残军人。那些坐复员专车还嫌不舒服的
大人先生们，不知他们是否能想到人世间还有这么不平的事！

　　4月26日　阴　镇远　吃过饭已经11点多了，跑着去看报
纸，正值民教馆下班，在街上徘徊了一个多小时才得进馆。据报
载，长春已由共军占领，这个五六年前曾经是我谋生的故地，如
今正在烽火漫天中。宽阔的大同广场如今变成了战场，那些宏伟

的建筑未毁于对日之战，却毁于令人痛心的内战。中国人真是不幸。

4月28日　阴雨　镇远　街头徘徊，徘徊街头，再加早晚两餐，这就是一个年轻人一天的全部生活内容。心里面不怎样烦，只是感觉淡得很，对任何事都不感兴趣，连一封信都不想写。往年春天的高涨热情没有了，和女同学的春游的情景也在脑中淡化了，很少去想了，有时也想，那只是一时的性冲动。至于那崇高而神圣的爱情之火，已经燃烧不起来了，心情像是已冻结到冰点以下，除非来一股新奇的烈火加以烘烧，是不易融化了。自己明白这对前途不利，但却没有办法解决。除非再换一个生活方式，可这生活方式又是多么不易换。想不出一个好办法，能冲破眼前的三种障碍，再回到理想的乐园里去，只有在忍耐中等待还是一条比较稳妥和便捷的路。在等待中似乎也应该把精神引到一个比较开朗的境域里去，老这样委屈着对脑力也有不良影响。凡事都是坏在无恒上，好的计划曾有过不少，但总是中途流产或夭折，以致连计划也不敢做了。从这点看，也不是一个在事业上能有成就的人物。

4月29日　阴　镇远　虽然穷，还以630元的代价买了一本《光》，用不到两个小时就读完了，内容平平。像镇远这样的地方，《西风》、《家》、《光》都可买到。黄嘉音将要成为中国有名的出版家了，可惜他对社会并未产生巨大影响。因为他所办的三个刊物都是软性文章，适合有闲阶级的消遣，当然这对人性的陶冶也有作用。

4月30日　晴　午后阴　镇远　一排的车从芷江回来了，又得到了一万元的接济。给钟昆、修亭各写了一封信，叫他们想办法急速弄水泵浦送来。午间又跑到民教管去看报纸，《南京日报》正在倡导节约运动，看样子很热烈，但可以预料成效不会太大。中国人，主要是有钱的中国人谁理那一套，饥民虽多，只要他们不饿，就天下太平了，这是他们的哲学。如果他们有良心，中国的饥民根本就不会这么多，民间的救灾团体早就自动成立起来了。中国有相当一部分人没有良心，是因为一些上层领导人太叫人伤心。外国救济中国的东西所以份额较少，是因为人家知道再多的救济物资运到中国来，饥民仍旧会是饥民，而那些肥得流油的大员们更加肥上一点罢了。过去的河南救灾，现在的"善救总署"，问问他们究竟救活了几个饥民。

5月1日　阴　镇远　劳动节，街上点缀了几条标语。中国的任何节日，都要喊："纪念 XX 节，必需实行三民主义！"不知道劳苦大众们是否晓得什么是三民主义？怎样实行三民主义？这恐怕连写标语的人也不甚了了，只是写写而已。口号喊了几十年了，只见官僚资本的增加，土地资产的集中，却未见实行三民主义的端倪在哪里。劳工们本身似乎也没有意识到，他们那仅有的劳动力也被人花言巧语地给剥夺走了，他们的生活每况愈下，低下头来怨命运，或怨这年头不好，听着有人喊"神圣"，却不知自己正好做了喊神圣者的奴隶。

今天在民教馆看了 4 月 23 至 4 月 25 日的《大公报》，上边刊登了一篇吕德润的《沈阳通讯》，题目是《春天里的秋天》，好像说政府已知在华北、华南一带接收的弊端和错误了，按理在东北总应该有些改良吧。但还是一样，你抢我夺，好像谁抢到手就是谁的，这怎么不叫沦陷区人民伤心失望！在几次战役中死伤数万人。操纵战争的双方都叫嚷给"敌人"沉重打击，难道他不知道这些死者都是炎黄子孙！他们还喊得出是为人民吗？既然为民，为什么让普通老百姓彼此屠杀呢？为什么驱使善良的百姓去当前锋、当炮灰？不怪东北人喊："我们流血泪，人家争江山。"一语道破了此次战争的实质。

5月2日　阴　镇远　昨夜暴风骤雨，曾数度惊醒好梦，因而思及在暴风骤雨中生活的不安和痛苦。早起似乎很平静。早晨买了半斤鱼炖了一下，非常鲜。吃完饭已近中午，到街上走了一圈，回来便躺在了车上，温习英文，直到天黑。正愁做饭已经太晚，赵桢回来说，他已揩油吃过了，于是我也到小饭馆吃了些。饭后到孙绪天的车上玩了一会儿，谁知这一会儿就出了麻烦，回到车上一看，行李丢了。感谢小偷，那床仅有的破棉被还给留下了，不知是他的善心还是携带不便。现在真可以说行装简单了，这已是第三次丢行李了。兵穷，有人比兵还穷，我还有被偷的资格。

5月3日　半晴　镇远　由于水泵浦迟迟不来，赵桢随38车回贵阳去了，只剩我一个人在这里等。因为昨天丢了行李，今天没有离开车，其实也没有可偷的了，怕车被破坏。这样的苦等苦守真和坐牢差不多。半天读完了郭沫若的《南冠草》，是写明末夏完淳救国的故事。一个十五岁的孩子，即能歌能赋，并领导救国工作，这固然由于他自幼有好的教育环境。郭先生谈到"神童"问题，人的天赋不同，应该承认。在这个世界上，确实有一小部分人，天资颖悟到令人难以置信的程度。可惜天才成功立业的并不多，这和天才教育问题有关。

5月4日　阴　镇远　吃过早饭，到民教馆看看报纸。急急回来看车，按理说责任心不算小了。不过这是对自己负责，假如再丢了别的东西，只有自己受苦，别人不会管你。提到"丢"这个字，这又是不合理的社会和经济的产物。晚饭进到一个饭馆，那里正有一个军官和一位青年军士兵（205D的）谈论汽十五团兵打官的问题。这位官表现极端厌恶这种现象，因他本身是官，不知他是否自知他们之所谓官儿都是些什么人。官儿必须打，是官儿们自找的。什么也不懂，还硬装凶，竟干些不合理的事，给他们讲道理，他们根本不理会，逼得没有办法，只有打还能有点效果。在当今中国这样的社会里，讲理没有用，只好动武。用打，我们曾经解决了许多本应解决而不给解决的问题。这位官儿，只看到汽十五团兵打官了，他要看到十四团，怕要摇头叹息了，因为十四团把最大的官儿团长也打了一顿。

5月5日　阴　镇远　昨夜又是一场大雨，今天还露一点儿阳光，但她是那样地不想在污浊的地面多停留一会，刚一露面便又藏到云后了。今天是还都的日子，但未下还都令，所以这里没什么表示。街上可以少看一些令人讨厌的标语。本来还说今天召开国民代表大会，因国内种种问题还没有得到解决，又延期了。在这种情况下延期是比较合适的，如果硬性召开并不代表多方面国民的国民代表大会，将引起今后更多的混乱。至于说国民代表大会的代表们，真正能代表人民的恐怕不多吧！

今天看了一页报纸副刊，忽然感觉到我需要看一些软性的东西。我觉得居住在后方的人们，都需要看一些轻松的软性的东西来解脱一下心头的重压。

5月6日　晴　镇远　好像有心脏病似的，心神老是不宁，为什么不能排除那些不必要的杂念，来做一个快乐人呢？老这样对身体真是危害不小。按理物质生活不算坏了，在这遍地饥荒的时候，自己每日能吃两次小馆，虽然不过是一碗肉丝面，在目前应该属中层阶级的生活水平了，至少是告别了饥饿的折磨，可为什么心头老像压着一块铅呢？明白得很，就是解脱不开，便整天自己苦恼自己。

5月7日　晴　镇远　随着水泵浦带来的是一个令人更加兴奋的消息，退伍有望了，给前途画了一个光亮的远景。昨夜失眠，今夜怕仍要失眠，昨夜是由于无名的烦恼，而今夜可能由于兴奋过度。给我带来三封信，一封是瑞兰的，这真是一个难以解决的问题，只有顺着时间向下推演吧。一封是敦元的，国文程度和字体进步非常快。一封是刘继昌的，是在东北认识的一个人，但一时却想不起来了。

5月8日　阴　镇远　大约2点钟，车修好了，开出修理厂停在街上等。这等和以往的等不同，这是自愿地等，有目的地等。

5月9日　半阴　镇远　还是不走，因为所期望的没有达到。午间把余下的机油卖掉，一个伤兵还要敲竹杠，让我痛骂了一顿：吃人也得辨一辨被吃者的身份。说这话虽然有些流氓气，但在这种环境下，对待流氓善良是要吃亏的。

5月10日　阴雨　于马场坪　无论如何今天是得走了。早晨起得很早，天虽然飘着小雨，也顾不得许多了。镇远是离开了，在镇远竟然停留了16天，难熬的16天。午后两点到达马场坪，明天再回贵阳去。

5月11日　半阴　贵阳南厂兵营　听说全团士兵已脱离岗位集中于南厂兵营，我回到贵阳把车直接开到南厂兵营来。同学们正在以欢快的心情憧憬着未来。当然也有人感到茫茫然，这就看以往的基础如何了。但有一个共同的快慰，我们毕竟坚持到最后了。回顾这一段艰苦的日子，真是有无限的感慨。

南厂兵营的环境非常好，夹道是梧桐和杨柳，房子虽多，不大适用，也欠修缮，在这里又要过一段轻闲的日子。下车后稍做休息，即和修亭、玉琦到街上走了一趟。一个多月的阔别，贵阳的面目依旧，虽然国事如麻，街上的行人似乎并没有什么感觉。晚上到民教馆看了一场电影，剧情尚好。

5月13日　晴　贵阳南厂兵营　昨天在街上走了半天，在陆君家里吃晚饭。一个没有固定职业的人，在这年头结婚，困难恐怕就要跟上他们了。

今天本来不想出去，但又感到无聊，还是到河滨公园坐了半天。回来吃过晚饭，又看了一场电影，片子是希特勒的发迹史。

5月15日　阴　南厂兵营　必须把余钱消耗完，才能安心，连看四场电影。

今天有人说上大学要考试，于是想上大学的人们又着了慌。

如果现在准备功课，心一定稳定不下来，只好把一切都交给命运。

5月17日　阴雨　南厂兵营　可以说连日苦忙，忙些什么，自己也答不出，消耗钱吧！今天又照了一张团体像，对一个没有丝毫感情的团体，硬拉着去拍合影，真是心里有点儿别扭。回来和玉琦、绍祖到北方小食部喝了不少茅台酒。

5月19日　半晴　南厂兵营　时间愈多，做的事反而愈少，连平日爱读的书也不想读了，信也不愿写，是什么使我心神不安呢？在小书摊买了本破《西风》，算是把前边的日记找回来了，但被删掉的部分永远丢失了。

5月21日　阵雨　南厂兵营　共发了五封信，报告退伍的消息。今天又发了四张表，是预备军官登记表。据刘副官说，中央因见党团都归失败，因而想在复员青年军方面下点功夫。若没有好的办法拿出来，这方面更不易成功，是可断言的。青年军退伍后都是建国会的会员，由蒋经国、彭学沛二人负责。这用意如果是用在激励努力，共赴时艰是可以的，如若仍像以前的党徒政客们来抓青年作为他们的斗争工具或资本，那还是要失败的。现在的年轻人觉醒了，都非常敏感，任何的甜言卖弄，恐怕都归无效。他们所希望的是光明磊落地为人民干点儿真事。

发信：瑞兰、鸿章、增寿、敦元、祖愚。

5月24日　阴雨　南厂兵营　阳光和我们久违了，每天都在阴暗潮湿中讨生活。退伍的手续大部分算办完了，看怎样分配吧。今天脑子非常清醒，在图书馆坐了约两小时，看完两章大代数，而且都理解了。假如永远这样清楚的话，我的前途还不算暗淡，可惜午后心理上有一点莫明其妙的变化，便又陷入烦闷中，在纸上发泄了一下积郁，才得释然。到夜间那思想又来困扰，以致整夜没有睡好。

5月28日　阴雨　南厂兵营　我不知道是否算是救了一个

人，但依他本人的环境说，应该把全部的精神用到功课方面去，怕的是一个没有接近女人的男青年，会有被感情蒙蔽的危险，而失去判断和选择的能力，因而沉沦下去，致使将来追悔莫及。下决心把他拖出来，明明知道即使拖出来对他的埋头用功不会有什么效果，但由于一种责任感，总该用一番苦心，因为这是关乎一个年轻人一生的大问题。

也难怪，现在的生活环境，也的确够令人烦闷的了，一点儿调剂都没有，精神没寄托。一个没有毅力，把握不住自己的年轻人是容易误入歧途的。总之还在个人，在同样的环境中，不是有很多人在快活地生活和读书吗？还是有没有崇高的人生目标、有没有坚强的毅力。培养这些不是一朝一夕的事。

午后，到营房后面的山上去赶庙会，看到的只是问题，社会问题。世界已进步到原子时代了，我们这里的一群摩登小姐和先生们还在那里焚香叩头求告菩萨。在近千人的会场中，有上百奇形怪状的残疾人，排在路两旁，用哀怜的声音向过路行人乞讨施舍。庙会是中国社会的缩影。

5 月 30 日　半晴　南厂兵营　我真为中国前途悲。一些流氓，至少是流氓化的人，居然都当了干部，做了领导者，不辨是非，不明黑白，会拍马的都成了好人，耿直的都成了坏蛋。三营的官儿们，为了报复同学们和他们算油账，竟然把考绩表都填成不及格，并且写了一些难以入耳的下流话。被同学们发现后，一怒之下将八连、九连的连长像囚犯一样押到南厂兵营，在楼上的床上，问一句，打一拳，打得朱浩口吐鲜血。这些人只能这样对待，"理"他们是不懂的。

5 月 31 日　半日晴　南厂兵营　昨晚为了鼓励两个人，长谈了两个小时。用理想引导，启发他们走上正路。今天为了修亭的改表问题，早起就跑到团部去，多日的苦心总算有了部分成效。收拢一颗放纵已久的心，真不是一件容易事。一个自暴自弃的人很难拉到上进的路上来。是一种责任心，一种难以言状的感情，总是担心他会消沉下去。对于修亭我有一点不大正常的心理，为什么我会这样关心他呢？人真是一种奇怪的东西，尤其蕴藏在内心深处的感情更是神秘莫测。即使最强烈的自私观念，也没有淹没了它。这是好现象吗？对于感情正用，我感到满意，但由此招来不必要的痛苦，这却是意外的损失。现在我相信了，真正的感情，也可以说是纯真的爱情吧，是超出于性别之外的。我更明白，一种超乎性观念之外的爱情，对于人的生活是有着如何重要关系。不知那些没有真正情感的人到底是正常呢？还是失常？

情感生活中能感受到真快乐，也最容易袭来真痛苦。最近还不是苦乐的杂揉吗？从心理学角度说这是心理变态吧？一个神经质的人往往是容易如此的。我很能分析自己的心理，但我们不能控制，以致时常自寻烦恼。我不承认我不够坚强，但在情感的洪流泛滥之际，一切都会冲垮。

爱情和嫉妒好像是分不开的，因而爱情的最高真谛也不过是一个"一"字。假如，在爱情之中有了"二"字，就会发生世界上最不幸的事。当然这不幸是属于精神方面的，爱异性应该是一种天赋的本能，在异性面前表现自己的优点，这也应该是一种天性。但爱同性这又应该如何解释呢？朋友之间的情感是否应有一定界线？同性之间的爱慕是否也是一种欲望？也是一种天性？真是百思不得其解。"神秘"！人生真是一件神秘事。为什么除了吃睡之外，还有这样多的问题呢？

爱和恨容易并存，这是真的。过去五年那段时间，也许还不够复杂吧，像现在同样的心情确是有过一段相当长的时间。想起过去，咳！同样的心碎曾有过四次了。每次的方式总是一样的，痛苦也是相同的。为了一个人的缺点，掘开情感闸门，想用这泉水洗去他的污点，但收效是希望的反面。也许是希望过奢吧！但由此产生的痛苦，真是不可补偿的精神损失。按理现在应该解脱了，几年的流亡、磨练，难道在这方面一点作用也没有？能不能说是苦命？为什么苦总是多于甜？几番的苦心收获在哪里？

我想，我早就想堵住这情感的闸门，永远不再泛滥。无奈堤岸不坚，洪水总是冲开缺口外溢。这算是生气吗？算不平淡吗？这算不辜负青春吗？这算做人的责任吗？不解，还是百思不得其解啊！生活呀，快入正轨吧！苦恼啊，离开我吧！

他人终身成败事，为何常惹自身烦！

如此蠢人未多见，苦煞个人有谁怜？

解脱，解脱，要努力解脱，多为自己下功夫，少替人家管闲事。只有"自己"才是真正的自己，有谁关心你的乐与悲？把情感的闸门关起来吧，把情感的缺口堵起来吧。

在团部办完改表的手续，又开了一个会。对开会我一点儿兴趣也没有，对公众的事不热心，这应该说是一个缺点。但一来对目前的环境我不想热心，二来像这样公家的事也真叫人不愿向前。在绍祖那里玩了一会儿，又同修亭和他的朋友看了一场电影。说起他朋友……还是不记吧，何苦留下这么多不痛快？

午后，理过发，吃过饭，便在丝丝细雨中走回来，花去7000元。在途中修亭说明天他还要到那女人家去。奇怪！我的心突然感到了一阵空虚，还不得不强作镇静。这到底是一种什么作用？妒忌吗？不是，我故乡有一位比她可爱的爱人。酸性吗？不是，我并没有参与这个集团。像什么？像是一件心爱的东西被人夺去。这样看，前些天对他的劝解和阻止含有自私的成分。咳！真是可笑！不过我这样做对他的未来是有好处的，因而良心上没有什么不安。可是昨夜的睡眠就不如前两夜，不过这不是良心不安，而是一种说不出名字的东西起了作用，一种可笑的作用！

6月1日　阴雨　南厂兵营　又过去了一个月，这个月的中心工作是为了一个人。今天是月始，还是为那工作忙了一天，但收获仍不太满意，足见另一种力量有多大了。不惜一切力量，要达到目的为止。

6月2日　阴　南厂兵营　在图书馆坐了半天，余下的时间也是在书本上消耗过去的。修亭的信心已经被我培养起来了，再加上努力，很有希望。看着一个用自己的力量和苦心促使一个年轻人走上正途，心里有说不出的愉快。我知道在他内心深处，还存着"邪念"，但应尽力除去之，必使其完全放弃而后止。今天我发现他并不像我想像那样笨，如果全力帮助他，两个月内定能达到一定水准。自己应该安慰一下自己，不要因为工作进行困难而灰心，而烦恼，应继续努力。

6月4日　半阴　端阳节　为追悼死难同学，到团部开了一个简单的会。会还好，回来没有车，两条腿真够受了。接着有一场畅饮，还算可以，军中过节也算是高级的了。

6月5日　晴　南厂兵营　在还没有朝着希望的方向开步走的时候，为什么希望就先破灭了呢？为什么不像以前似的有一股活力催着我们向前跑？为什么我们的脸上没有生动的表情？为什么我们不能尽情地哭和笑？人生真没有意义吗？是谁使我们生活失去了意义？我惋惜我们这一代年轻人，我们不能爱，我们不敢恨，我们在忧郁中、烦闷中消磨着青春。未成年已有了成年人的皱纹，未入世已感到世上的酷寒。人们苟且敷衍，自知沉沦而安于沉沦。

是的，应该回到北方去，北方有清爽的海风、蔚兰的天空，在那里能陶冶出真正的人性。看不到吗？那一个个天真的面孔和无瑕的心。

请想吧！知己二三，同往海边，白沙无垠，碧水滔天，白鸥同黑燕共舞，蓝天与绿水相连。伸开臂膀任性高喊，还有什么积郁痛苦和熬煎？把我们的灵魂和肉体都投向大自然！

人，我们是人！人的生活方式我们要追寻，拿出一点勇气来，把眼光放远，只要精神找到寄托，灵魂得以圣洁，穷又算得了什么？把现在安排在希望的边缘上吧，免得过这生不像生、死不像死的日子。人们总是说战场上残酷，我以为那残酷中还带点壮美，如果看一看大后方年轻人的生活情境，应该感到残酷中还混合着悲凄。是谁使我青春正旺就失去了生命的活力？没有听到过呐喊，也没有听到过狂笑，这哪里像一个年轻人的集团？

昨晚听了一次演讲，讲题为《两性的心理》。

6月6日　晴　南厂兵营　虽然向图书馆跑了两趟，但收获并不大，还是心情不好，像昨天一样。兴亚来信说他不赞成我学教育的动机，由他思想的突变就可以看出中国的现状了。尽管还有人合着眼睛在那里胡喊，不给人以应有的权利是最瞒不过人的事，有一点儿判断力的人都讨厌现实，而向往另外一个环境。人没有希望，生活是没有意义的，所以在颓废中还硬要设想出一个希望来，做为生活的支柱，这真是自欺啊！但抛开自欺还有什么出路呢？应该向自私的方面想吗？假如每个人都这样想，那中国人又将如何呢？政治不良，影响了中国社会的各个方面，所以说要想好，非把政治加以彻底改造不可。

6月8日　半阴　南厂兵营　今天算是结业考试，有点儿滑稽，这也代表中国一部分制度。虽然一天考四门，还有看四场电影的机会，假如再紧一紧，还能再看一场戏。晚上听说要升大学的人，要在这里入大学补习班，叫什么夏令营，这真是如丧考妣的坏消息。若再在此地待下去，真要闷死了。偶步到交通书局，看了一段杂志里的文章，使我对后方更增加了憎恨。快回去吧，再也不能住下去了！

有人告诉我说，对朋友的责任是有限度的，若超出了限度，就会招来不必要的烦恼和不快，而且容易引起对方的疑心。这话是对的，无论什么事都要适可而止，能进则进，到实在不能前进时不应该强进。对朋友只是一种义务，不是债务。有尽义务的心，已经够可以了。不过这里有一个问题，对于一个肯上进的人，若给与帮助和鼓励，就可见到很显著的效果，而对一个不肯上进的人，花上十倍的精力、时间、脑力，而所收到的效果还不到所期望的十分之一。这有限的精力、时间、脑力究竟用到哪方面为宜？

和玉琦讨论："我们如何能对当前的时势有所贡献？"以目前的能力而论是不能做专门工作的，尤其正当求学的时期，也不应该放弃这个可贵的机会。虽然不免有居人篱下之讥，但为了学识，忍受是有价值的。而一个轻而易举的事，我们需要做，就是在精神方面帮助需要帮助的人，让接近我们的人，没有上进的能上进，已能上进的更上进。引导人们把眼光看到更远处，从自我的小圈子里解放出来。

人生观的确立，确是人生最重要的一件事。如果想通了"吃饭并非要事"这样一个简单问题，献身于人民则并非一件难事。总之，精神要有寄托，朝着一个目标走去！

如果情绪有周期性的话，现在算是最高潮，心情还算舒畅。

6月9日　阴　南厂兵营　从军算告一段落了，本来是几天的课程，今天一天就考完了。回想起洋县从军的时候，真好像一场梦，这一年多的生活，应该说不算白废，一些收获是从书本上学不到的。

吃过晚饭又到图书馆坐了四个小时，看了一本保加利亚 G. P. STAMATOV 的短篇小说《灵魂的一隅》，使我已知道的一种人生方式，得到了更深一层的理解，把感想写在下面：

每个人都有他灵魂的一隅，这一隅是绝对不许别人进来探视的，别人也不应该。不应该还不够恰当，应该说是为了自己生活的兴趣，不能探视别人的（包括个人兴趣的对象）灵魂的一隅。因为"完全整个儿的真人是不足爱的，不值钱的"。人们爱的对象是用虚伪而良善伪装下的假人，假人并不是罪恶，要注意虚伪的成份是善良还是险恶。

6月13日　阴　南厂兵营　几天来每天要有四五个小时消耗在电影院里，这些好像是投机，因为过了6月15日就不免费招待了。抓紧这几天拼命地看吧。可惜这是不能囤积的东西，暂时的娱乐预解不了将来的寂寞。前天草草地把罗家伦的《新人生观》读了一遍，谈不上深奥的哲学，只是一些普通问题。把读后的一点感想写在下面：

请不要过于聪明，为了历史进化的缘故（其实谁也逃不脱特定的历史过程），埋头去追逐那不断出现的理想吧！不要怕，理想是不会到头的，尽管向前走吧，走的过程就是现今人类认为最正确的人生。当你的精力耗尽的时候，躺下去让给下一代，让他们依旧走下去，这就是人生的意义。在这意义的延伸中，宇宙中有形的物质在变，无形的一切也在变，但人生的方式不会变，仍旧是追逐着更新的理想目标向前跑。有人说，这变就是人们向前跑的收获，名之曰"进化"或"进步"。

6月14日　晴　南厂兵营　生活方式和心情两相配合的改变并不是一件困难事，足见人的适应力是很大的。近来生活可以说相当正常了，今天午后虽然看了一场篮球赛、一场电影，但还不算浪费。今后的目标是在勤奋中培养恒心。

6月15日　阴　南厂兵营　每天跑两次图书馆，二次往返足有十几里路，但并未感到疲乏。据说升学的人暂时还不能作计划，尤其是家在黄河以北，根本就不准回去。大概还是以情况复杂为借口吧。还要在这里上三个月的先修班，那真要把人闷死了。为了吃饭，只好任人摆布吧！

6月16日　雨　南厂兵营　人们正在发愁没戏看的时候，自治委员又给交涉好了，大部分人又找到了时间消磨所，真不知这群人有什么神圣处。出去的时候，满脸傲气，流氓派头十足，出口不逊，行为下流。回营房的时候感到风是没有了，但一阵乱吵乱嚷，致使全屋的人不能安睡。这或者就是他们唯一的贡献，或唯一能贡献的。不是"贤明"的政府还对他们寄予厚望吗？可以想见这部分人今后参加到各部门去，一定会增加该部门"贤明"的成分的。怪！只见有人在敷衍，并无人想改革，也很少人叹息，中国就是这样无言的"进步"着。不是还有人要自欺欺人地在那里大吹大擂吗？哼！

6月18日　雨　南厂兵营　结业式虽不隆重，余兴却丰富多彩，把筑市最高级的艺人都调来了。这些艺人又都拿出了他们的绝活，大卖力气。从上午10点到下午4点，足足演了6个小时。接着是聚餐，菜虽不算太高级，但由于去重庆的代表们带来的所谓好消息，人们都很兴奋。这极度的兴奋，使一部分流氓气十足的人上街闹事，一家皮鞋店和民报馆被捣毁。据说这批复员青年军成为第五纵队了。"民主"、"民主"！听起来快成笑话了。我在一天疲劳之后又看了一场电影。

6月19日　阴雨　南厂兵营　令我很失望，多日的努力，费尽心血，仍未将修亭的心收回来，从他每日对工作和功课的厌倦情绪就可以看出来了。今天他居然用欺骗的方法骗过我，想偷偷的到那女人家去。由于我跟得紧，他不得已来应付我。多日来他一直在应付，可惜我这一片苦心白用了。从图书馆回来的路上，他不得已向我说出了他难以出口的话。我觉得我没权利干涉人家的自由，除了叹息多日的苦心等于白费之外，再不能说别的话了，今后全靠他自己了。朋友的义务也只能止于此！

6月22日　阴雨　南厂兵营　正在图书馆看书，忽然有人开吉普车来接我，叫我有点莫名其妙，到团部才知道叫我代表同学们去和《民报》打官司。打民报馆我根本就不同意，现在又让我去法庭说些不成理的理由去辩护，恐怕很难有胜诉的希望。幸亏副团长告诉我说已经有了和平解决的路子，那真应该谢天谢地了。

　　留在贵阳上先修班已定下来了，真倒霉！

　　6月21日　午后晴　南厂兵营　老是自寻苦恼，难道苦恼还不够多吗？人真是奇怪的动物，午前在苦恼中过去，午后仍在苦恼中继续！是一部幽默的影片，使我有了短暂的笑。

　　正在街上走，有人说《民报》的事件解决了，但我们三天之内要全部离开贵阳，升学的明天就要走。想不到是这样的急迫，同苦同难的一群就要各奔前程了。我奇怪我的感情为什么这样丰富而脆弱，别人还没有半点表情，我已被痛苦所包围。多日的相处，要我们突然分离，这简直过于残酷。看着同甘苦共患难的战友一个个走了，而我们仍旧留在贵州。虽然这是短暂的，总不如早早离开好。贵州我讨厌到了极点，向上苍祷告，让我回到北平去吧！那将是我生命灿烂的开始！

　　6月22日　晴　南厂兵营　钱是发了，并未走成，又看了一场电影。回来又喝了一次茅台酒，耗资万元，算是饯别。有消息说我们又不走了，原来说大学补习班在修文办，又改在贵阳了。

　　6月23日　晴　南厂兵营　还没有走的命令，到何处去，传说纷纭。说走又不走，心反倒有点慌。敦元来信了，并汇来六万元钱，看来是富裕了，真可谓名利兼收！

　　6月24日　阴　南厂兵营　入青年中学的今天走了，这是分散的开始，别离的苦况接着就要来了！

　　6月25日　阴　南厂兵营　西北中队走了，240人，共9部车，在沉重的心情中驶出南厂兵营。送走了他们，回过头来，我在想，一年多的军中生活，他们带走了什么？有的只是对黑暗社会更深一层的认识，却没有改造社会的勇气和决心，连在幼稚的心灵中保留的那点正义感也被磨掉了！一些美好的幻想也已破灭了！空空洞洞的走回去，看着那一张张的证书会觉得好笑吧！

6月26日　阴　于贵阳大学补习班　再没有比今天再难过的了，一个新生活的开始，一个所期望的新生活的开始，按理应该快乐，但万千的快乐也抵不过这一点愁啊！修亭走了，雯章走了，钟昆走了，都走了。何日再相会，渺茫。有欢聚的快乐，就有别离的痛苦，只恨快乐太少而苦殊多。每个人都怀着一个新的希望走上征途，谁又能预料前途又会遇到什么样的坎坷与不幸呢？在有限的人生过程中，人又能经得起多少挫折呢？修亭是我最担心的人，年轻轻的就陷入罪恶之渊，一个多月的苦心才勉强拉到岸上来，但他去了，是否还要失足呢？车子已经要开了，久别之际还要为他劳神，感情的力量竟然如此之大。是的，感情的错用，不是同样有很大的力量吗？热情是年轻人的美德，但热情又是多么容易招致痛苦！正如托尔斯泰所说："诚实是痛苦的，要不怎么会成为美德呢？"美德竟是痛苦的别号吗？唉！

12点半把行李搬到车上，拉到了南阳河畔的另一个营房。像新兵入伍一样，稍事休息，即进行编队。还是军队的组织形式，名义上虽然退了伍，还是军事管理。据说过两天还要进行一次学历测验，也好。这里原来住的是二○五师，营房非常古老，双人木床上住满了"国虫"（臭虫）。这是当前的一大难。营房三面被河围着，只有一条出路，环境并不好，恐怕又要吃那万秒俱存的河水。这又是当前的一大难。中国人永远在人为地大难中混日子，臭虫和河水人力是可以改变的，但就是没人出面或出力去改，这不等于是人为之难吗？噫嘻！

官儿们的微笑脸已经看惯了，所以今天对各"长"的介绍并未留意，只知道我们的中队长姓王名国华，是矮个子少校，说话总是带着微笑，透露出过去他在不笑中所尝到的辛酸！又有了一个学号"84"，这数目还好，只是在中国的习俗中，是寿翁、寿妇们的忌数。

这个补习班里有四个中队，八个班，学员大约在400左右。

一日三餐，今天晚饭还不算坏，二菜一汤，米有点糙。吃过饭，和玉琦到河滨公园走了一圈。因日间的"离愁"尚未下心头，心头仍旧紧皱，欲罢还休。一路无语，怏怏而回。因雨方过，园内游人无几，只是一些老人提着画眉鸟笼子，独自欣赏它们的鸟叫。当和玉琦谈到北平时，心中漾起希望，不知这久已向往的地方，能否回去。夜间由于臭虫的进攻，又加对修亭、雯章等好友的思念，一夜未能入睡。

6月27日　阴雨　大学补习班　臭虫和思念造成昨晚的失眠，昨夜的失眠造成了今日的头晕，头晕造成了心烦，心烦造成了生活的乏味，生活乏味导致对生活的厌倦，似乎对人生失去了兴趣。早饭值星官宣布明天要进行甄试，还不得不勉强看一点书，在这样的心情下看书是不会进入大脑的，结果这一天是在两觉三餐中度过的。天气像心情一样，整日都是阴沉沉的。每次别离都是苦，莫如当初不相逢。从心理学的角度说，我的心理确是有些变态，为什么感情会如此丰富呢？正在路上的修亭和雯章或者不知道我为他们的离去而痛苦吧？

6月28日　晴　大学补习班　阴森森的寝室永远亮着两盏黄色的灯，以致忘掉外边已经出了太阳。6点半钟举行朝会，大队长简单地讲了几句话，点过名就解散了。吃过早饭便走入教室，真的要考了。怪！每个人都自知没有把握，心反而不慌了。题并不像预想的那么容易。数学五道题中，只能勉强做出两道，这时才暴露出平时不用功的害处了。国文答得还满意。英文自觉是最有把握的一门课，想不到题竟然那样难，结果答得最糟。现在知道自己的程度还差得很远，这两个月要切实下点功夫。考完后到街上邮局去取汇款，想买些文具，没看时间，到那里邮局已下班，看了看报纸，就又跑回来。从报上看，国内和平又绝望了，是中国人民的苦难还没遭够吧！为什么老是互不相让呢？难道这都是为了人民吗？

修亭和雯章的影子仍旧萦回在我的脑际，尽量想忘却，还是忘不掉，真是怪事！

6月29日　晴　大学补习班　真够麻烦了，规定的事比做的事要多，午前检查内务，午后检查身体。午饭后抽空到街上买了几件文具，虽然很快就跑回来了，身体还是未能检成，要待明天再检。晚饭后同玉琦到河滨公园散步，游人不少，游泳的也很多。一群孩子在嬉戏打闹，我和玉琦忽然都有很多感慨，我们并不算老，为什么不能活活泼泼地玩或尽情地笑呢？这是家庭环境和社会环境造成我们的早熟早衰。正是我稚气正盛的时候，环境逼迫着我们去想许多关于人生的事，心理不能健康地发展，在抑郁的心境中度过了童年。刚进入成年就是流亡，受尽了风霜之苦，尝尽了人世的凄凉，社会上的形形色色都装入我们的脑中，每一思及前途就要黯然神伤，每一思及身世，就要唏嘘不已，还有什么心情去笑去闹呢？美国人的幽默活泼、热情乐观固然与他们人种的先天条件有关，但更重要的是后天的生活环境和合理的教育形成的。他们除了个性可以自由发展外，绝没有什么忧虑，生活方面、教育方面都有人负责，走入社会又有法律保障，所以他们的心理和身体一样是十分健康的，总是有一股朝气在他们身上。中国哪一样也不能比。想到这里，怎能不令人伤心！

6月30日　晴　大学补习班　不怪有讳疾忌医的人，每检查一次身体，就要伤一次心。第一大病是沙眼，第二是整体健康不佳。我忽然对自己的身体产生了恐惧。健康不佳，念书又有什么用？难过了半天，但只是一时的难过而已。自知不但没有治疗的财力，也没有治疗的恒心，这也可看出我的惰性之大了。

午睡起来到警备司令部监室去看古绍祖，这样长时间的监禁，任何人都会感到痛苦的。从这里可以体会到自由的可贵。回来到北方小食部吃了一顿，喝了点儿茅台酒。正好有一个北京的小孩子在那里吃饭，因而又引起我对孩子的喜爱，爱和孩子们玩儿，似乎可以唤回一些童年的快乐。这也是心理病吧！在和孩子的接触中，除可唤起童年的回忆外，还可给孩子一些帮助。这该是健康的思想吧！当帮助孩子们的时候，不应存感恩的思想、图报思想，他们的天真对你已是最好的精神慰藉。这已经不是单方面的给予，是双方的互换。夜梦修亭，醒后却未能入睡，想了很多问题。

7月1日　晴　贵阳　大学补习班　今天举行开学典礼。也许是为表示隆重吧，院内墙上多了好多条标语，礼堂布置也算简朴严肃。

到会的来宾有杨森的代表周伯敏民政厅长，还有不少将官。大会主席是二〇五师的刘树勋师长。一切照例，只是没有静默三分钟，不知是新规定还是忘了。每个人都向这群新青年发表一通言论，总括起来可以用以下几个名词代表：领袖、总理、国家、民族、主义、信仰、思想……还有很多，那是二十左右岁的青年听过千次以上的大理论。

午后放假，到街上走了一圈。回来到社会浴池洗了一个热水澡，来恢复一下典礼带来的疲乏。每次什么典礼，在肉体和精神两方面都要承受一番折磨。

7月2日　阴　大学补习班　开课了，真的又上学了。一年多来真好像一场梦。

第一课老师们照例不讲书，闲谈一番。我借机写了几封信，报告生活上的新变化。瑞兰、张奇、崔家鼎、白永航、李监轩、金鸿章。

新生活的开始，也是新计划的开始，决定今后读书和玩并重。一个月的图书馆没白跑，分到最高班了。

7月3日　阴　大学补习班　英文老师并不如想像的那样好，一小时讲了三页，明天就要背生词，而早晨的时间又被朝会占去了。国文老师讲得很好，数学先生大都平平。两个月大概收不到预期的效果，反正补习总比不补习强。

今天又玩了一会球，出了点汗，痛快极了！"Work while you work，play while you play."真是妙诀，不要悲观，也无可悲观。想念修亭和雯章的心稍稍淡了一些。

7月4日　晴　大学补习班　因为洗衣服耽误了运动，间断是不好的。午睡后洗脸把肥皂掉到河里，心疼了半天。今天略略感到营养不足，沙眼更加厉害了，这是多么讨厌的病。午后在中正室看了两段梁漱溟的《朝话》，内中讲到对朋友的态度，所讲的正是自己已经做过了的，足见自己的判断是正确的。

7月6日　阴　大学补习班　渐渐地要忙了。今天英文讲了四页，明天就要提问，时间这样少，真要人命。这两天不知为什么情绪又不好，情绪好的时间好像昙花一现，过去一秒钟便又烦闷起来，这怎么能生活下去！

7月7日　阴　大学补习班　气候突然变化了一下，夜间被子没盖好，感冒了，因而影响了学习的兴趣和效果。午后到河滨公园跑了一圈，老提不起精神来，心胸放不开。其实，在目前这种状况下应该有一种"管他妈的"精神，调整自己的心态，闷头往前走！

7月8日　阴　大学补习班　盼望了六天，可得一次外出的机会，在出去之前的纪念周，已经把人站得精疲力竭了。今天请来贵阳师院的齐院长讲《中美关系问题》，无甚精彩处。散会后检查完内务，才算开禁。

昨天晚上就计划好了要为绍祖的事跑一跑。先到史营长家，他正在生病。据他说，绍祖等今天有释放的可能。又到副团长家，乃赴警备司令部拘留所探视他们。回来又去访周立委（伯敏），他说绝对负责让他们出来。说起来也可气，一群不明事理的混蛋闯下了祸，走了，就也有不辨是非的糊涂虫代表他们受罪，这都是滥用感情的后果。也好，没有教训是不会成熟的。

7月9日　**阴转晴　大学补习班**　由于感冒，头一直在疼，今天在英文课上居然两个生词未答上来，站了一会儿。这虽然不是什么大事，但从上学以来为功课而罚站还是第一次，心里难过了半天。身体不给做主又有什么办法？绍祖等还未被释放，心里十分焦急。武力现在行不通了，哀求又没有效力，现在真正是爱莫能助了。因为心不静，学习没有兴趣，效果自然微乎其微了。

7月10日　**晴　大学补习班**　总算把臭虫给治了一下，喷了一些D.D.T，效力如何尚待事实证明。头更加疼了，四肢也感乏力。幸好英文老师请假，休息了半天。午后接修亭、雯章、黄辉从长沙来信，心稍快。到河滨公园玩了一会儿。

7月11日　**阴　大学补习班**　今天脑子比较清爽，心境也较好。本来想去副团长那里，后来听说古绍祖等出来了，这是喜讯。

据报载，内战有不可收拾之势。不过我有一种良好的愿望，内战不应扩大，扩大了对双方都没有好处，对国家对人民更是坏不可言，是聪明人绝不应该走到这条路上去。走着看吧！

发信：常守身、李雯章。

7月12日　**阴雨　大学补习班**　压力来了，代数讲了两个习题，三角抄了一个习题，解析几何简直在抄书。假如这也称教学的话，教员也太容易当了。代数是马虎而过，只有三角还好，可惜一些不知进退的同学们还故意挑老师的错。教三角的老师是一位刚进入社会的年轻人，处处都可看出他的心慌和不惯，足见教书之不易了。

昨夜因气温较低又有恶梦相扰，今天头脑不如昨天清楚，心境也不佳，幸亏英文老师请了两天假，今天又没上课，省力不少。

饭后照例散步。南明河的水清澈可爱，可惜两岸太脏了，假如能善加治理，不难成为风景区。中国的现状还没有心情和财力来治理这些陶冶身心的事，这对我们来说还是奢侈行为。官说教育我们吃苦，其实不教育我们已经够苦了。今天有人说我少年老成，少年早已离我而去，老成依旧。哪能不老成，因为从幼年至今，在灵魂深处的任何一隅都找不出快乐的影子！

7月13日午后　晴　大学补习班　早起还有点儿冷。暑期在贵阳过，未始不是一件幸事。又到了星期六，换了值星官，照例要规定好多条注意事项，居然讲了十七条之多。我耳际只是响着礼节和内务两个词的复合声音，这是军人的"法典"。有一句话我还赞成，就是说要争取时间，你能活五十年，我要活七十岁，身体要紧！

报载李公朴被刺，这个社会多么恐怖！这年头有头脑头即不保，记住这三个头字吧！《中央日报》上有一篇第三次世界大战的文章，从文中的预测或假想不禁令人对人类的未来感到悲观，说人们将要用科学手段倒退到第二次石器时代，用细菌战将使地球上的高级生物全部死亡，宇宙线将引发大地震，而将现在的地球毁灭。人们似乎正一门心思向这个方向走！是一时的私利和欲望在支配着人的智慧和行为，人还算是智慧生物吗？

7月14日　阴雨　星期日　大学补习班　一个星期结束了，功课丢下一大堆，但这七天才能获得的上街机会还不能放弃。忍痛把该完成的作业扔下，但纪念周还得参加。今天请来周伯敏讲演，还好讲到中途让坐下听，减少不少疲乏。讲题是以苏联和英美成功的条件和经历来论证中国应走的路。其实只要全国上下一条心，诚心诚意地干，没有什么体制不可行，可惜是说的人多而真实干的人少。

纪念周结束就放假了。又去北方小吃部吃了一顿，回来正赶上发电影票，又跑出去看了一场电影。本来想午后做功课，结果午后也空空过去了。

接敦元来信，说打算回家，苦于没处找交通工具，而且政府又有禁止复员青年军北上之说，不得已只好以普通百姓的身份回去。给鸿章和他各发了一封信。

7月16日　阴雨　大学补习班　正在上三角课，说是又有我的挂号信。下课后跑去把信领出一阅，这真比内夹汇票更令我兴奋。原来雯章和修亭都安全到达开封了，并且很顺利地办妥了各种手续，很快就可以回家了，这真是生命史上值得大书特书的喜事。为了不甘心做奴隶，过了五六年的流亡生活，经历了多次危险，活着回到故乡，探望望眼欲穿的老母亲，还有什么比这更可贵更有意义的呢？

7月17日　晴　大学补习班　感冒不但没有减轻反而更重了，好像五年前在天津一样，耳朵又聋了一只，精神很不好。功课很少进展，收获也不大。更使人痛心的是政局不但没有和平的希望，反而更加紧张了，看样子有长期打下去的可能。这怎么得了，老百姓已受不住了，若再打下去，全国性的饥荒真是不堪设想啊！难道说当政者吃饱了饭做战略计划的时候，就没有想一想在饥饿线上挣扎的老百姓吗？李公朴前几天被刺身死，今天闻一多又被刺殒命，这到底是为什么？他们是人民的公敌吗？杀人者也口喊为人民或者说为了民主，民主这东西真是害人不浅，为了它牺牲了多少人命啊！

7月18日　晴　大学补习班　又很轻松，耳朵还没有复原，记忆力也稍差，注意力还不能集中。一个多小时的午睡，午后精神好多了。就这样生活下去吧，愿永远这样下去。瑞兰还没有信来，大概是失望了。

晚，冉副主任找我和绍祖等七人个别谈话。先是说到共产党问题，继而谈到国民党的腐败，最后谈及组织建国学会的事。这是适应时代需要的新组织，我是同意的，但我怕仍走以往党团的老路，组织松懈，乱拉党员，徒具形式，主办人员只是为了混官做，混饭吃，而没有积极的改造社会、服务人民的崇高目标。很多党团员个人品质不佳，所作所为令人失望，甚至使人愤慨，固而稍有理性者多鄙弃之，甚至认为在党可鄙。一些人为了饭碗，为了官位不得不入。如此组织，毫无积极意义，所以我对建国学会有一个幻想，也只能是幻想。可以分两方面说，一是对内的，一是对外的，但有一个总前提是必须超党派，不受任何方面的利用和支配，独树一帜。

对内

1. 要健全会员，非经特别考核不准入会。已入会的若发现不健全者，可立即开除；

2. 会内绝对民主。每一会员皆得随自己之个性自由发展，不受任何束缚，但有一个总目标，以有利于国家和人民为前提；

3. 会员与会员之间要有一种新的精神维系；

4. 会内要有一种新的作风，也就是非官僚作风，上自领袖，下至会员，地位平等，只有任务之不同，无地位之高低；

5. 提倡实干作风，也就是百劳不烦的风气。

对外

1. 要有一种权力，专做人民想做而不敢做的事。如检举贪污分子，如经学会检举者，政府或司法部门立即查办，给人民一个好印象，作为前进之基础；

2. 保护并同情中下层人民，经常调查人民之痛苦，调查结果立即建议政府予以改善并从根本上解除；

3. 举办乡村服务，如于暑期就个人所学做各种应做之事；

4. 绝不空发议论，不讲空理论，不喊任何口号，完全从实干出发。

一开始就要打下一个好基础，必使有识之士以入会为荣，有志之士以入会作为人生之目的，改造社会作为终身之事业。

7月19日　晴　大学补习班　成绩还不称心，三角习题做完了，代数也差不多了，明天赶演几何、物理。三天之内完全可追上。夜间睡眠不太好，老是做梦。

7月20日　**大雨　大学补习班**　英文作文发下来了，我感到可怕。英文程度还差得远，今后还必须做更大努力。如果连一门外文都学不好，前途还有什么希望！

7月21日　**阴　大学补习班**　又过去了一个礼拜，接到家鼎及增寿的来信。家鼎是在闷人的环境中生活着，但尚自不甘堕落，在沉闷中还在挣扎。增寿走上另外的路，把烦闷抛开，作人间游戏。这就是这代年轻人的典型。

午后的小组讨论会乏味至极。本来现在的年轻人对有关政治的事已感厌烦，再加生活和情绪都不好，难得唤起热情，因此对任何事情都很冷漠，只靠人为的说教鼓动是不会奏效的。

7月22日　**阴　星期日　大学补习班**　纪念周请了一位比利时留学的数学博士来讲演，讲题是《自然科学的方法及精神》，平淡极了，像是物理学的绪论，没有一听的价值。散会后立即上街去看电影，片名《现代青年》，给我以警惕，也应吸取教训。散场后，头也没回就跑回来。夜间给父亲写了一封长信，睡前还没有写完。

7月23日　**大雨　大学补习班**　大雨之中还曾露出过一会儿太阳，因而一日之内就经历了两个季节。昨夜因睡得太晚又兼想家心切，今天非常难过，心绪不宁。午后刚下课，忽接敦元从北平发来电报，我的心跳加速，手也发抖，竟然流出眼泪。这个曾经费过一番心血扶助他走完这流浪之路的孩子终于回到了故乡！

7月24日　**阴雨转晴　大学补习班**　刚要给父亲寄信，报载共军正在泥井一带审训美军俘虏，把寄信的勇气给打消了。费了两个晚上的功夫写好的一封长信，还要放在书箱内，真是生来何不幸啊！给修亭早就写成的信今天发了。另外给鸿章、敦元也各发了一封信。

7月25日　阴　**大学补习班**　感冒刚好又续上了。上次已经够痛苦了，这次不知会怎样？脑子还清楚，兴致也不错。今天照了照镜子，脸色好像比以前好了些。午后到河滨公园散步，忽然对"密斯"又发生了兴趣。无奈这草黄制服，难得青睐。晚间正上自习，不知谁传来消息，说是大学分配已定，除三人有问题外，其他皆有学上。晚上点名时，队长说并无其事，管他呢！

7月26日　阴　**大学补习班**　解析几何发生了很大困难，只怪以前没有学好，实际也没学完，马上下功夫也赶不上，因为还有其它功课，英文、代数、理化、生物……哪一门都需要时间。有限的时间，无限的课业，这怎么能全面学好。一个月快过去了，还算有收获，只是不多而已。保送的消息还没落实，令人心闷。瑞兰也没有信来，自尊心还没减，也许是失望过度吧，总之我的良心是不受责备的，随她想吧！

7月27日　阴　**大学补习班**　考试就要到了，精神并没紧张，也没有紧张的必要。感冒更加重了，也消减了一部分学习的能量，情绪也不大好。对于保送，学校又流传好多谣言，上学公费也有好多说法，考核呀、成绩呀、身体呀、思想、仪表等等，这不能不说是上学难，吃饭也难了。随他吧，反正我是一步一个脚印地往前走，一旦此路不通时再说。自习时灯灭了，没看多少书。队长找我个别谈话。

7月28日　阴　**大学补习班**　早起中队长就把我喊了去。又是个别谈话，从家境谈到升学，最后归结到考核与公费的关系，吃公费真是何其难哉！为了不愿做顺民受奴化，我们离家逃亡；为了不忍坐视国难，投笔从戎，难道这还不够吃公费的资格吗？何况又是家境贫寒，也有吃公费的需要。公费是给安享其福的富家子弟准备的吗？

午后连接四函，敦元告诉我做爸爸的是怎样盼望儿子尽快归去；增寿是前函的复寄，怕前函收不到；鸿章对交友很感兴趣，也有热情；小王玉虎也来信了，这是意料之外的一封信，他说他是不幸者，说不定他还是大幸者呢，这一年多的生活也不是容易过的。另外还有祖愚自重庆给尚全桢的信。

7月29日　阴　数阵大雨　大学补习班　偏安排礼拜日考试，怕这些人出去又会闹事吧。反正两个月已经过去了一半，即使一分钟也不让出去也没关系，比坐监狱不是还自由得多吗？第一堂物理，答得还满意，化学不大好。第二堂考数学，三角、代数都不成问题，解析几何成了大问题，简直就是不会，因而午觉没睡好。午后第一堂英文先生没有来，没考成，留了一个令人不快的尾巴。国文怪没有复习，答不好是自然的。如果通过一次考试就能测验出学生的程度，那学问也太简单了。一般说来，多数人程度低得可怜，所谓大学生比小学生又能强多少！

7月30日　阴雨　大学补习班　情绪周期又到低点了，希望尽快过去，让我快活一点吧。英语没有考背课文，还算好。一天并没有考后的轻松。有认识一位新朋友的可能，这是令我高兴的事。

午后，青年中学主任许太空先生讲演，题目是《中共问题》，说来说去还是自身有缺陷，人家才有发展的机会。我是赞成和信仰三民主义的，但是不实行还不是空的。信仰越深，对是否实行越关心。谈国内问题什么话都可以说，我最不赞成把自己的问题偏要拉上外国。许先生说美国是中国的好朋友，而苏联不是。固然从表面上看是这样的，而一个有头脑的人，他绝不会这样说，满不过一个是想大口吃肉，一个是想暗中吸血而已。在吸血时他放射出一点毒素，麻醉你，你不仅忘掉了或感觉不到了疼痛，反而大喊舒服，于是说他是好朋友。那一个不讲手段的野家伙，一上来咬你一口肉，痛得人咬牙切齿，深结冤仇。最可笑的是两大魔王操控下的国共两党，竟然仗势大闹不休，让中国百姓遭受苦难。

夜接守身自沈阳来信说，二〇七师正在东北进行残酷的战争。想不到一部分从军青年参与杀中国人，这就是我们自己夸耀的有古老文明的炎黄子孙吗？

发信：玉虎、增寿。

7月31日 阴 一阵大雨 大学补习班 情绪低点似将过去，但由于睡眠不足，眼睛无神，真担心能否好转。午后是英语作文，因词汇掌握少，文法也不精，写作技巧也不够，写起文章来，不能得心应手，这哪里够大学生的程度。应该加倍努力，但身体又不给做主，思想老这样乱，如何是好？

8月1日 阴 大学补习班 又是一个月的开始，检讨过去的一个月，比以往有了进步，不论是情绪方面、身体方面，还是学业方面都是上升的趋势。今后还应更进一步，不必要的思想还太多，今后要尽量免除。

8月2日 阴 大学补习班 已经够疲劳了，还要去听演讲，心里还惦记着壁报的事，情绪很烦躁。演讲人是军管区潘副司令，讲题是《军事常识》。内容很丰富，若能遵照实行，成功是必然的。尤其作战计划一项最为重要。一件事情未作之前要有两套准备，一个是成功以后怎么办，另一个是失败以后应该怎么办，有两手准备才是成功的条件。

夜间为了赶出壁报，十二点以后才睡觉。

8月3日 阴 大学补习班 正在训导员室商量壁报的事，接到瑞兰的信，写了七页。我的心理有了些变化，这变化很难分析，总之不是兴奋。

8月4日 阴 大学补习班 英语考过了，还满意。壁报也出了，只是那篇英文作文没有改出来，未能登出去。本来英文栏是由我负责的，结果没有我的文章，只有李君一篇勉强用上了，很难看。

还是因为昨天那封信的刺激，今天一天精神都不大好，心里非常矛盾。昨夜大队副说，不要太用功，免得损伤身体。指甲上的健康圈只剩四个了，可怕已极，身体真不好，不能熬夜。

今天没有睡午觉，午后精神就感觉不够用。今后真不能过分用功了。瑞兰也说身体要紧，那就身体第一吧！

8 月 5 日　晴　大学补习班　晴天而逢礼拜在贵阳是一件难得一遇的事，可惜游兴不浓。除给瑞兰发一封信外，又到饭馆吃一顿较好的午饭，这是每周必行事。吃饭前顺便到大公报分馆看了看。天津《大公报》有一篇社论，论及北平的自由学风，真的北平又将成为全国文化中心了，令人可喜。没有铁道学院的消息，颇使人烦闷，假如保送到该校去，再开不了学，岂不糟糕。

两点多钟回到学校来，不但洗了很多衣服，还痛快地洗了个澡。多日积垢一旦涤清，好不痛快煞人也！日光浴在贵阳是昂价品，今天也得享受半小时，美不可言。这是一个最有价值的礼拜日，功课已经扔在脑后了，决不再为此伤身心，功课事小，身体事大。到现在表现得还不算太坏。还剩三周，决心咬紧牙关再接再厉坚持下去。午后蒙全桢将通讯录从团部带回来，上边有主席训词，使我很受感动，满篇都是由衷之言。对这批人寄予很大期望，想把国家大事托付给这批年轻人。可惜的是这批人并不健全，并没有意识到自己的社会责任。

8 月 6 日　晴　大学补习班　命运决定了保送到北平师院（北京师大）。地方很满意，学校差强人意，今后就做穷的打算了。现在内心有点予盾，到学校后也许会好一些。多年的心愿几度变化，目的总算达到了。

8 月 7 日　晴　大学补习班　保送大学的消息使长久不见的一脸笑容又可以看到了。这才是真快乐，但也有真苦恼，总之心是安了些，但上课精神还不好。

今天想好了要交一位南方朋友，不应过速，欲速则不达，依我的诚意是能够成功的。初步交谈已知他叫杨继华，昨天得知他被保送到湖南大学，今天得知他是洞庭湖畔的岳阳人，而且非常羡慕北方，以前是国立十中的。他的优点是精神、整洁、机敏，缺点还没发现。

　　共发了六封信，主要是报告近况，只有孝廉是为衣服事，郭固、曲祥生是为证书事。此外郑兴亚、张修亭、李雯章、张敦元、李双桧各发一函。今后计划在全国每一所大学里都有一位好友，在每一个角落里都有朋友，那样的生活会多么幸福。但这也需要一定经济条件，光写信就是不小的负担。在别的方面节约一些，这方面要力争圆满。

　　8 月 8 日　晴　大学补习班　打破了纪录，居然连晴了四天。上课的心境仍不佳，除对英文稍感兴趣外，其它各科都是在混。想交一位新朋友，但一天没见面，颇失望。每天幻想多得很，又时常对未来的穷困心存恐惧。只盼望政治能上轨道，人民的生活能有保障。今后要在学术上求发展了，即使不能成为学者，起码四年的大学生活不能空过。

　　8 月 9 日　晴，午后阴　大学补习班　轮到我管伙食，这是费力不讨好的事。有的人你怎么能苛求？不过今天我真的发了怒，看他们切菜的时候我想到美国一位伙夫被选为议员的故事，我们这个国家可以说是相差太远了。昨夜不知是谁接到二○七师的信，说打内战牺牲了两个营。真惨！可以想像，对方牺牲也不会太少！他们都是中国人！今天《大公报》刊载一位记者访问苏联记者的通讯，那位大鼻子记者说，中国之闹灾荒饿死人是对中华民族有好处的。他大概是从达尔文的进化论里学来的，物竞天择，适者生存。自然界的法则，能适用于人类社会吗？想起来实在太残忍了！

　　接雯章来信，是用英文写的，很流利，看到他信的人没有一个不感到惭愧。我们号称大学生了，还不如一位中学生，而不如我的人还不少，真可惜大学的位置被这般人占了。这是一个讽刺。雯章的信对我是一个鞭策，不苦干不行了！

8 月 10 日　**晴　大学补习班**　生活越来越令人厌烦，昨夜又是小失眠。思想又不平静了，神情也不安。白天因那新友谊不能自由发展，心里老是不安，中间似乎隔着一道鸿沟，虽然天天见面，但没有时间倾心交谈，礼貌性的应付，又是多么乏味。有心主动和他多多交谈，又怕引起人家的厌烦，如果太主动，太亲切，又怕引起疑心。不怪人说大学是不容易交朋友的，今天我是相信了。中学时代哪里有这么多顾虑。但自己的热情并未稍减，而且有更加强烈之势。谁能像我为了一个不相干的人而竟终日不安呢？

即使他讨厌也好，这个朋友我一定不放弃，现在即或不能成功，将来在通信上也要续叙友谊，因为他整洁的衣着，端庄的仪容，使我倾慕，也就是说触发了我病态的心理。还有两周，两周的时间，应紧紧抓住，有计划地进行接触。

8 月 11 日　**晴　大学补习班**　昨夜睡得很好。今天过得很痛快，脑子还不平静，午睡便未睡好。脑子平静与否影响睡眠品质，睡眠品质又与精神好坏有直接关系，所以使脑子保持平静是一件最要紧的事。上课的兴致不太好。

午后在河滨公园遇到了杨继华，谈了很多话，证明我的观察不错，他是一位既精明又能干，又有理想的年轻人。很抱歉今天和他的谈话太不艺术，太直太真，太现实，容易惹起他的不快。从明起一定讲究谈话方式和内容，显露自己的修养，多谈他的优点，决不能再说他的坏话，以免伤了他的自尊心，不过也应给他一个仰望点，友谊易于建立。

8 月 12 日　**阴雨　大学补习班**　这一周纯粹是混过去的，一点儿收获都没有。一则精神有些疲惫，二则精神也有些涣散。保送大学已成定局，用功的劲头马上锐减，好像用功就是为了上学。

照例上街吃了一顿，理了理发就回来了。今天纪念周请的是贵州省付教育厅长来讲演，讲题是《美苏关系》。因为他去过美国，所以他对美国人的舒适生活夸赞了一番，据此他的结论是美国人不要侵略。最后谈到日本，说在八年中曾三次和中国议和的经过，以及中国成为四强的原因，而现在退居第五位了，这都是由于自己不争气。他的讲演技术是以幽默的口吻，道出现实的真情，还算成功。

8月14日 阴 大学补习班 昨天队里举办了一次演讲比赛，参加的人很少，大家对此没有多大兴趣。从今天起加授《国父遗教》。

近两天心里又不痛快，不知从哪里来的困扰。国文堂和杨君谈了半点钟的话，心里算是松快了些。回到学校后非要设法使心理归入正途不可，并且要将身体锻炼好，老这样下去真是危险极了！

发信：黄辉。前天曾给祖愚发信一封。

8月15日 晴 大学补习班 心情又好了点。《国父遗教》课讲的是三民主义与共产主义之比较。说三民主义与共产主义主要是出发点不同，前者系以民族为出发点，后者则以阶级为出发点。因为是以民族为要，所以有爱国观念，阶级则无国家观念。不过有一点，主义尽管好，不实行还是等于零。可惜一些党国要人们竟着重说教，而忽略了如何使其早日实现，是一憾事。

早晨大队长宣布，今天无论官兵不准离开营房一步，说是街上今天实行大清剿。大概是土匪已潜入贵阳市了！

午后全体照了像，已露出行将离别的迹象了，快离开这里吧！

8月16日 晴 大学补习班 午后师长来讲话，并解答了好多问题。他说主席对我们的期望很殷切。还说这次庐山会议做出决定，全国分六个军区，共60个师。青年军6个师，每个区一个师，专门负责训练高中毕业生的责任。明年高中毕业将要集训没有疑问了。师长讲完话后，接着上《国父遗教》课。今天讲民权主义、民生主义与共产主义之比较，讲得很动人。说起来，三民主义确实比较适合中国国情，不过还是一个能否认真实行的问题。国民党的主义不坏，可惜国民党太不争气，以致社会陷入混乱。

8月17日　阴　大学补习班　由一、二、三队决定开欢送主任赴京及师生联欢会，名义上我担任总务的事，找不到头绪，结果没有尽到责任，心甚不安。晚上布置会场算是出了点力，心稍安。由此次会的筹备过程和所获成果，我发现了湖南人的长处和北方人的不足。湖南人服务的热情和办事能力都很令人钦佩，尤其几位讲话人更令人折服，四中队没有人能比。自觉不错不行，怕比，我还需要努力。夜间为要赶写两个报告，两点才得就寝。

8月18日　晴　重视今天激励今后　早晨晚起床一个小时。吃过早饭就筹备照像，课已经没有人想上了。师长又说可以提前回去，人心更加浮动。大部分人写了报告，请求早日返里。也难怪，别离已久的家，谁不想早一点回去！

午后开欢送会之检讨会（总结会），使我深感惶恐，自己的能力差远了，在没有和人共事之时，自己还觉得不错，实际与人合作共事之后，才发觉自己还相差甚远。说起来惭愧，年龄我不比人家小，经历不比人家少，为什么我能力不如人？这应归罪于过去没有处着好的生存环境。假如我能和他们一起生活和工作一个时期，自信不会太落人后，当然自己身体不好也是一个最大缺点。不能做一篇流利的讲演，每到公开面对人群讲话时心就有点虚，心跳也加速，这是由于自卑心理的作祟，性格太内向了，今后要极力矫正。同时自己的脑子也像僵死了，为什么不能说出一些动听的句子，甚至连一封信都写不好了。这怎么能行！从今天这个并不重要的检讨会上，我看出了中国的希望；从这个并不太重要的检讨会上，我得到了很深刻的教训和警惕；从这个不太重要的检讨会上，暴露了自己的缺陷和低能；在这个会上我更深刻地了解了杨继华的不平凡。对于和他交友我自惭形秽了，处处表现出自己的无能。学习、磨练，下定决心，一年之后能赶上他们，要培养恒心和毅力。

报告已递上去了，准备着走。还要代表中南中队去交涉路费问题。接景福、鸿章来信，都对我上师院有异议。我的心也有些动摇，明年再看吧！

8月19日　晴　大学补习班　纪念周请了一位办教育的老先生来讲话，姑且不论他讲的内容如何，他三十年的清苦廉守已够令人敬仰的了。胖胖的身躯，鬓发已花白，穿着一身已洗得蓝中透白的土布制服，这更表露出他的神圣性。讲话中肯沉稳，不矫饰，不虚夸。他对生物的年龄有独特见地。他说生物完全是为延续后代而生，人亦如此，比如人需要长到25岁才是最佳生育后代的年龄，因而这25年需要父母照顾保护。一个人自身生长需25年又要保护自己后代25年，所以人的最低寿命应是50年。蚕蛾的子不需保护，父代完成授精任务，母代完成产卵任务就死亡。至于人为什么有的能活过百岁，他没解释。

为了昨天的教训，今天终日仍在惭愧中。今后一定加紧学习，要改换成另一个张谦。很早就从街上赶回来，上街只是为了吃一顿，连带洗了几张照片。回来后洗了洗澡。午后去团部的代表回来说：汽十五团对退伍同学回程路费的事置之不理，又引起大家吵了个一团糟。我急忙写了一个报告，给大家念了一遍，同学们才安静下来。今天是仿效昨天的开始。

8月20日　晴　大学补习班　跑了一趟团部，仍没有结果。提前走的希望没有了，心越发急起来，课已没心思再上。这样的生活有什么意思？历史课对我启示很大，眼光要放远一点。

8月21日　晴　大学补习班　走的事还没有办出结果来，又要办聚餐的事，似乎我还有办事能力。其实自己感觉非常惭愧，办事能力低弱得很。我很想练习讲演，苦于没有机会，不会讲演是一个最大的缺点。我有激情，我能写，但不能通过嘴巴表达出来，感情埋在心里是没有用的，以后要向这方面努力。办事还嫌没有条理。昨天由团部带来的信，还没有送出去，写好的四封信也没有发。今天一天没有上课，队长一再说要持之以恒的道理，但主事者本身已经乱了阵脚，还怪谁不按部就班呢？各大学九月中旬就要开始注册了，我们恐怕不能按时赶到了。

《大公报》刊载了一篇论文，作者叫周太玄。他把失学人数之所以多归罪于大学不能容纳这么多人，而大学不能容纳这么多人的原因之一，是因教育部保送各种各色的人物到大学去，减少了大学的收容额。言外之意似乎是指复员青年军而言。不知这位先生脑子里在想些什么？青年不应失学，难道说为挽救祖国危亡的这群从军青年是犯了不可赦的大罪？为什么把我们送入学校被认为是不应该的呢？难道这算教育的损失吗？考不上大学而失学认为是教育的不当，那么让我们这群已临近高中毕业的学生，从军一年多之后而失学就是教育之"当"了吗？这种论调还登在《大公报》上，真给《大公报》减色。《大公报》的主编们大概忘了1944年他们连发三篇社论"一、二、三勖知识青年从军"是何等热情，激励我们投笔从戎了。敌人投降了，给我们一个上学的机会，认为是教育上的不当，这是什么逻辑？

报载开封、登封一代战事激烈，不知雯章家受到损失没有。修亭还没来信，可能消沉了吧，意志不坚强的人真叫人担心。

8月22日　晴　大学补习班　回程路费的问题大体上是解决了，今天拿着公文又跑了一趟团部，虽然团长还坚持没有命令不办，实际已经确定了。明天决定聚餐并献旗。说起来二〇五师的官儿们还算可以，起码他给你办事，比起汽车团来好多了。当然他们的学识和修养还有的不够水准，慢慢地改进吧，只要有进步就有希望。

发信：瑞兰、鸿章、家鼎、王悦。

8月23日　晴　大学补习班　早晨是请客，中午睡了一会儿，午后就是聚餐。聚餐会相当成功，很热烈，各种问题缓和了许多。中国的事非走曲线不可。又喝了点酒，没有醉。晚上睡得不太香甜。对于自己的缺点还是惴惴不安，怎样练习呢？

8月24日　晴　大学补习班　说是去修文，由二〇五师办理运费及交通问题。到了团部又转回来，说不去了，大部分问题可以在这里解决，因为参谋长和邓主任都在这里。办理的结果，28日能走。敦元来信说北方物价很贵。这又是一个威胁，虽然目前自己尚可维持，但从长远看还是一个问题。走到哪里算哪里吧，车到山前必有路。兴亚来信劝我学工或工商管理。他对中国的政治已失望到了极点，叫我到上海给他拍电报，以便三年多的通信挚友见一见面。想起来也真有意思，这么深的交情竟然从未见过一面，只有知识分子才可能有这样的友谊吧！

午后二〇五师少年得志的参谋主任来讲话，大概又是卖狗皮膏药吧。二〇五师的士兵们对他都有反感，一个骄傲的人是不易得到人们的好感的。他有一位很漂亮的太太，也许事情就坏在这里。他太太的哥哥不是青年军，靠他妹夫的势力也来上大学补习班，并享受复员青年军的一切待遇。一、二、三中队的学生当场就给那位年轻的参谋主任一个下不来台。大队长给解了围，但同学们不肯善罢甘休，听说要发代电。

晚上为打听他们罢考缘由，得以和能干的杨君谈了一次话，童敏成也在座。这次谈话是成功的，我充分使我的说话艺术而真诚，使他对我有一个明确的认识。他的能干、魄力，再加正义感，他是能够成功的。对他的品德还无从得知，他的人生观是利己还是利人也不清楚。自己应尽一份力量把有抱负的人引向正路，我自知自己不具备成功的条件，但我愿尽量协助别人成功，这也是间接地对社会做出贡献。可惜我没有后备的、雄厚的经济实力，不然我可以帮助多少人登上高峰？自己之所以没养成硬干的魄力，主要原因也在此。年龄不算小了，余下的时间顶多还有四年学习，再占去十年，三十年是干事业的时间。始终不懈的努力，我想会有些成就的。

8月25日　晴　大学补习班　从上学以来这是第二次未做复习的考试。两次都在这里，而一次是始业，一次是结业。先生们知道这不过是一个形式，所以考题很容易，一天考了五门。还有五科留待明天。决定29号出发。

王虎考取重庆大学了，但复试是否能够Pass还不一定，一年多从军，中辍了一段，再考不上学校太冤枉了。突接侯建儒来信，又多了一位通信的人。建儒也在重庆，因不久就要离开贵阳，所以立即给他写了回信。晚自习有点无精打采，书也看不下去。忽然有人告诉我有我两封挂号信。一封是白永航的，他告诉我城固所有的东西全部报丢，损失约在30多万元。黄国钦也太不够朋友了，东北留下来的一些衣服全完了。这又是一个教训。另一封是闫锡瑞的，这是一位同类型的朋友，他似乎很热心地告诉我回家路途的情形。虽然对黄与闫都没好感，但暂时的兴奋却马上赶走了适才的疑问。复员青年军复员归里没有法理，全凭硬碰，这充分反映出中国社会的现状。

8月26日　阴　大学补习班　又走完了人生的一个阶段。因为考前考中没有紧张，所以考完也没有特别的轻松感。刚考完就跑到街上把钱领出来，本来想买点东西，一打听无物不贵，只买了两瓶茅台酒，又把钱带回来。十多万元竟而买不到成件的东西，这时才体会物价的惊人。回去要见很多人，出来四年多了，回去总该带点见面礼，真够难为情了，经济能力有限，又有什么办法？

8月27日　阴　阴了天，心上也蒙上一层暗影。午后看了半场电影，忙着跑回来领东西。领来皮鞋一双，蚊帐一顶，被子一床，衣服一套，都不太好。

8月28日　阴　大学补习班　午后领了返程路费。共发十九万多元，数目不小，但花起来并不算多。

8月29日　阴　大学补习班　为了去拿公文，又跑了一天。想不到为这么一点小事，还展开了一场政治斗争。一位叫徐国瑞的同学，为和我争夺返程团团长这个差事，搞了一些见不得人的活动，这本来是一项费力不讨好、义务为大家服务的工作，不知他为何那样看重，真是从何说起。

公文算办好了，车也定妥，决定明天走。跑回营房后又上了一次街，买了一双皮鞋。现在沉静多了，心并不慌，只是又连雨起来，叫人大伤脑筋。

8月30日　铲山　终于出发了，告别了贵阳。在这里过了半年多苦难的日子，也是在这苦难中孕育出今日的希望和今后的光明。车子是破的，破车载着新生活又走上旧道，觉得格外有味。天雨、路滑、车破三者，也预示着未来危险的远景。奇怪，今天并未引起心惊。每个人都从表情中透露出对幸福生活的向往。只有怀着希望，生活才有意义，生命才有活力。虽然有一个令人讨厌的自私者搅乱了我平静的思想，但未因此引起我的烦恼。

下午六时抵铲山，当即到青年团部交涉住处，很顺利，路太远，同学们愿在茶馆凑和了。因为客饭不算贵，自己没做饭，大家吃得很满意。

这里苗胞占百分之八十，全县居民约10万人，苗胞上中学的约500人左右。他们的服装也在改进中。当地青年团的刘书记告诉我们说，他正在工作着，为了苗胞的文化。

8月31日　于施秉　到黄平吃早饭，物价还很便宜。做饭的那家正好有一位苗女在门前绣花，费了好多口舌，买了一片她刚绣好的苗女绣品以做留念，还买了四两当地特产的银耳。出黄平不远，车子抛了锚，连推带拉地勉强到施秉。看样子明天怕走不成了。

9月1日　晴　于镇远　早起跑了三处想打个电话，碰了不少软钉子，电话也没打成。这就是中国社会的现状，这就是中国交通的现状。县政府的那几个年轻的电话生，竟没有一个不是鸦片鬼。无可奈何之下先搭车来到镇远，向路局交涉的结果，派两名技工去施秉修车。他们晚上6点才到，原来他俩所乘的车也半路抛锚，明天不换车是走不远了的！

9月2日　晴　于晃县　车是换了，还是破的，而且没有棚。这里太阳的威力已不比贵阳了，车速又那样慢，晒得人头发昏。到晃县刚四点钟，继续交涉换车。还算幸运，车换成了，是新车，大家又露出笑容。

9月3日　晴　于安江　热！热！都说这里的热不亚于印度。路还算平，路面却颠簸得很厉害。这是第一次踏上新路。山还没有走出来。因为天太热，自己做饭大家都感到很厌烦了。沿路老百姓对我们感到头疼，不是针对我们这些人，而是军队给他们的印象太坏了。但有一个诀窍，你只要先给他500元钱，则一切顺利。安江大约是妓女的发源地，墙上尽是禁止妓女的布告。

9月4日　晴　于宝庆（邵阳）　开始到了湖南，开始认识湖南，开始羡慕湖南，也就开始爱上了湖南。随处是青山，到处有绿水，遍野有稻田，无处无美女，而湘女又多情。宝庆是湘中名城，以竹器、皮货闻名全国。买了四件竹器，其中为瑞兰专买了一竹刻小屏风，很精美。给自己买了一双皮鞋、一个提包，共花两万多元。

9月5日　阴　于湘潭　本来今天可以到长沙，汽车过湘江轮渡耽误了时间，冒着翻车的危险，黄昏时分才算渡过了有名的湘水。湘潭并不像她的名字那样可爱，但她的近郊是优美的。晚上住在靠江边一间旅馆。臭虫成群进攻，再加闷热，整夜没能安睡。

9月6日　于长沙　很早就到了长沙，稍稍休息就去交涉火车，还算顺利，只是车厢不理想。下午5点上了火车，去上海的同学和去开封的同学分乘两个车厢。全是运货的闷罐车，有人不太满意，我给同学们做了解释，这不是路局的过错，乃是整个中国的问题。打了八年仗，民穷财尽，胜利仅仅一年。

长沙久已闻名，由于时间匆促，未得到市内详细观光，其实也无可观光。市面上多为临时建成的矮矮的平房，大街还保持着宽阔，只是未见两侧的高楼广厦，长沙可能是被战火摧毁最惨的城市。

晚6点，在二〇五师同学棍棒威逼下，车不得不开出长沙车站，穷陋可怜的长沙站。当我们向车站站长交涉车皮时，管车的从口袋里掏出一个纸单，所有能用的车皮全部用上了。堂堂的粤汉路竟然到了这样可怜的地步，要记住日寇的罪恶。车速之慢可能也是创记录的，走的没有停的时间多。也难怪，已近腐朽的枕木，不太稳固的路基，质量低劣的煤，的确没有开快车的条件。当夜前面就有两列快车出轨，幸未酿成巨祸。我们这列车在一个小站上等了一夜。（9日于武昌图书馆补记）

9月7日　于粤汉车中　早晨列车开始慢慢地爬，爬行了一天风景优美而又荒凉的路。湖南是这样的可人，却又遭受到这么大的不幸。中午12点，到了名城岳阳。这里是粤汉路上的大站，车上工作人员到这里大换班，因此车在这里停了八个半小时。同学们大都趁机去看岳阳楼。我不得不忍着性子来为大家看车上的东西。等他们回来后，我跑到洞庭湖里洗了一个澡，又去看了看岳阳楼，怕误了车，刚到楼边就跑回来了，累得周身流汗。岳阳也被破坏得杂乱不堪，和宽阔净美的洞庭湖很不相称。也许因为涨水的关系，湖水有些浑黄，减弱了她的美姿。晚8点半，车开出了岳阳站。从岳阳到汉口这段路未遭破坏，预料车速能快一些。（9日补记于武昌图书馆）

9月8日　于汉口　午后3点到达武昌，经过一阵吵闹，各找各的行李。下车整队到渡轮码头，晚6点才过了长江。在汉口市政府门口的马路边坐等到日落黄昏，经过反复协商交涉才答应到中华中路的大华饭店去住。大华饭店的建筑十分宏伟，可惜已成废墟，变成了一个大厕所。目睹这种景象令人痛心。不管多脏，总算有了一个安身之处。汉口市表面还算繁荣，在表面繁荣中似乎隐藏着一种不可言说的痛苦。虽然下车不久，汉口市给我的第一印象是不佳的。夜晚不到10点店铺已经关了门，只有荷枪实弹的警察还在街上来回巡逻。这里物价出乎意料的高。因为白天沿路各站湖北居民给我留下的坏印象，更加深了我对汉口的憎恶。

扬子江滚滚东去的黄水，看起来也颇壮观。江内来往的大小汽轮令人觉得中国并非一无可爱之处。自然条件是无处不可爱的，可惜人为条件太令人痛心了。这里正在计划修建汉口大铁桥，说是从武昌至汉阳再接到汉口，呈S型，将三足鼎立的武汉三镇连成一气。假若这大桥一旦成功，将是多么壮观、伟大的一项工程。中国向来有好的计划，但事实往往打了许多折扣，甚或以零乘之。这就难免叫人失望了。（9日于武昌图书馆补记）

9月9日　于汉口　早晨起来洗了把脸，到中南饭店找到大队副，一同去交涉上上海的轮船。先到后勤部，又到招商局，没费多少事就交涉成功，后天有一艘"大达号"轮船从汉口港起锚。为解决这两天的吃住问题，没有停足，又搭轮到武昌。走过整个武昌城，到最南端的省立图书馆来找复员管理处。令人大失所望，说是这个处已取消，因为复员兵给这里负责人的印象太坏，惹怒了军管区司令，司令下了一个概不受理的手令，把管理处撤消，摘了牌子。我们跑了这么远的路，不甘心空手而归，决定坐等军区副司令，准备做一番恳求，不管是否有效。中国的事情往往是需要碰运气的。中午到附近小饭馆垫补一下，又到茶馆坐等。

下午4点钟徐副司令来了，我们向他请求解决两件事，一件也没答应，跑得满头是汗又快快而回。也难怪他不管，他们花了很多钱，政府不拨款，叫他有啥办法。他说青年军复员是一个大骗案。

跑遍武昌，对武昌有了些认识。武昌、汉口虽一江之隔，这里吃的东西便宜一半。武昌是湖北的政治文化中心，比汉口宁静安详得多。武汉大学、中华大学、国立师院都设在这里，黄鹤楼古迹仍存。

9月10日　晴　中秋节　大达轮上　早起忙着来看轮船，因深知中国之不讲秩序，结果不出所料，幸亏先来一步。忙乱了一阵，总算未能向隅。统舱大家嫌闷，都睡甲板上。人们都安顿好了，唯独我没有铺位，这就是为人服务的收获。货已装好，明天有出发的可能。

今天是中秋节，想不到今年是在汉口码头"大达轮"上过节，而且是用这样的方式来过。除了因忙乱多出些汗外，并未随俗点缀一下，也没有什么感慨，因为不平的社会并不是从今天始，因此也无需去找一些对比。夜月并不分外明，之所以人们认为中秋之月分外明，一因中秋天高气爽，云雾较少，更为重要的是，一些日夜苦忙的人们平时无暇举头望月，今天得机休息，抬起头来看一看月亮，也许真有分外明的感觉。船内实在太热，也到甲板露宿，可能带点神性的江上中秋月照了我一夜，月依旧，古月无缘照今人，今人却仍沐古月。

9月11日　于大达轮上　大约11点，汽笛长啸了两声，

"大达轮"离开了汉口码头。船上乱得很，无秩序可言，江水无浪，船行很稳。夜间睡熟，未觉中途停泊。

9月12日　于大达轮上　早晨船靠九江码头，下船看了看，卖瓷器的很多，可惜不好带，没敢买。因停靠时间不长，未能到街上玩一玩。过安庆，船未停靠。

9月13日　大达轮上　下午2时抵南京，许多同学提议坐火车走，但又不愿花钱买票，我反对又去要无赖。跑到车站看了看，一切都很有秩序，更打消了不花钱坐车的念头。午后5点"大达轮"驶出南京港。

9月21日　阴　于上海　9月16日船到上海，正赶上"海厦轮"开赴天津，同行的同学都乘"海厦轮"走了。我为了会一会通信三年多从未谋面的好友郑兴亚，决意再留住两天，从上海往杭州给兴亚拍了电报。上海物价高得惊人，旅馆一宿7000元，一餐勉可充饥的饭要两千元。为会好友只能忍痛。9月17日兴亚来了，一见面我俩都很激动，这是在特殊年代结交的特殊朋友。三年多通信，他给我寄钱寄书，给我精神上许多安慰和鼓励，今日终得相见。他是一位年近40的中年人，面相淳朴善良，从事公路管理工作。我们谈了很多话，现实与未来，他对政治现实也感到很失望。晚饭到一家上海有名的素餐馆吃素餐，饭后他就回杭州了。我回来又到招商局询问，寻找乘船的门路。9月18日有二〇六师的复员同学交涉好了"利华轮"，当日就带着行李搬到船上住。这时突然发病，是疟疾，冷得发抖，实在坚持不了。我下了船又回到青年馆去过夜。20日早晨，体稍适，我又回到码头去找"利华轮"，发现船已开走，心里一阵空虚，行李被船带走了，自认倒霉。只好又回青年馆，花了两万多，纪念章也丢了。我急忙给敦元拍电报，让他去天津等"利华轮"寻找行李。

上海这地方我把它恨透了。到这里花了不少钱，还吃了不少苦，从来没打过摆子，偏偏在上海打起来了，真倒霉到了极点。人到了难时更容易想家，几个夜晚总梦见家，可家还是可望不可及呀！总算天无绝人之路，郭官收来了，只好和他一同走了，不然乘船没有行李是绝对不行的。

10月5日　晴　祖君走后，青年馆已住不成了，又搬到徐家汇交通大学去住，同学总是好的，各方面照顾得很周到。会了会王懿德。直到9月30日才又搬到船上去。"海辰轮"是从上海驶向秦皇岛的，这次不敢再下去了，但吃的没有预备，让船上敲了一下竹杠。船很平稳，辽阔的大海，使我多日郁结的心又宽松了些。10月3日午后安抵秦皇岛港，只走了两天半。一踏上故土，感到格外亲切，一切都没变化，只是换了时代，时间相隔了四年多。下船后沿着通往街里的路走到海阳路一座两层楼的小旅馆，住在二楼一间房子里。这里的物价又令我吃了一惊。10月4日晨，搭9点半的火车来到北平。北平路仍保持原样。抵达北平后住于王府井附近青年馆，这里是复员青年军招待所。今天上午到北海团城复委会办理了手续，一切都很合理，尤其是招待工作有些叫人受之有愧！午后去敦元家问行李的事，结果电报没有收到，敦元已经到四中上学了。晚饭后他来招待所，一年多的别离又聚首了。

10月6日　晴　吃过早饭，即从前门车站搭快车到天津。为了找行李，跑遍了天津市才找到复员青年军宿舍。可以说是绝望了，几年积攒的纪念品、礼物、行李全丢了，心痛也没有用，只能抛诸脑后向前看。午后5点多又乘车回到北平。

10月7日　晴　北平　心仍不安，拜访敦元未遇。午后玉琦来了，到他家住了一夜，还是朋友好，不只关切还给想办法。

10月8日　晴　玉琦给拿了一套被褥。到老贾家看了看他母亲。又访敦元，共同回忆了一些过去的事，惹起一阵哄笑。回忆往事真是一种精神享受。和敦元一起到北师大登记了一下。临别敦元给我买了一件衬衣，并送给我两万元钱，令我十分感动，以后再报答吧！

思想又有了动摇，忽然想学工科，看明年能不能改。

11月28日　北师大　11月6日北师大正式开学，我从招待所搬到学校来住，一年级新生全都在石附马大街老女师大旧址，建筑非常古老，二层楼，木地板，木栏杆。一个宿舍八个单人床，各系学生混合居住。从今天起我已正式注册为北师大教育系的一名大学生，是梦吗？不是！但确实是多年梦想变为现实。实现这样一个梦想，又有几人有我这样的人生经历！

《血钟》补正

周年昌

　　《近代史资料》总 127 号刊载了 1922 年出版的、纪念早期工人运动领袖黄爱、庞人铨的小册子《血钟》。但编者按语稍显简略，亦有不甚准确之处，撰此小文，聊加补正。

　　《血钟》是劳工周刊社编辑的。湖南劳工会 1920 年 11 月在长沙成立，1921 年 10 月即设立劳工周刊社，编辑出版《劳工周刊》作为自己的机关刊物。这时中国共产党已经成立，毛泽东在上海出席中共"一大"后，回到湖南，担任湘区支部书记和中国劳动组合书记部湖南分部主任，领导开展工人运动。他首先着手改造湖南劳工会，吸收劳工会的领导黄爱、庞人铨等革命青年加入中国共产主义青年团。1921 年 11 月，湖南劳工会成立一周年之际，毛泽东在《劳工周刊》纪念特刊上，发表了《所希望于劳工会的》一文，对劳工会今后的工作，提出了三项建议。黄爱、庞人铨接受毛泽东的建议，对劳工会进行了改组，由原来的合议制改为书记制。《劳工周刊》出版至第 12 期后，因黄、庞被害和军阀镇压，被迫停刊。

　　1922 年 3 月，湖南劳工会成立驻沪办事处，并决定在上海恢复出版《劳工周刊》。新的《劳工周刊》不仅于 1922 年"五一"节发刊了纪念号，并特意编辑增刊《血钟》一册，记述黄、庞二人生平事迹及被害经过，声讨湖南反动军阀政府残酷镇压工人运动的罪行。《血钟》封面右上角印有：一九二二年增刊；左下角印有启事云："我们现在收集各地与黄、庞二人往来的信札和日常讲话的成绩及其他黄、庞轶事，以便陆续刊行。若有他项重要材料或是二人的遗著，无论发表未发表的，尤其欢迎。来件暂请直寄上海办事处为荷。"封底下半页印有："一九二二年五月一日出版，非卖品，欢迎转载"字样。《血钟》全书不仅收录有署名"去病"的《黄爱事略》、《庞人铨事略》，还收录了未署名者的《劳工会的过去现在和将来》、《一一七》，以及几篇附录：《中国社会主义青年团为黄庞被害事对中国无产阶级宣言》、《湖南工人反对赵氏省宪宣言》（湖南三万一千工人同启）、《不要忘记了你们的慈母》（觉）、《泣告工友》（旭日）。由此可见，《血钟》应系《劳工周刊》的增刊，而非蒉去病个人撰写的纪念小册子，不应只署名"蒉去病编"，署名《劳工周刊》的主办者湖南劳工会驻沪办事处更为准确。另外出版日期是 1922 年而非 1923 年，这或许是校对之误。

本人收藏的这本《血钟》，原由湖南劳工会领导人之一、劳工会驻沪办事处书记委员王光辉收藏。"文革"期间，我于 1967 年为搜集安源工人运动资料出差长沙，访问了王光辉和劳工会原评议部主任李彤，搜集到这本李彤用秀丽的蝇头小楷在书的夹缝中补志了三千余字的《血钟》和《黄庞二三周年纪念册》等书，一直妥善保存至今，现已捐给湖南有关部门。

《近代史资料》总 129 号

主　　编　李学通
副 主 编　刘　萍
执行编辑　刘　萍